权威·前沿·原创

皮书系列为
“十二五”“十三五”国家重点图书出版规划项目

BLUE BOOK

智库成果出版与传播平台

四川蓝皮书
BLUE BOOK OF SICHUAN

四川农业农村发展报告（2020）

ANNUAL REPORT ON SICHUAN'S AGRICULTURE AND RURAL DEVELOPMENT (2020)

“美丽四川·宜居乡村”建设

主　编／郭晓鸣　杨　波
副主编／张克俊　周南华　代坤宏　庞　淼

社会科学文献出版社
SOCIAL SCIENCES ACADEMIC PRESS (CHINA)

图书在版编目(CIP)数据

四川农业农村发展报告. 2020："美丽四川·宜居乡村"建设 / 郭晓鸣，杨波主编. -- 北京：社会科学文献出版社，2020. 10
（四川蓝皮书）
ISBN 978-7-5201-6995-0

Ⅰ. ①四… Ⅱ. ①郭… ②杨… Ⅲ. ①农业经济发展-研究报告-四川-2020②农村经济发展-研究报告-四川-2020 Ⅳ. ①F327. 71

中国版本图书馆 CIP 数据核字（2020）第 140785 号

四川蓝皮书
四川农业农村发展报告（2020）
——"美丽四川·宜居乡村"建设

主　　编 / 郭晓鸣　杨　波
副 主 编 / 张克俊　周南华　代坤宏　庞　淼

出 版 人 / 谢寿光
责任编辑 / 宋　静　柯　宓

出　　版 / 社会科学文献出版社·皮书出版分社（010）59367127
　　　　　地址：北京市北三环中路甲 29 号院华龙大厦　邮编：100029
　　　　　网址：www. ssap. com. cn
发　　行 / 市场营销中心（010）59367081　59367083
印　　装 / 天津千鹤文化传播有限公司

规　　格 / 开 本：787mm × 1092mm　1/16
　　　　　印 张：24. 5　字 数：368 千字
版　　次 / 2020 年 10 月第 1 版　2020 年 10 月第 1 次印刷
书　　号 / ISBN 978-7-5201-6995-0
定　　价 / 128. 00 元

四川蓝皮书编委会

《四川农业农村发展报告（2020）》
编 委 会

主要编撰者简介

郭晓鸣　四川省社会科学院研究员、博士生导师，享受国务院政府特殊津贴专家，四川省有突出贡献的优秀专家，四川省学术和技术带头人，中共四川省委、四川省人民政府决策咨询委员会农业组副组长，四川省乡村振兴战略研究智库首席专家，成都市人民政府参事，中央农办、农业农村部乡村振兴专家咨询委员会委员，农业农村部农村社会事业发展专家咨询委员会委员，长期从事农村经济理论和政策研究，先后发表学术论文500余篇，出版学术专著20余部。20余份政策建议获中央领导肯定性批示，60余份政策建议获四川省主要领导人肯定性批示。主持完成国家社科基金课题6项，其中重大招标项目1项。荣获省部级以上学术和荣誉奖励60余项，其中，四川省社会科学优秀成果一等奖3项、二等奖8项。获第六届“四川杰出创新人才奖”。

杨　波　四川省农业农村厅党组成员、副厅长，毕业于西南农业大学（现西南大学），先后任广汉市委书记，南充市委常委、组织部部长，四川省委农工委副主任。长期分管四川省新农村建设、宜居乡村建设、农业农村规划、农业园区建设、种业发展、农村人居环境整治、乡村治理等工作，拥有丰富的理论知识和较强的实践能力。

张克俊　四川省社会科学院农村发展研究所所长、研究员，《农村经济》杂志主编，农业经济管理专业博士生导师，发展经济学、农业管理专业硕士生导师，四川省学术和技术带头人，中共四川省委、四川省人民政府决策咨询委员会委员，四川省乡村振兴战略研究智库专家。主要从事农村改革发展研究，主持国家社科基金重大项目“健全城乡发展一体化的要素平等交换体制机制研究”等多项国家级、省部级课题，在全国核心期刊发表学术论文近百篇，出版《城乡经济社会一体化新格局战略研究》等多部学术专著，提供的调研和政策咨询报告30余份获得省部级领导肯定性批示。荣获四川省哲学社会科学优秀成果一等奖2项、二等奖4项、三等奖6项。

周南华 四川省农业农村厅二级巡视员，毕业于西南农业大学（现西南大学），农业推广硕士，农业技术推广研究员，国家注册环评工程师。先后任四川省农产品质量安全中心主任、四川省绿色食品发展中心主任、四川省农村能源办公室主任。长期从事土壤肥料、农业环境保护、环境影响评价、农产品质量安全、农村能源等方面的管理与技术推广工作，多次组织实施农业农村部、省政府下达的农业科研和技术推广项目。主编或参编《四川土种志》《四川土壤》《农产品质量安全》《农村生态环境保护与建设》等多部著作，在《土壤学报》《中国标准化》《生态环境学报》《西南农业大学学报》等刊物发表学术论文10余篇。荣获四川省科学技术进步奖一等奖、全国农牧渔业丰收奖三等奖等奖项。

代坤宏 四川省农业农村厅宜居乡村建设协调处（社会事业指导处）处长，毕业于云南大学，先后在四川省发改委、省委农工委、省农业农村厅等部门工作，负责全省“美丽四川·宜居乡村”建设、农村人居环境整治、农村“厕所革命”等多项工作。

庞　淼 四川省社会科学院农村发展研究所研究员，美国加州大学伯克利分校访问学者。主要研究方向是农村发展和生态建设。主持完成2项国家社科基金课题、1项人事部对海外留学人员科技活动择优资助优秀项目，主持和承担完成省部级和国外合作课题20余项。在全国核心期刊发表学术论文30余篇，编著出版6部中文专著，1部英文专著，多项政策建议获四川省委、省政府领导批示。

前　言

2019年，四川省以习近平新时代中国特色社会主义思想和习近平总书记对四川工作系列重要指示精神为指导，对标全面建成小康社会“三农”工作必须完成的硬任务，围绕打赢脱贫攻坚战、推进农村人居环境整治、发展“10+3”优势特色产业和抓好粮食综合生产能力建设等目标，扎实推动现代农业园区建设、农业农村重点改革和农民增收等工作，统筹推进乡村产业振兴、人才振兴、文化振兴、生态振兴、组织振兴，加快推进农业农村现代化、农业农村持续健康发展，为全省经济社会发展全局提供了有力支撑。2019年四川农林牧渔业增加值达到4937.7亿元，同比增长3.0%；农民人均可支配收入达到14670元，同比增长10%。2020年是全面建成小康社会目标实现之年，是全面打赢脱贫攻坚战收官之年，四川必须紧扣全面建成小康社会目标任务，集中力量完成打赢脱贫攻坚战和补上全面小康“三农”领域突出短板两大重点任务，加快建设“10+3”现代农业体系，持续推进“美丽四川·宜居乡村”建设，不断深化农业农村改革，提高乡村治理水平，提升农民群众获得感、幸福感、安全感，确保脱贫攻坚战圆满收官，确保四川农村与全国同步全面建成小康社会。

《四川农业农村发展报告（2020）——“美丽四川·宜居乡村”建设》是在2019年“四川蓝皮书·农业农村”基础上的继续推进。本书以全面贯彻落实中央一号文件和四川省委一号文件精神为主线，以实施乡村振兴战略为总揽，客观反映2019年四川农业农村发展整体面貌和2020年基本走势。同时，重点反映四川在推进“美丽四川·宜居乡村”建设中取得的重要进展和实践经验。本书由总报告、专题篇、案例篇三个部分组成。总报告主要描述2019年四川农业农村发展总体情况和主要特征，分析2020年四川农业农村经济形势及新冠肺炎疫情对农业农村发展的影响，提出2020年四川农业农村改革发展的总体思路和对策建议。专题篇主要围绕“美丽四川·宜居乡村”建设的重要问题，开展若干专题分析研究。案例篇主要针对四川在推进“美丽四川·宜居乡村”建设中各地探索的经验做法进行分析总结。

本书是由四川省社会科学院与四川省农业农村厅密切合作完成的，农业农村厅给予了精心的指导、有力的支持和中肯的咨询意见。本书的总报告、专题篇和案例篇在农业农村厅相关处室的帮助下，由以四川省社会科学院农村发展研究所为主的科研人员撰写完成。本书的编辑出版得到了社会科学文献出版社的大力支持，在此表示衷心感谢！

由于时间紧、资料准备不足，尤其是受到新冠肺炎疫情的影响而导致调研不足，本书存在不少缺点和不足，敬请各位领导、专家学者和广大读者指正。

郭晓鸣

摘　要

《四川农业农村发展报告（2020）——“美丽四川·宜居乡村”建设》一书聚焦过去一年四川在开展“美丽四川·宜居乡村”建设中的主要问题和经验做法，包括2019年四川农业农村发展形势的总体概况以及2020年四川农业农村发展的预测与展望，围绕四川建设“美丽四川·宜居乡村”展开深度专题研究，突出四川建设“美丽四川·宜居乡村”中的典型案例调查与分析，是一本比较全面展示四川农业农村发展的重要研究成果的蓝皮书。全书总共分为三个部分：第一部分是总报告，包括四川“美丽四川·宜居乡村”建设的成效、问题和未来发展思路以及2019年四川农业农村发展现状与2020年展望，着重分析了新冠肺炎疫情对四川农业农村的影响，提出2020年四川农业农村改革发展的总体思路和对策建议。第二部分是“美丽四川·宜居乡村”专题篇，涉及四川农村“三大革命”、“五网”体系建设、农村生活污水治理现状及问题、农村人居环境整治中的多元主体协作机制、农村环保设施建设运营市场化、农牧结合与种养循环发展、村容村貌提升、农村闲置宅基地和农房盘活利用、农村人居环境整治与旅游业发展、农村河湖长制度等多个重点领域。第三部分是“美丽四川·宜居乡村”案例篇，包括四川农村人居环境整治、农村厕污处理及资源化利用的“厕污共治”、实施村庄清洁行动的典型做法和模式总结、畜禽粪污资源化利用、乡村垃圾处理、古村落保护传承与发展、“厕所革命”的实践与思考、“富顺探索”及经验启示，以及藏区新居、彝家新寨建设与藏区“美丽经济”发展等四川各地具有代表性的“美丽四川·宜居乡村”案例调查与分析。

关键词： 人居环境　宜居乡村　四川　小康社会

目 录

Ⅰ 总报告

Ⅱ “美丽四川·宜居乡村”专题篇

Ⅲ　"美丽四川·宜居乡村"案例篇

皮书数据库阅读**使用指南**

总 报 告

General Reports

B.1

“美丽四川·宜居乡村”建设的成效、问题和未来发展思路

苏 艺*

摘 要： 改善农村人居环境质量，建设生态宜居美丽乡村，是实施乡村振兴战略的重要任务，关乎全面建成小康社会的底色。四川把农村人居环境整治作为乡村振兴第一仗，2019年开始全面推进农村人居环境整治工作，全省乡村面貌发生了新的变化，“美丽四川·宜居乡村”建设取得了显著成效，积累了许多先进经验。但四川面积广、村庄数量类型众多，宜居乡村建设仍面临许多亟待破解的难题。本报告在分析“美丽四川·宜居乡村”建设取得的成效、积累的经验和面临的主要问题基础上，提出了未来建设“美丽四川·宜居

* 苏艺，四川省社会科学院农村发展研究所助理研究员，主要研究方向为区域经济发展。

乡村”的思路和建议。

关键词： 美丽四川 宜居乡村 人居环境整治

党的十九大报告指出，我国社会的主要矛盾已经转化为人民日益增长的美好生活需要和不平衡不充分的发展之间的矛盾，而这种不平衡和不充分最突出的体现是在农村，特别是农村的人居环境。改善农村人居环境质量，建设生态宜居美丽乡村，是实施乡村振兴战略的重要任务，是实现乡村绿色可持续发展的基本要求，这不仅与广大农民的根本福祉息息相关，更是农村社会和谐稳定的基础，关乎全面建成小康社会的底色。①

四川把农村人居环境整治作为乡村振兴第一仗，以“美丽四川·宜居乡村”为抓手，加快打造幸福美丽新村升级版。2018 年 11 月，四川省委、省政府印发了《“美丽四川·宜居乡村”推进方案（2018～2020 年）》，明确提出到 2020 年，全省农村山水林田湖草系统治理和农业农村环境突出问题治理取得阶段性成效，力争实现 90% 以上的行政村生活垃圾得到有效处理，50% 以上的行政村生活污水得到有效处理，卫生厕所普及率在 85% 以上，农村自来水普及率在 75% 以上，全省建成“美丽四川·宜居乡村”达标村 2.5 万个。全省各地按照推进方案的要求，坚持“创新、协调、绿色、开发、共享”新发展理念，以乡村振兴战略为总抓手，坚持因地制宜，突出重点任务，抓点带面、全域统筹，积极推进农村垃圾、污水、厕所“三大革命”，扎实抓好农村人居环境整治和农业农村污染治理，改善村容村貌，强力推进“美丽四川·宜居乡村”建设工作，为全省实施乡村振兴战略取得良好开局做出了积极贡献。

① 《中共中央 国务院关于实施乡村振兴战略的意见》，中国政府网，2018 年 2 月 4 日；《中共中央办公厅 国务院办公厅印发〈农村人居环境整治三年行动方案〉》，中国政府网，2018 年 2 月 5 日。

一 2019年"美丽四川·宜居乡村"建设取得的成效

2019 年，四川全面推进农村人居环境整治工作，全省乡村面貌发生了新的变化，农村卫生厕所普及率达到 70%，畜禽粪污综合利用率达到 68%，90% 以上的行政村生活垃圾得到有效处理，33% 的农户生活污水得到治理，行政村配备保洁员比例超过 93%。

（一）规划编制

坚持以规划为指导，省级各牵头部门研究制定了多项行动指导意见，包括《关于推进农村"厕所革命"专项行动的指导意见》《关于建立健全农村生活垃圾收集、转运和处置体系的指导意见》《农村生活污水处理设施水污染物排放标准》《加强农村水环境治理助力乡村振兴战略实施的工作方案》《四川省乡村绿化美化行动实施方案》等。各市州按照省级相关政策文件要求，将农村人居环境整治纳入乡村振兴规划的核心内容，坚持"一张蓝图、一套规划"，积极制定出台专项规划或工作方案，确定总体目标，明确责任单位、整治重点、治理标准、时间节点，细化建设项目，落实推进举措，推动工作有序进行。宜宾市先后出台了《宜宾市乡村振兴战略总体规划（2018～2022 年）》《宜宾市农村人居环境整治三年行动实施方案》《"美丽宜宾·宜居乡村"推进方案（2018～2022 年）》《关于全面推进农村生活垃圾治理的指导意见》《关于进一步推进全市"厕所革命"工作的实施意见》等近 10 个文件。巴中市先后印发了《"美丽巴中·宜居乡村"推进方案（2019～2020 年）》《巴中市 2019 年度农村垃圾治理实施方案》《巴中市 2019 年度农村生活污水治理实施方案》《2019 年巴中市农村"厕所革命"专项行动实施方案》《巴中市 2019 年畜禽养殖废弃物资源化利用实施方案》等多项指导文件。南充市出台了《南充市乡村振兴三年行动方案（2019～2021 年）》《"美丽南充·宜居乡村"推进方案（2019～2021 年）》《南充市农村人居环境整治三年行动实施方案》《南充市农村人居环境整治 2019 年工作推进方案》等。广元市制定了《广元市农村人居环境整治三年行动实施方案》《广元市农村生活污水治理五年实施方案》《广元市推进"厕所革命"三年行动方案（2018～2020年）》《广元市农村人居环境整治生活垃圾治理等六个指导意见》，并根据三类不同村分标准研究制定了《广元市农村人居环境整治2019年任务清单》。

（二）农村人居环境整治"三大革命"

1. 农村"垃圾革命"

一是积极完善农村生活垃圾收运处置体系，根据《四川省城乡垃圾处理设施建设三年推进方案》《关于建立健全农村生活垃圾收集、转运和处置体系的指导意见》等一系列文件的指导和要求，进一步巩固提升"户分类、村收集、镇转运、县处理"的垃圾收运体系，鼓励支持各地在此基础上积极探索推广具有地域特点和示范作用的农村生活垃圾治理四川模式，提高垃圾收运处理水平。二是不断完善农村垃圾处理设施，目前全省农村建有垃圾收集设施63万个，乡镇转运站4767座，转运及保洁车辆4.7万台，全省90%的行政村均配有垃圾收运设施，生活垃圾治理能力逐步增强。三是加快推进垃圾分类和资源化利用试点示范，制定了《四川省生活垃圾分类和处置工作方案》，大力推进畜禽粪污综合利用，加快发展种养结合循环农业，统筹治理修复乡村生态环境和天然景观。2019年在蒲江县、罗江区等7个县（区）开展农村生活垃圾分类和资源化利用试点示范，积极探索推广具有地域特点和示范作用的农村生活垃圾治理四川模式，取得了许多重要成果。例如，蒲江县"二次四类，互联网+垃圾银行"的农村生活垃圾处理法，罗江区"进门六个好、出门五步走"的全域治理经验，丹棱县"因地制宜、分类收集、村民自治、市场运作"模式，武胜县"三桶一池、实现五化"模式，名山区"全民参与、源头减量、定时清运、垃圾不落地"模式，朝天区"三级分类法和'三个三'工作路径"模式，米易县"环保超市垃圾回收兑换"模式等。这些经验做法都积极引导村民自觉建立起垃圾分类和资源回收利用的良好习惯。达州市积极推广"养殖场（小区）+第三方主体+种植基地（农户）”模式，实现畜禽养殖粪污异地还田利用，全市畜禽粪污资源化利用率达79%。四是加快农村生活垃圾治理信息系统平台研发和建设，推动农村生活垃圾治理远程集中管理和线上线下联动管理，提高农村生活垃圾治理智能化和现代化水平。

2. 农村“污水革命”

一是积极开展农村生活污水处理设施现状摸底，建立了县域农村生活污水治理台账，并加快乡村生活污水处理排放标准的制定，发布了《四川省农村生活污水处理设施水污染物排放标准》。二是加快污水处理体系建设，积极推动乡镇污水收集处理设施民生工程建设，促进污水处理厂提质扩容，补齐农村生活污水处理设施建设短板。全省具备生活污水处理能力的行政村共1.2万个，占比26.9%，受益农户560万户，其中接入城镇污水管网的有107万户。三是将农村水治理任务全面纳入河湖长制治理体系，系统推进农村生活污水治理、农村面源污染防治、农村饮用水水源地环境保护、农村黑臭水体治理和农村水生态环境保护等工作。加强对畜禽养殖场污水排放监管，对禁养区内畜禽养殖场进行拆除、关停，实现畜禽粪污综合利用率在68%以上。黑臭水体现象明显减少，农村污水治理率接近30%。四是实施生活污水治理试点示范行动，在苍溪县、仪陇县、阆中市、巴州区、南江县5个县（区）开展农村生活污水治理试点，重点支持了全省1800个行政村开展生活污水治理“千村示范工程”。眉山市因地制宜探索出城镇污水处理系统集中处理、有动力或微动力一体化集中处理以及家庭分散式三格池或五格池系统加小型人工湿地等污水处理方式，破解了不同区域生产生活污水处理难题。恩阳区探索了“延伸管网带动治理”“一体化强动力治理”“地埋式微动力治理”“生化池无动力治理”四种生活污水治理模式。五是加强水生态文明建设，全面开展“水美新村”建设，2019年全省建成“水美新村”1000个。

3. 农村“厕所革命”

一是坚持分类施策、梯次推进，统筹推进农村公厕建设，稳步有序开展农村户用厕所建设和改造，以县为单位，总结探索厕所改造的地区模式，分三类县逐村制订实施方案，逐户明确改厕技术模式，整村连片推进高原藏区、大小凉山彝区、盆周山区、平原地区和丘区人口大县等不同类型区域的“厕所革命”，开展了3000个农村“厕所革命”整村推进示范村建设，确保改一户成一户，改一村成一村。二是积极探索不同类型的改厕技术模式，2019年四川省委农办、农业农村厅等八部门联合印发了《关于推进农村“厕所革命”专项行动的指导意见》的通知，按照“宜水则水、宜旱则旱，宜分户则分户、宜集中则集中”的原则，根据地理环境、居住形态的差异，采取单户安装三格式化粪池、“沼改厕”等技术模式就地还田处理，联户建设罐式微动力设施分类处理，聚居点规划建设污水管网集中处理等方式，推进改厕技术模式，积极探索厕所粪污无害化处理，实现厕污共治243.5万户。各地在实践探索中取得了显著成效，武胜县、岳池县、阆中市、西充县等地探索出了简单实用、成本适中、技术成熟、群众乐于接受的单户式、联户式、厕污共治式“沼改厕”模式。翠屏区创新提出了合理划分“两类区域”、科学设置财政补助“两类标准”、重点强化“三项保障”的“二二三”“厕所革命”模式。恩阳区结合巴山新居、易地搬迁扶贫、土坯房改造、乡村旅游发展等项目，全面推进农村改厕工作和粪污治理，全区新（改）建农村户厕6955户。

（三）村容村貌提升“六化”工程

各地全面实施家园美化、道路硬化、村庄绿化、照明亮化、环境净化、保护利用乡土文化“六化”工程，乡村环境品质显著提升。推动家园美化，加快推进危房、土坯房改造，充分挖掘乡村建设特色，优化村落布局，着力提升乡村建筑和庭院的外观设计水平和环境品质。实施道路硬化，加快推进村内通组路建设，村内道路泥泞等问题得到显著改善，村民出行便利度明显提高。开展村庄绿化，积极推进房前屋后、河头沟渠、道路两侧闲置土地“见缝插绿”，严格划定古树名木保护范围和责任，加大对珍稀树种的保护力度，全省评定“省级森林小镇”48个，向国家推荐445个乡村申报“国家森林乡村”。推动村庄亮化，有序推进乡村公共空间和道路推广使用节能灯具和新能源照明，加强设施管护，确保路灯正常使用。开展村庄环境净化，积极整治村庄公共空间和庭院中的私搭乱建、乱堆乱放以及电气线路私拉乱接等现象，对废旧不用且濒临坍塌的杂物房、牛栏猪圈及残垣断壁等进行拆除整治，引导农户整齐堆放生产工具、生活用品、农用物资等物品。保护利用乡土文化，加强乡村文化遗产保护与挖掘，积极开展“四川最美古村落”评选，金堂县五凤镇金箱村等 30 个村落被纳入第二批“四川最美古村落”名单。甘孜州深入推进“圣洁甘孜·宜居乡村”建设，完成通乡通村硬化路 244 公里，村落节点及庭院绿化美化工程 77 公里，栽植各类景观树木及花卉 137.9 万株，进入国家级传统村落名录的村落有 111 个，列入省级传统村落名录的村落有 243 个，挖掘非物质文化遗产 128 个。彭州市加强川西林盘的保护与修复，以整田、护林、理水、改院、完善配套为重点，打造了小鱼洞渔江南、九尺镇谢家院子等一批林盘示范点。南部县制定了“六顺六净”标准，引导农户整齐堆放生产工具、生活用品、农用物资等物品，促进庭院内外整洁有序、室内卫生舒适。

（四）城乡公共服务一体化、“六网一中心”工程

按照“四好农村路”要求，加快实施县、乡公路改扩建以及村公路、便民路新建和窄路加宽，大力推进现代农业产业园道路建设，行政村联网路建设取得显著成效。构建输水补水网络，加速小型水利设施建设，加快灌区续建配套与现代化改造；大力整治维修“山坪塘”；积极推广滴灌等高效节水技术；加快供水工程建设，全面推动农村饮用水安全提升。加快农村电网改造升级，着力解决电压不达标、不通动力电等问题。因地制宜推动沼气、太阳能利用等基础设施建设，统筹天然气建设，逐步实现天然气管道向农村地区延伸。大力开展“智慧乡村”“宽带乡村”“高清四川”“光网四川”“无线四川”建设，加快推动光纤宽带和 4G 网络在农村全覆盖。深入实施“雪亮工程”建设，加快完善以固定视频监控、移动视频采集、视频联网入户、联动报警系统为基础，以县、乡镇、村三级监控平台为主体的农村公共安全视频监控体系建设，推动“雪亮工程”与城市“天网”联网应用。持

续推进“1+6”公共服务中心建设，加快完善农村公共服务设施建设，推进农村社区化管理。阿坝州积极实施城乡公共服务一体化工程，加强农村公路建设和客运设施管理，乡镇通客车率达到82.22%，具备条件的建制村通客车率达到84.65%；加快电网改造项目实施，极大提高了地处偏远、交通不便、自然条件恶劣的广大藏区、羌区农牧民用电质量和用电可靠性；实现423个行政村通宽带和4G网络；基层社区综合服务设施建设不断完善，社区信息化水平和服务能力明显提升。

（五）美丽经济“五变”工程

按照“园区变景区、田园变公园、家园变花园、农房变客房、产品变商品”的行动要求，各市州根据自身发展特点及市场需求，充分整合各类自然和人文资源，积极探索三产融合发展新模式，全力打造建设一批文旅特色小镇、特色村落，取得了许多建设经验。阿坝州强化景区景点带动辐射，着力培育出了高原草地风光旅游、户外探险旅游、宗教文化旅游、康养休闲旅游、民俗风情旅游等一大批旅游新业态，初步探索了浮云牧场“公司+农户”、羊茸哈德“管理公司+‘两委’会+农户”、虎头山“能人+农户”等全域乡村旅游模式。开江县大力发展集体经济，探索了以“稻田+”综合种养为核心，以“稻法自然”为品牌的立体有机循环农业种养模式。南江县注重乡村绿化、美化与庭院经济、林果经济相结合，鼓励采用乡土树种，凸显乡土特色，将乡村美化与产业发展相结合，打造了一批“田园景区”。

（六）山水林田湖草系统治理

高质量实施大规模绿化全川行动，继续实施新一轮退耕还林、退牧还草任务，积极开展森林、湿地生态治理和修复，2019年度完成营造林400万亩。全面落实河湖长制度，加强对河湖的巡视巡查，将农村地区全部中小河流以及水面面积1平方公里以下的湖泊、水库、沟渠、山塘等纳入实施范围。全省87个国考断面中，优良水质断面77个，占比88.5%，同比上升6.9个百分点；无劣V类水质断面占比优于国家考核标准2.3个百分点。加强退化草地治理与改良，实施草原人工种草生态修复，积极推动草原生态保护区建设。作为长江生态屏障重要节点的宜宾市于2019年完成了长江绿廊计划营造林项目工程的80%，完成了退耕还林、天保公益林、森林抚育各类林业重点工程计划营造林项目的80%。

二 “美丽四川·宜居乡村”建设的主要做法

（一）加强统筹协调，形成合力整体推进

一是进一步明确职责分工。四川省机构改革完成后，为了进一步明确涉农部门的责任和任务，在广安市武胜县召开了全省宜居乡村农村人居环境整治现场推进会，会议聚焦当时各地最关心的农村人居环境工作“谁来做、怎么做、做什么”的问题，理顺了部门职责分工，明确了农业农村部门负责牵头统筹并具体负责农村“厕所革命”、畜禽粪污处理利用和村庄清洁行动，住建厅负责垃圾治理，生态环境厅负责污水处理。各地也按照省里的部署，明确职责任务，有序推进工作。二是建立统筹机制。建立了由省委副书记任总召集人、18个省级部门为成员的农村人居环境整治联席会议制度，成立了推进办来负责协调联络、上传下达等日常工作，并创新了农业农村、发改、财政、住建、环保等五部门会商制度，及时沟通情况、解决存在的问题。三是强化督导落实。在成都市、武胜县和隆昌市分季度召开4次全省农村人居环境整治现场推进会，高位部署任务，明确推进要求，并组织4个联合督查组对射洪市等8个县（市、区）开展了专项明察暗访、调研督导，对发现的问题积极督导整改。

（二）注重摸清底数，夯实工作基础

一是切实摸清底数。统筹协调相关部门，基本摸清了全省农村人居环境整治厕所、垃圾、污水等重点任务底数，特别是农村“厕所革命”方面，采取“自查+复核”的方式，通过“五上五下”，摸清了全省农村总户数为

1875 万户，农村卫生厕所达标数为 1134 万户，还需新（改）建无害化卫生厕所 741 万户。二是合理确定任务。根据底数情况，结合全省农村实际，合理确定了农村人居环境整治目标任务，2019 年重点安排 3000 个村开展农村“厕所革命”整村推进示范村建设，实施 114.9 万户农村无害化卫生厕所建设，开展 1213 处非正规垃圾堆放点整治等存量垃圾治理，实施 1800 个行政村生活污水治理“千村示范工程”，推进 78 个县畜禽粪污资源化利用项目。三是积极完善农村人居环境整治数据库，各地市通过摸底调查的数据进一步完善农村人居环境整治数据库，积极构建农村人居环境信息系统。例如绵阳市开发的“绵阳市农村人居环境信息系统”，实现了与国家“农村人居环境信息系统”平台的无缝对接。

（三）坚持分类推进，积极探索技术标准

从全省来看，立足地形地貌复杂，高原、山区、丘陵、平原并存的实际，把全省 108 个县分成了平原县、丘陵县、山区县三种类型，结合不同类型村庄的发展水平、人文特征开展分类指导，制定差异化的整治标准和建设内容，鼓励各地区探索行之有效的农村环境治理模式、技术标准和经验。在推进成都、德阳、绵阳等条件较好地区的农村人居环境整治时，注重同步提升整体风貌和发展乡村旅游；在推进川南、川东北等条件一般地区的农村人居环境整治时，先集中整治垃圾污水和改厕改圈等突出短板；在推进大小凉山及高原藏区等深度贫困地区的农村人居环境整治时，要求以干净整洁为基本要求，不脱离脱贫攻坚这个主线。到 2020 年底，成都市等条件较好的地区将率先初步完成农村人居环境整治任务。从各地区来看，各地区也根据实际情况，因地制宜分类推进“三大革命”。例如广元市按照三类村庄类型，因地制宜推广生活污水处理方式，即大型聚居点建小型污水处理站、分散户建小型沼气池（化粪池）、小型聚居点或农家乐建人工湿地稳定塘、大型种植养殖业建大型沼气池、景区附近建污水处理罐。大英县采取“三分法”治理垃圾，将垃圾分为可回收垃圾、易腐垃圾、不可回收及其他垃圾，新村聚居点农户将垃圾分类投放在村“两委”配置的收集桶，垃圾分拣员将各

户的分类垃圾投放到垃圾集中投放点，再由镇统一运输到县垃圾处理厂集中处理，实现垃圾分类投放、分类收集、分类处置。芦山县根据县域特征，探索、总结制定了全国第一个《厕所革命　农村户厕建设与管理规范》地方标准，雅安市在此规范基础上补充完善形成了雅安标准，在全市积极推广。

（四）坚持试点示范，突出重点任务

一是坚持试点示范，点面结合。按照“美丽四川·宜居乡村”建设的总体要求，聚焦乡村振兴先进县创建，重点推进了29个农村人居环境整治重点县建设。各市县按照“先易后难、抓点带面”“连点成线、连线成片、连片成面”的思路，坚持重点示范和整村推进相结合，并加强典型村的示范和带动作用。例如，彭州市全面开展农村户厕改造工作，在20个镇（街道）设置了7个市级示范点，每个镇（街道）设置1个镇级示范点，并由村（社区）组织农户开展现场参观，学习示范村的先进经验，提高农民群众对卫生厕所重要性的认识。甘孜州将大渡河流域作为乡村振兴示范区，大力整合州级财政资金重点支持大渡河流域示范区先试先行，率先发展。二是大力推进农村“厕所革命”。结合中央和省的任务目标，争取中央财政资金9.1777亿元（居全国第二），配套省级资金2.6亿元，重点推进了3000个农村“厕所革命”整村推进示范村建设，惠及约114万农户。三是加快推进农村污水治理。整合中央、省级资金6.3亿元，推进全省1800个行政村生活污水治理“千村示范工程”建设，重点开展农村生态环境综合整治、农村污水处理设施建设及配套管网建设等工作。四是加强推进农村垃圾治理。累计完成投资14.3亿元，推进农村垃圾分类收集、集中处理利用、非正规垃圾堆放点整治等重点任务。五是全力推进畜禽粪污资源化利用。争取中央资金18亿元整县制推进全省78个县开展畜禽粪污资源化利用和规模化、标准化养殖场建设，覆盖全省70%以上的生猪产能。

（五）坚持建管并重，加强常态长效机制建设

一是建立村庄保洁制度。指导各地积极探索“政府给一点、集体补一

点、群众出一点”的保洁员薪酬保障机制，合理设定保洁员岗位数量和职责任务，优先配备中心村、重点村、特色村的保洁员，根据各地实际情况，确定保洁员工资。据初步统计，全省保洁员最低工资160元/月（茂县），最高工资2083元/月（丹棱县），平均财政支付占比约85%，集体补助约5%，群众出资约10%。二是统筹力量推进管护。注重发动村级力量，将保洁员机制建设与农村污水、垃圾和厕所的治理和常态管护统筹推进，有效促进农村人居环境的常态管护。鼓励社会主体参与农村人居环境整治，吸引社会资本30多亿元投入农村垃圾、污水、厕所等项目建设。三是发挥农民主体作用。鼓励指导各地在方案制订、项目实施、资金筹措、长效管护等方面引导农民积极参与。政府主要补助公共部分，农民根据自身需求和经济实力承担室内部分，群众积极性较高。彭州市“广泛宣传发动　群众全程参与”的改厕经验，被农业农村部、国家卫生健康委评选为全国农村“厕所革命”九大典型范例之一。

三　“美丽四川·宜居乡村”建设存在的主要问题和困难

四川是农业大省，乡镇数量居全国第一位，行政村数量多达4.6万个，村庄数量多、规模小、密度大，各个村庄的情况千差万别，宜居乡村建设实施过程中难度大、困难多，虽然各级政府做出了巨大的努力，取得了一定的成绩，但在实践过程中还存在许多问题。

（一）个别地方存在急于求成现象，对宜居乡村建设的艰巨性、长期性认识有待深化

宜居乡村建设是一项涉及“外在美”与“内在美”有机统一的系统工程，特别是四川基础设施较为落后、乡村建设短板突出，加之农民传统生活习惯的转变需要一个长期的过程，决定了宜居乡村建设不可能一蹴而就，不能急功近利。调研中发现，个别地方存在求快心理，急于超额完成任务，以便争取项目奖励资金。与东部沿海省份相比，四川宜居乡村建设需要投入更

多的时间、人力、物力和财力，仅用较短时间就达到较高的宜居乡村建设水平是难以实现的。比如，生活污水处理是目前“三大革命”的一个突出难点，全省具备生活污水处理能力的行政村占比较低，如川东北经济区为17.29%，攀西经济区为16.24%，川西北生态经济区仅为8.29%，即使成都平原经济区也仅为37.6%。调研中大部分县市反映，由于农村基础设施普遍薄弱，宜居乡村建设又缺乏充足的资金保障，基层推进工作压力大，难度不容小觑。

（二）个别市县部门协同配合不够，统筹推进力度有待加强

在调研中一些市县反映，由于宜居乡村建设任务分属不同部门，虽然市县部门之间建立了联席会议制度，但牵头部门统筹乏力，联合办公机制难以落地，部门之间缺乏有效的沟通与合作，各司其职却未实现有机联动。部分地区重视程度不够，对农村人居环境整治工作的重要性和紧迫性认识还不充分，部分贫困地区在推动脱贫攻坚任务时，连村庄干净整洁的基本要求都未做到。此外，基层人员在努力完成任务的同时缺少时间和精力创新工作方式，对农民群众参与建设的积极性调动不够，个别地方未能形成党政主抓、部门主责、群众主体的推进格局。在统筹规划上，一些市县未对乡镇污水处理、垃圾处理、公厕建设等内容进行统筹谋划，未纳入乡镇、集镇建设统一规划，在一定程度上可能会造成无序建设、重复投资、使用效果不佳等问题。

（三）建设任务重与财政支持有限的矛盾较为突出，多元投入机制难以形成

四川农村人居环境整治任务点多量大，仅改厕一项就需要实施741万户，每年至少需要财政资金15亿元。当前宜居乡村建设的资金主要依靠财政投入，虽然各级财政投入了一定资金，但投入的总量较为有限，加之各项涉农项目资金使用要求不同，难以有效整合用于建设。各地普遍反映，与完成目标任务相比，资金仍是宜居乡村建设最大的制约因素。同时，后续运营中资金保障存在困难，运营维护经费难以到位，污水处理费、垃圾清运费等

大多较难征收，导致一些工程建设后未能正常运行。加之宜居乡村建设项目公共性强、投资回报率低、社会资本参与建设和管理的积极性不高，难以形成多元投入机制。

（四）技术攻克尚有难题，管护机制亟待健全

四川乡村数量多、分布广，不同类型区的村庄自然条件存在一定差异，宜居乡村需要的技术既存在共性，也具有差异性。在各市县积极推进建设取得成绩的同时，“三大革命”的推进还面临一些技术瓶颈，尤其是大部分丘陵和山区，地形地貌复杂、聚落规模小、农户居住分散，基础设施建设难度大、成本高、利用效率低，特别是在解决高寒地区缺水和易冻、分散农户的粪污排放与处理、实现“厕污共治”和粪污资源化利用等方面仍面临一些技术难题，针对不同地区的垃圾、污水、厕所等现有的一些整治模式也还需要实践检验。例如，甘孜州高山区因高寒缺水等，粪污处理达不到理想效果，特别是牧区基本没有户厕，几乎全都需要新建，远不能满足户户有厕所的标准。此外，虽然农村的垃圾、污水处理设施、三格式化粪池等设施设备建设逐渐完善，但如何实现后期有效的运转和管护成为一个新的难题。由于管护机制仍不十分健全，设施建成后，仅少部分由专业公司运营管理，大部分由村集体负责，设施运维的专业人员、技术和财力普遍缺乏造成部分设施“建得起、用不起、管不好”。加之乡镇尚无环保职能部门，县级环保部门受各种条件限制，很难对农村环境进行有效的监管，缺乏保障实施效果可持续的机制。

（五）群众参与程度不够，积极性有待提高

农民是宜居乡村建设的主体，但由于当前宜居乡村建设是政府“自上而下”推动的建设，基层部门为了完成上级下达的任务，替代农户成为主体，而真正应该成为主体的广大农村居民因为缺乏有效的参与机制，则游离于建设之外。一是农民参与的积极性和主动性不高，由于部分村民思想意识守旧，对改水改厕的必要性和紧迫性缺乏认识，认为农村环境治理是政府的事情，依赖心理强，加之改厕资金一部分需自筹，更降低了农民对改厕的热

情和积极性。二是长期以来的行为习惯难以改变，农村大部分都是留守老人，受长期以来形成的生活习惯和行为观念的影响，认识不到厕所不卫生的危害，不仅很难参与到改水改厕的工作中，而且有的农户有了“新厕”仍用“土厕”，认为水冲厕所把肥料都冲走了，划不来、不合算，加之部分建设资金缺口要通过村集体经济投入和农民自筹，使得农民主动参与意愿低，在经济欠发达地区尤为如此。三是缺少“三大革命”建设的人才，“空心化”现象在四川的乡村表现得更为明显，青壮年大量流失，村集体“缺人”现象较为严重，使得“三大革命”建设无人执行，具有环保专业知识的人才更是紧缺。调研中大部分乡镇反映，留在农村的老人、妇女、儿童在开展改水改厕工作时无法自己投工投劳，很大程度上制约了“三大革命”的推进进度。

四 “美丽四川 · 宜居乡村”建设的对策建议

（一）整体推动村庄规划编制，加强村庄环境系统治理

四川农村基础设施较为落后，乡村建设专业人才缺乏，与浙江等东部沿海省份相比，“美丽四川 · 宜居乡村”建设需要投入更多的时间、人力、物力和财力，摊大饼、撒网式的投入只能保根本，无法做到真正改变乡村面貌，提升乡村发展动力。一是实事求是确定目标任务，分阶段扎实推进。加快开展“美丽四川 · 宜居乡村”建设专题研究，绘制“美丽四川 · 宜居乡村”蓝图，进一步明确全省“三大革命”的重点任务，坚持以浙江“千万工程”经验为引领，对标浙江社会经济发展水平，结合四川实际情况，按照长期有目标、中期有部署、年年有安排的实施路径，制定三个“五年计划”，要求市、县、乡镇结合地区实际制订任务书、时间表、路线图，每年对实施成效进行评估。二是加快推动有条件的乡镇、村庄开展高质量的规划，按照生活、生产、生态“三生”融合的理念，将农村生活垃圾、生活污水和厕所粪污的收集、无害化处理和资源化利用有机衔接、一体化设计，探索多种形式的粪污资源化利用模式，统筹考虑垃圾收储设施、垃圾发电

厂、污水管网设施的布设。三是加大对乡村振兴规划或宜居乡村建设专项规划质量的评估和检查，鼓励各村制订详细的村庄环境整治工作方案，监督各级政府严格按照已编制规划实施建设，切实发挥规划引领发展、指导建设、优化布局的作用。

（二）进一步细化类型，因地制宜打好农村人居环境整治攻坚战

在按“平原、丘陵、山区”分三类县推进的基础上，进一步将全省村庄分为“提升村”“整治村”“搬迁撤并村”三种类型，分类施策、分类指导、分类补助、分类考核。一是提升村，优先选择场镇所在村、重点村、新农村聚居点等已有较好基础、已达到全域干净整洁的地区作为提升村，以乡村环境质量提升为重点，高标准、高质量推进人居环境整治。按照人口规模及垃圾产量，加快新建、扩建垃圾处理设施，加快推进垃圾就地分类、源头减量和资源化利用，鼓励并引入企业参与农村垃圾治理工作。优化污水集中处理设施布局，积极纳入市政污水管网集中统一处理。实现污水处理设施与厕所改造协同推进，大力推广水冲式厕所。建设一批可推广、可复制的具有较高水平和富有地方特色的美丽乡村。二是整治村，将其他尚未达到村庄全域干净整洁的一般地区及经济比较落后的地方作为整治村，以干净、卫生、整洁为整治目标，以农村人居环境整治和补基础设施短板为重点，并推动村庄向场镇所在村集中，向特色产业带集中，向居住相对集中的村集中，通过三四年的努力，完成人居环境整治任务，实现乡村全域干净、整洁，宜居乡村建设达标，在此基础上拓展内容、深化提升，着力把乡村建设成规划科学布局美、村容整洁环境美、创业增收生活美、乡风文明身心美以及宜居宜业宜游的农民幸福家园。三是搬迁撤并村，将生产条件恶劣、生态环境脆弱、自然灾害频发、人口流失严重的村庄作为搬迁撤并村，有序推动村民向条件较好的村庄搬迁，在原来的村庄实施生态修复。

（三）进一步加大多元投入力度，为宜居乡村建设提供要素保障

宜居乡村建设是一项需要大量投入、久久为功的重大工程，尤其是农村

人居环境整治是推进乡村振兴的第一场硬仗，只有投入较多的资金，才能完成既定目标任务。一是加大宜居乡村的投入力度，鼓励省市县各级政府进一步加大财政投入力度，支持宜居乡村建设。鼓励地方政府债券资金用于符合规定的农村人居环境整治、农村基础设施和公共服务等重点领域。设立乡村环保设施运营、管护专用资金，利用撤乡并镇后的空缺编制，在每个乡镇设置专职人员，负责环保设施运维、看护和监督检查。二是充分发挥财政资金的撬动和杠杆作用，探索建立宜居乡村建设投融资平台和筹资渠道，鼓励县级政府构建投融资平台公司，积极发挥“小政府、大平台”的政府投融资平台公司作为运作主体的作用，充分发挥平台“规划、融资、投资、建设、运营”等各个环节的整体统筹与推进功能，创新政府与社会资本有效合作的机制，引导社会资本投向农村“三大革命”基础设施领域，实现从“买工程”向“买服务”“买效果”转变。三是创新投资回报机制，推动农村垃圾污水处理与乡村旅游、生态农业等其他资源“肥瘦搭配”、一体化开发建设，拓宽农村“三大革命”的回报渠道，以经营性收入补充生态环保公益性收入，提高社会资本参与的积极性。四是探索建立农村“三大革命”缴费制度和治理费用分摊机制，坚持“谁污染、谁治理，谁受益、谁付费”的原则，研究制订向农户收取一定数额的生活污水和垃圾处理费用方案，鼓励村集体出资及公益性组织参与农村生活垃圾、污水处理设施等的建设和运营，支持农民参与农村基础设施投入、建设和管护，发挥村民理事会、新型经营主体等的监督作用。

（四）搭建三大平台，强化技术研发和示范推广

宜居乡村建设的技术瓶颈是当前面临的最直接和最现实的问题，也是最亟待破解的难题。要突破技术瓶颈，应积极作为，主动出击。一是搭建校企合作平台，支持科研机构、高等院校、权威智库等与企业合作，开展生态宜居乡村建设技术集成与推广应用重大项目的研究及成果推广，加快突破高寒山区厕所缺水易冻、分散农户厕污共治等建设中的关键工程技术问题。二是搭建科技创新成果共享平台，建立生态宜居乡村建设科技创新联盟，完善生

态宜居乡村建设科技资源和成果共享平台，实施重大科技创新专项。三是搭建合作交流平台，构建生态宜居乡村建设经验总结、成果展示、宣传推广合作交流平台，定期主办相关活动，总结和提炼生态宜居乡村建设的典型经验和成功模式，提升示范效应。

（五）建立四大长效机制，创新宜居乡村建设举措

宜居乡村建设是一项攻坚战、持久战，不仅要有久久为功的决心，还要有完善的长效机制，将“三分建、七分管”落实到实际行动中。一是建立健全村民参与村庄规划建设机制，充分调动农民参与村庄规划的积极性，鼓励村民主动参与村庄的建设和管理，积极发挥村民建设宜居乡村的主体作用。二是加快建立政府公共财政主导、村民委员会和村民自筹、受益主体付费、社会资金支持的乡村清洁经费多元化投入保障机制，推动不同地区因地制宜探索“财政给一点、村集体补一点、村民筹一点”的地方经验模式，调动各方力量参与宜居乡村建设的积极性。三是建立完善村庄常态化保洁制度，完善村庄生活垃圾清扫保洁收运体系，设立村庄保洁公益岗位，优先选择建档立卡户和低保户，打造一支精干的农村环卫队伍。建立保洁员激励约束机制，加强对各居民点保洁员进行现场巡回培训，以“定人定岗、定时定责、分段包片”的方式，逐步实现村民小组专职保洁员全覆盖，推动农村公共卫生保洁常态化。四是建立完善农村基础设施和公共服务体系的建、管、养、用协调发展机制，制定系统化的管护制度，积极发挥村民小组等群众自发性组织的自治自管作用，将村庄的日常管理制度化、规范化、经常化，推动农村基础设施和公共服务体系发挥更大的效能。

（六）进一步加强统筹，落实责任

坚持实行政府主导、农民主体、社会参与，进一步强化各级农业农村部门牵头抓总的职能，切实承担起政府在宜居乡村建设中规划、投入、指导、协调、示范、推广等方面的统筹职责。充分尊重农民在宜居乡村建设中的主体地位，通过完善村规民约，明确农民维护公共环境的责任，规定庭院内

部、房前屋后环境整治由农户自己负责；支持村民自治组织或村集体经济组织参与村内公共空间整治，主要由农民投工投劳解决，坚持谁积极补助谁；鼓励农民群众通过发展“土方法”破解乡村建设中的技术难题。完善惩奖机制，将“美丽四川 · 宜居乡村”建设工作纳入目标绩效综合考核范围，加强专项督查，推动各项工作落实。

参考文献

《中共中央 国务院关于实施乡村振兴战略的意见》，中国政府网，2018 年 2 月 4 日。

《中共中央办公厅 国务院办公厅印发〈农村人居环境整治三年行动方案〉》，中国政府网，2018 年 2 月 5 日。

B.2
四川农业农村发展：2019年现状与2020年展望

四川农业农村发展总报告课题组*

摘　要： 2019年，四川对标全面建成小康社会“三农”工作必须完成的硬任务，深入实施乡村振兴战略，加快推进农业农村现代化，农业农村持续健康发展，为全省经济社会发展全局提供了有力支撑。2020年是全面建成小康社会目标实现之年，是全面打赢脱贫攻坚战收官之年，四川将对标对表全面建成小康社会目标，强化举措、狠抓落实。本报告描述了2019年四川农业农村发展取得的成绩、存在的主要问题和挑战，对2020年四川农业农村经济形势进行了预测和展望，提出了2020年四川农业农村发展的总体思路和对策建议。

关键词： 小康社会　农业　农村　四川

一　2019年四川农业农村发展现状

2019年以来，四川省以习近平新时代中国特色社会主义思想和习近平

---

* 四川农业农村发展总报告课题组成员：郭晓鸣，四川省社会科学院原副院长、研究员；杨波，四川省农业农村厅党组成员、副厅长；周南华，四川省农业农村厅二级巡视员；代坤宏，四川省农业农村厅宜居乡村建设协调处处长；张克俊，四川省社会科学院农村发展研究所所长、研究员；甘庭宇，四川省社会科学院农村发展研究所研究员；庞淼，四川省社会科学院农村发展研究所研究员；虞洪，四川省社会科学院农村发展研究所副所长、副研究员。主要执笔人：张克俊、甘庭宇、庞淼、虞洪、唐张雨青、牛卓美。

总书记对四川工作系列重要指示精神为指导，对标全面建成小康社会“三农”工作必须完成的硬任务，深入实施乡村振兴战略，加快推进农业农村现代化，农业农村持续健康发展，为全省经济社会全局提供了有力支撑。2019年四川农林牧渔业增加值达到4937.7亿元，同比增长3.0%；农村居民人均可支配收入达到14670元，同比增长10%。

（一）农业生产总体稳中趋缓

1. 粮食生产平稳增长

在推进乡村振兴的同时扛稳粮食安全责任。2019年，四川粮食作物播种面积627.9万公顷，比上年增加1.3万公顷（见表1），增长0.2%。粮食总产量3498.5万吨，比上年增加4.8万吨，增长0.1%，在全国各省（区、市）中居第9位。2019年，全省继续调整农作物种植结构，夏粮播种面积略有减少，但单产提高，夏粮产量略增，藏粮于技效果显现。2019年，全省夏粮播种面积110.34万公顷，比上年减少0.98万公顷，下降0.9%。夏粮单产17.03公斤/公顷，比上年增加0.29公斤/公顷，增长1.7%。夏粮产量422.9万吨，比上年增加3.4万吨，增长0.8%。秋粮种植面积、秋粮产量稳中略增。2019年，全省秋粮播种面积517.59万公顷，比上年增加2.35万公顷，增长0.5%。秋粮单产26.41公斤/公顷，比上年下降0.11公斤/公顷，下降0.4%。秋粮产量3075.6万吨，比上年增加1.4万吨，增长0.05%。

表1　2013～2019年四川粮食播种面积和产量

单位：万公顷，万吨

项目	2013年	2014年	2015年	2016年	2017年	2018年	2019年
播种面积	627.0	625.0	628.6	629.1	629.2	626.6	627.9
产量	3336.1	3324.6	3394.6	3469.9	3488.9	3493.7	3498.5

资料来源：2013～2018年数据来源于《四川统计年鉴（2019）》，2019年数据来源于《2019年四川省国民经济和社会发展统计公报》。

2. 特色产业稳定发展

2019 年，四川省委省政府出台了《关于加快建设现代农业“10 +3”产业体系 推进农业大省向农业强省跨越的意见》，针对川茶、川菜、川药等 10 大优势特色产业和 3 大先导性产业的系列发展政策措施不断发挥作用。2019 年，全省经济作物播种面积 5119. 8 万亩，比上年增加 95. 1 万亩，增长 1. 9%。主要经济作物中，蔬菜及食用菌产量达到4638. 4 万吨，同比增长4. 5%；中草药材产量达到 49. 0 万吨，同比增长 9. 3%；茶叶产量达到 32. 6 万吨，同比增长 8. 3%；水果产量达到 1131. 2 万吨，同比增长 4. 7%；油料产量达到 367. 4 万吨，同比增长 1. 3%，其中油菜籽产量实现 18 连增，有望继续保持全国第一。

3. 畜牧生产趋稳向好

虽然遭受非洲猪瘟的持续影响，但在一系列恢复生猪生产举措的作用下，2019 年全年出栏生猪 4852. 6 万头，超额完成 4008 万头目标，2019 年底前生猪产能止跌回升。牛羊家禽出栏量持续增长，全年牛出栏 291. 7 万头，同比增长 5. 6%；羊出栏 1780. 2 万只，同比增长 2. 3%；家禽出栏 78756. 6 万只，同比增长 19. 2%（见表 2）。其中，非洲猪瘟防控和恢复生产稳步推进。一是坚决做好疫情排查处置。全省累计排查生猪 13. 5 亿头次，死亡和扑杀 37. 9 万余头，检测非洲猪瘟样品约 3625 份。在交通要道设置动物卫生临时检查站 1400 多个，实行 24 小时应急值守，切断病毒传播链条。二是加快建设防疫体系。安排 2019 年中央财政专项动物防疫补助资金 4. 61 亿元，省级财政专项动物防疫补助资金 1. 15 亿元，用于全年强制免疫、强制扑杀和无害化处理等工作。开展“大清洗、大消毒”专项行动。组织全省开展了重大动物疫病春季集中免疫工作。三是全力稳产保供。出台《关于印发促进生猪生产保障市场供应九条措施的通知》，压紧压实“菜篮子”市长负责制，将 4008 万头的生猪生产基本保障任务落实到 19 个市（州）。集中开工一批生猪规模养殖场建设项目，成都市、广元市、眉山市等 13 个市的 34 个县（市、区）已经开工养猪场建设项目 93 个，涉及投资 101. 21 亿元，项目建成预计新增生猪产能 560 万头。设立省市县三级种猪、仔猪协调调运办公室，协调调运种猪、仔猪 82 万头以上。四是严厉打击违法违规行为。联合公安、市场监督等部门，重点打击非法经营、私屠滥宰、屠宰病死猪、注水注药、非法调运生猪及其制品、“洗猪”等违法行为，查处案件500余件。

表2　2013～2019年四川猪牛羊和家禽出栏量

单位：万头，万只

项目	2013年	2014年	2015年	2016年	2017年	2018年	2019年
猪	7314.00	7445.00	7236.54	6907.82	6579.10	6638.34	4852.60
肉牛	242.04	251.61	263.34	268.58	267.26	276.19	291.70
肉羊	1583.60	1632.70	1698.00	1739.19	1780.38	1740.89	1780.20
家禽	63774.70	64667.60	66154.91	68489.75	65259.81	66070.96	78756.60

资料来源：2013～2018年数据来源于《四川统计年鉴（2019）》，2019年数据来源于《2019年四川省国民经济和社会发展统计公报》。

4. 林业持续健康发展

截至2019年末，四川省完成营造林900万亩，四川森林覆盖率再提高0.8个百分点，达到39.63%；草原面积1.8亿亩，湿地面积2600万余亩；林草面积占全省面积的3/4，林地面积3.6亿亩，森林蓄积量18.6亿立方米，均居全国第3位；天然林保护工程、退耕还林工程任务总量居全国第3位，共有全国森林康养基地试点建设单位35处、省级森林康养基地278处、森林康养人家537处、自然教育基地103处、森林康养国际合作示范基地11处，林业总产值居全国前十。

5. 渔业生产稳步增长

从事水产养殖的农渔民收入继续保持增收的良好态势。2019年，水产业增量提质，打造特色水产健康养殖示范区35个，稻渔综合种养面积达150万亩，居西部地区第一，预计全年水产品产量150万吨，渔业经济总产值460亿元，增长3.6%。

（二）“质量兴农”“品牌强农”全面推进

1. 农业生产方式加快绿色转型

2019年全年农作物秸秆综合利用率达90%，废旧农膜回收率达80%。

扎实推进农业投入品减量增效，化肥、农药减量行动持续进行，建设11个有机肥替代化肥试点县，化肥、农药使用量连续4年保持零增长。严控高毒、高风险农药使用。发展种养循环农业2000万亩，主要农作物绿色防控覆盖率超过29%。

2. 农业产业融合发展提质增效

创建农业产业强镇22个，创建第二批国家农村产业融合发展示范园5个，数量居全国第二。2条线路、3个地方入选全国60条美丽乡村精品景点线路。休闲农业总收入1600亿元，增长5.5%；农村电商销售额455亿元，增长27.3%。

3. 农产品质量安全水平稳定

持续强化农产品质量安全监管，省级农产品质量安全例行监测总体合格率99.5%，连续三年保持在99%以上，高于全国平均水平，农产品质量安全水平持续保持高位运行，其中蔬菜、水果、茶叶、畜禽及蜂产品和水产品合格率分别为99.3%、98.7%、99.7%、99.5%和98.3%。四川全年共出动执法人员42.1万人次，检查各类生产经营主体25.6万家次，取缔关闭生猪屠宰场点9个，发放宣传资料161.8万余份，查办案件925件，移交司法机关15件，查获假劣农资59.4吨，挽回农民经济损失1801万元。

4. 农产品品牌建设加快发展

累计发展“三品一标”农产品5370个，数量居西部地区第一。14个产品入围全国首批地理标志农产品保护工程，排名全国第一。向社会公开推介优秀农产品区域公用品牌10个、优质品牌农产品50个。组织了10家企业参加2019年“品牌中国·四川行动”专题活动，安岳柠檬、东坡泡菜等入选2019年“四川省杰出区域品牌”10强，郫县豆瓣、蒲江雀舌等优质农产品品牌荣登2019年区域品牌（地理标志产品）百强榜。“川字号”农产品在全国的影响力与日俱增。

5. “川字号”农产品加快“走出去”步伐

持续推进川渝、川粤、川浙等省际区域农业合作交流，建设优势特色农产品出口试点示范基地7个，依托各类农业展会实现农产品现场销售2亿元，意向签约金额超 250 亿元。成功举办第六届川台农业合作论坛和第七届四川农业合作发展大会暨农博会，共达成合作意向项目 181 个，投资额约 1156 亿元。

（三）现代农业园区示范引领“10 +3”产业体系加快构建

1. 高规格建立推进机制

四川省委、省政府出台《关于加快建设现代农业“10 +3”产业体系推进农业大省向农业强省跨越的意见》，建立“省领导分产业推进、市（州）抓县、县管园”的现代农业“10 +3”产业体系推进机制，7 位省领导分别牵头推进 13 个产业。

2. 项目化培育省级园区

安排省级财政资金 6 亿元，培育 60 个园区发展“10 +3”主导产业，带动市县财政配套、社会和金融资本超过 100 亿元投入园区建设。中央财政安排 9000 万元，支持四川省 3 个园区创建国家现代农业产业园。

3. 推动“10 +3”产业体系在园区率先落地

落实到现代农业园区内，在每个园区选择培育壮大 1 ~ 2 个主导产业。围绕现代农业十大产业落地，省、市、县布局建设园区 620 个，其中川粮油 71 个、川猪 33 个、川茶 56 个、川酒 4 个、川菜 106 个、川竹 17 个、川果 247 个、川药 38 个、川牛羊 25 个、川鱼 23 个。

4. 园区引领优势特色产业持续稳定发展

粮食生产继续保持稳定态势，播种面积稳定在 9400 万亩以上，发展国家二级以上优质稻 950 万亩，建成粮油绿色高质高效示范区 200 个；畜牧业转型升级稳步推进，建成部省级畜禽养殖标准场 1199 个；茶、菜、果、药等经济作物加快发展，申报认定 8 个国家级和 48 个省级特色农产品优势区，推进 1000 万亩现代经济作物产业标准化基地建设，全省经济作物总产量 5624. 66 万吨、总产值 3099. 9 亿元，同比分别增长 1. 49% 、6. 23% ；水产业增量提质，打造特色水产健康养殖示范区 35 个，稻渔综合种养面积达 150 万亩，居西部地区第一。

（四）农业农村改革持续深化

1. 持续深化农村集体产权制度改革

安排中央财政资金2000万元专项用于农村集体资产清产核资，历时三年的清产核资工作按期完成。41.4万个村集体经济组织完成集体资产清产核资，资产总计2193.9亿元，已确认成员身份1650.6万人。全省农村集体产权制度改革省级试点范围已扩大到130个县（市、区），试点地区基础性改革工作基本完成。1292个村被纳入村级集体经济扶持范围，每个村一次性补助100万元。

2. 稳步推进农村土地"三权分置"

积极开展农村承包地确权登记颁证"回头看"，全省确权颁证率达到94.3%。全面总结推广土地托管、土地入股、代耕代种等方式，引导土地经营权有序流转，全省耕地流转率超过40%，适度规模经营率达25.9%。在泸县、郫都区开展农村宅基地"三权分置"试点。

3. 加快培育新型职业农民和经营主体

在11个县开展新型职业农民制度试点，试点县共培育新型职业农民1.8万人，认定新型职业农民2201人，给予城镇职工社保补助160人。全省新培育职业农民4万人。在全国率先实施现代农户家庭农场培育行动，协调专项资金3.3亿元，支持3141家家庭农场发展，新培育家庭农场2500家。扶持农民工返乡下乡创业，返乡农民工累计达68.2万人，创办企业17.6万家，带动就业218万人。下达2019年中央财政专项资金3.09亿元，扶持2555个农民专业合作社，新评定农民专业合作社省级示范社300个，省级示范社达到2400个，国家级示范社483个。培育农业产业化联合体50家，国家级龙头企业15家。

（五）农民生活水平持续提高

1. 农村居民收入较快增长

2019年，四川农村居民人均可支配收入为14670元，同比增长10.0%，比城镇居民人均可支配收入同期增速（8.8%）高1.2个百分点。从来源看，人均工资性收入4662元，同比增长8.1%，占比为31.78%；人均经营净收入5641元，同比增长10.2%，占比为38.45%，在四大收入来源中比重最高；人均财产净收入456元，同比增长20.3%，占比为3.11%，在四大收入来源中比重最低；人均转移净收入3910元，同比增长11.0%，占比为26.65%（见表3）。

表3　2014～2019年四川农村居民人均可支配收入

单位：元

项目	2014年	2015年	2016年	2017年	2018年	2019年
人均可支配收入	9348	10247	11203	12227	13331	14670
人均工资性收入	3157	3463	3738	4016	4311	4662
人均经营净收入	3878	4197	4525	4821	5117	5641
人均财产净收入	185	224	269	323	379	456
人均转移净收入	2129	2363	2672	3067	3524	3910

资料来源：2014～2018年数据来源于《四川统计年鉴（2019）》，2019年数据来源于《2019年四川省国民经济和社会发展统计公报》。

2. 居民人均生活消费支出平稳增长

2019年，四川农村居民人均生活消费支出14056元，同比增长10.5%；其中，人均服务性消费支出5313元，同比增长12.1%。城镇居民人均生活消费支出25367元，同比增长8.0%；其中，人均服务性消费支出11536元，同比增长11.9%。

（六）农业基础设施建设加速推进

1. “四好农村路”建设成效明显

近年来，四川全力建设“四好农村路”，全省农村公路总里程达28.6万公里，位居全国第一。通过示范引领、典型带路，并对创建成功的省级示范县由省政府命名，一次性给予1000万元专项计划奖励；对创建成功的国家级示范县给予奖补资金2000万元。近三年来，全省共创建45个省级示范县、10个国家级示范县。

2. 高标准农田加快建设

进一步理顺高标准农田建设体制，下达中央、省级财政农田建设补助资金55亿元，截至2019年10月底，建设高标准农田395.5万亩，累计建成3788.5万亩，获得国家高标准农田建设激励评价第6名。统一规划布局、统一建设标准、统一组织实施、统一验收考核和统一上图入库的“五统一”农田建设管理体系正在加快形成。

3. 农业科技创新能力不断加强

现代农作物种业加快发展，加快建设种质资源基因库，完成162个农业县种质资源普查。建成现代化农作物种子生产基地9万亩。全面启动建设7个地方猪保种场资源备份场，积极开发7个地方特色种猪资源。国家现代农业产业技术体系四川创新团队总数达18个，岗位专家218人。新建科技示范基地县（示范场）98个。3项研究成果获省科技进步二等奖，3项研究成果获省科技进步三等奖。

4. 现代农业装备加快发展

制定《关于加快推进农业机械化和农机装备产业转型升级的实施意见》，打造蒲江县等10个智能农机装备提升示范区，完善农机购置补贴政策等16条政策措施，落实农机购置补贴资金9749万元，预计全年新增农机总动力100万千瓦，新建（改造）提灌站3000座，新增高效节水灌溉面积40万亩。积极创建国家数字农业示范县，益农信息社实现农业园区全覆盖、行政村覆盖80%。

5. 现代农业烘干冷链物流加快发展

2019年，落实项目资金4000万元，加快建设和提升105个农产品冷链物流产地集配中心，储备冷链物流项目800个，冷链物流静态库容643万吨。新建产地初加工设施设备1000座，新增年烘干能力60万吨，农产品初加工率达到56%。

（七）农村人居环境整治成效明显

1. 扎实推进农村“厕所革命”

2019年，投入中央和省级资金17.67亿元，推进3000个农村“厕所革命”整村推进示范村和29个农村人居环境整治重点县建设。目前，农村卫生厕所达标数1134万户，户用卫生厕所普及率达70%。

2. 扎实开展村庄清洁行动

制定出台了《四川省农村人居环境整治村庄清洁行动方案》。开展农村人居环境整治村庄清洁志愿服务行动，指导全省176个涉农县4.5万个行政村全面开展了村庄清洁行动。开展全省“美丽四川·宜居乡村”达标村评定工作，预计到2019年底将建成1.5万个“美丽四川·宜居乡村”达标村。全省4.5万个行政村实现保洁员全覆盖，90%以上的行政村生活垃圾得到有效处理，26.9%的行政村具备生活污水处理能力。

3. 扎实开展畜禽粪污资源化利用行动

安排中央和省级资金28亿元，在78个项目县开展畜禽粪污资源化利用试点，大力发展种养循环农业，推广农牧结合生态治理模式，覆盖了全省70%以上的生猪养殖量，全省规模养殖场粪污处理设施装备配套率达到90%，畜禽粪污综合利用率达到70%。

（八）脱贫减贫工作扎实开展

1. 支持贫困地区产业发展

落实中央和省级资金17亿元，支持贫困地区农业产业发展，在全省161个有扶贫任务的县建设农业科技示范基地607个、粮油基地150万亩、现代经作产业基地60万亩。为26个深度贫困县各安排500万元支持建设现代农业园区，实现45个深度贫困县全覆盖。通过发展农业产业，预计实现19.28万建档立卡贫困户脱贫。

2. 落实技术帮扶力量

面向11501个贫困村共派出驻村农技员12424人，优化和组建农技专家服务团890个，整合专家人数7522人，组建和优化技术巡回服务小组3069个。累计培训基层农技人员54379人次、农牧民185.5万人次。

3. 积极推进扶贫协作

组织凉山、甘孜、阿坝的30余家企业参加全国“三区三州”贫困地区农产品产销对接专场活动，签订采购协议93单，协议金额8.19亿元。浙江、广东帮扶四川力度持续加大，到位财政性帮扶资金29.45亿元，实施帮扶项目992个。推进东西部地区扶贫协作，积极承接东部地区产业转移，截至2019年10月底，完成投资额79.4亿元，共建产业园区91个、扶贫车间228个，采购、销售结对地区特色农产品金额10.49亿元。

4. 脱贫成效显著

2019年，四川扶贫资金投入持续加大，19个年度扶贫专项共投入各类资金1501亿元。四川2019年实现50万人脱贫、1482个贫困村退出、31个贫困县达到退出标准，贫困发生率降至0.3%。其中，2019年四川深度贫困地区累计减贫18.7万人，635个贫困村退出，藏区贫困县全部摘帽，凉山彝区4个贫困县摘帽。

（九）乡村振兴工作激励机制加快形成

1. 实施乡村振兴战略考评激励办法

制定四大经济区和川西北生态示范区五大类区域考评标准，在全国率先建立乡村振兴统计监测制度，组织社会广泛参与评选工作，根据各地的乡村振兴推进情况和实施成效，评选出乡村振兴先进县10个、先进乡镇50个、示范村500个，为全省各级实施乡村振兴战略树立了榜样。

2. 加大农村投入

2019年，省级财政“三农”预算安排573.3亿元，占省级财力的38%；较上年增加73.7亿元，增长14.8%。四川省级财政农业专项投入221亿元，中央财政补助374亿元，共计595亿元，比上年增加128亿元，增长27.4%。农田水利建设补助资金55亿元，全年新建高标准农田395.5万亩。聚焦现代农业“10+3”产业体系建设，安排财政资金9.96亿元。

3. 实施省级现代农业园区考评

考核评定35个省级星级园区，按星级给予1000万~2000万元的一次性补助。各地对标省级园区，按照基地建设水平、科技支撑能力、融合发展水平、组织保障等标准，分层分级建设现代农业园区200个。

4. 开展农民增收示范县和农村改革工作先进县考评

认真落实《中国共产党农村工作条例》，压紧压实县（市、区）“三农”工作职责，对各地农民增收县委书记和县长负责制、年度重大农村改革任务落实工作情况进行评估，通报表扬农民增收示范县35个、农村改革工作先进县22个。

二　存在的主要问题与挑战

（一）生猪恢复生产压力较大

四川是全国生猪大省，肉类消费中猪肉占比最高，但受到非洲猪瘟疫情冲击后，生猪存栏量出现了急剧下降态势，尽管禽、兔、鱼生产相对“短平快”，目前已经在快速增长，但仍难以补充生猪存栏量下降带来的肉类需求缺口。在《关于印发促进生猪生产保障市场供应九条措施的通知》的执行过程中，由于部门配套实施细则不明，在土地、金融、防疫体系建设等方面还存在落地难问题。就目前情况而言，现在存栏的育肥猪最多只能管到2020年3月，而存栏能繁母猪数量不足，留存下来的小母猪至少半年后才有生产能力。所以2020年3～8月是生猪出栏最紧张的时期，猪肉供应可能出现较大短缺。

（二）农村人居环境整治难点还需重点突破

农村人居环境整治虽然已经取得明显的成效，但推进农村人居环境整治“五大行动”中，农村污水得到有效治理的村只有20%左右，是四川省农村人居环境整治工作的突出短板，还需要采取有效措施加快推进进度。在推进“五网工程”建设中，农村路网建设中的通组入户路建设滞后，交通系统没有资金支持，大量村组道路建设需求还得不到满足，导致农村“微循环”能力不足。

（三）农民持续增收压力较大

自经济发展进入中高速平稳状态后，农民收入增速从2012年起呈现逐渐放缓之势，由2011年的20.5%逐步下滑到2018年的9.0%。在宏观经济形势持续下行的大背景下，农民工资性收入和经营性收入增加困难较大。而且，从四大收入来源结构看，要增加农民收入，财产性收入是最大的短板，虽然农村产权制度改革为增加农民财产性收入提供了基础支撑，但目前多数地区的农村产权制度改革仍然停留在基础性改革层面，产权制度改革的成果没有得到充分的运用，不过这同时也预示着财产性收入还有很大的增长空间。一方面，农民的财产性收入还比较低，虽然近年来财产性收入增幅较大，但这主要是由于基数低，从绝对数来看，人均财产净收入只有456元，占比仅为3.11%；另一方面，农村还有大量资产资源被闲置浪费，没有得到充分利用。

（四）财政投入力度还需加强

实施乡村振兴战略，财政投入是关键，也是引导社会资本投入的重要杠杆。但从目前来看，财政振兴供需缺口还很大。一方面，财政支农资金总量不足、投入分散、使用效率不高，以高标准农田建设为例，目前建设补助标准太低，真正能达到旱涝保收、宜机作业、稳产高产、生态友好标准的高标准农田不到任务总量的1/3。另一方面，金融和社会资本投入农业农村的动力依然不足，在130个县市（不包括市辖区）中，有80个县市的存贷比都在50%以下；在全社会固定资产投资中，农林牧渔业的投入仅占5%左右，且呈下滑趋势。

三 2020年四川农业农村经济形势预测与展望

2020年是全面建成小康社会目标实现之年，是全面打赢脱贫攻坚战收官之年。然而当前国内外风险挑战明显增多，尤其是2020年初新型冠状病毒引发的肺炎疫情给未来国内经济带来的急速下行的潜在风险增大，2020年国内整体宏观经济下行压力巨大。2020年四川农业农村发展要以中央一号文件、中央农村工作会议精神为指引，贯彻党的十九大和十九届二中、三中、四中全会精神，认真落实省委十一届三次、四次、五次、六次全会决策部署，坚持稳中求进工作总基调，坚持“六稳”政策，坚持“一干多支、五区协同”“四向拓展、全域开放”重大战略，确保农产品稳产保供，恢复生猪产能，大力推进“美丽四川·宜居乡村”建设，持续深化农业农村改革，推进乡村治理体系和治理能力现代化，确保全面打赢脱贫攻坚战。力争第一产业增加值同比增长3%，农村居民人均可支配收入同比增长9%左右，达到15900元左右。

（一）2020年四川农业农村发展面临的形势分析

1. 发展机遇

2004～2020年中央一号文件连续十七年聚焦“三农”问题，四川省委、省政府在“三农”工作中围绕对标对表全面建成小康社会目标，农业优先发展的方针得到逐步落实，集中力量完成打赢脱贫攻坚战和补上全面小康“三农”领域突出短板的重点任务。2020年党中央、国务院坚持稳中求进的工作方针，在继续深化改革开放方面有非常重大的举措，2019年12月27日，由国家发改委、中央农村工作领导小组办公室、农业农村部等18个部门联合印发了《关于开展国家城乡融合发展试验区工作的通知》，新设立11个片区作为首批国家城乡融合发展试验区，其中成都西部片区是四川唯一入选国家城乡融合发展试验区的片区，成都作为“一干多支”中的主干，将通过城乡融合发展试验示范，为成都乃至四川全省探索城乡融合发展的创新带来重大机遇。试验区将通过建立城乡有序流动的人口迁徙制度、建立农村集体经营性建设用地入市制度、完善农村产权抵押担保权能、搭建城乡产业协同发展平台和建立生态产品价值实现机制等方式实现制度的创新，为未来打通四川城乡融合发展的制度性通道创造条件，形成一批可复制、可推广的典型经验和体制机制改革措施。

2. 主要挑战

（1）国际环境经济增长的不确定性风险

根据国家统计局2020年最新发布的数据，2019年我国国内生产总值为

99.0865 万亿元，增长速度为 6.1%，显示中国在国际经济下行压力下继续保持较高增速，2019 年中国经济增长对全球经济增长的贡献率超过 28%，连续 14 年成为对世界经济增长贡献最大的经济体，这是中国在稳定增长过程中持续做出的“中国贡献”。但是从 2019 年开始，国际经济和贸易下行压力持续增大，中国经济实现稳增长的难度加大。在单边主义和贸易保护主义的冲击之下，国际货币基金组织（IMF）在 2019 年四次下调全球经济的增长率，从 2019 年初预测的 3.9%，下调到了 10 月中旬的 3%。世界贸易组织（WTO）预测，2019 年全球贸易仅增长 1.2%，全球经济增长 3%，这是 2008 年全球金融危机以来最低的经济增长率。国际环境经济增长的不确定性和下行的总趋势给四川农产品生产和贸易带来很多不确定风险。

（2）国内环境的不确定因素增多

目前国内经济环境的不确定因素增多。首先，2019 年中国 GDP 增长 6.1%，创近年来新低。中国与美国经贸摩擦尚未结束，中美刚刚签署第一阶段经贸协议，第二阶段还没有谈，仍有很多影响国内经济发展的不确定因素。2020 年影响国内经济发展最大的不确定因素是新型冠状病毒引发的肺炎疫情，其影响迅速蔓延全国，世界卫生组织（WHO）宣布将新冠肺炎疫情列为国际公共卫生紧急事件（PHEIC），从 2020 年 1 月开始，全国多个城市陆续封城防疫，餐饮、旅游、航空、铁路等行业遭受重大打击，春节假期延长、人员错峰上班、暂缓复工、学校推迟开学等严格的防疫措施对经济影响巨大。疫情扩散增加了经济运行的不确定性，许多村庄和社区实行了封闭管理，农民工进不了城，城乡消费能力上不来，农产品的电商物流渠道受到极大影响。参考 2003 年非典暴发时期经济恢复的数据，非典对经济的影响是十分显著的，但并未造成长期的拖累。当年的第二季度，中国的 GDP 增速从 11.1% 下降至 9.1%，并在第三和第四季度迅速回升至 10%，最终构成对全年经济增速的负面影响在 1% 左右，且并未波及下一年。根据抗击非典的历史经验，并结合本次疫情发展的现状来看，可以预见此次疫情对国内整体经济的冲击较大，经济环境的提振需要较长的时间，第二产业全面恢复生产将在第二季度末，第三产业全面恢复可能延至第三季度甚至年底，这将直接影响到农产品的生产与供应，以及农民工的就业与收入增长。

（3）弱质农业受到极大冲击

在国内外整体经济环境不景气的背景下，四川农业原有弱质特征表现得更加明显。受经济大环境的影响，原来四川农业规模经营不足、成本日益上升、部分产品的比较优势弱化、国际竞争力弱等问题较以往更加突出。新冠肺炎疫情在全球范围内暴发，四川的农产品的销售面临巨大的挑战，受物流限制、订单减少、劳力缺乏等因素影响，面临“出不去”和“请不进来”的困境，尤其是第一季度当季蔬菜、水果等农产品销售不畅，让农民蒙受很大经济损失。与此同时，出口贸易也受到极大冲击。

（二）新型冠状病毒引发的肺炎疫情对四川农业农村发展的影响分析

2020 年的新型冠状病毒引发的肺炎疫情的暴发让人始料未及，其虽然是发生在公共卫生领域的重大卫生安全事件，但对中国经济和社会的影响是全方位的，对农业农村领域的影响是显著和深远的，给 2020 年我国确保打赢脱贫攻坚战和实现全面建成小康社会的目标带来巨大的挑战。从疫情发展初始阶段看，疫情发生的重点区域主要在城市，对城市居民的社会生活的影响较大，对农村居民的社会生活的影响相对较小。但随着疫情影响的进一步发酵，基于对“三农”问题的反思与深刻研判的需要，分析本次新型冠状病毒引发的肺炎疫情对四川农业农村发展的影响重大，也是 2020 年四川“三农”发展预测和展望不可或缺的环节。

1.“菜篮子”农产品保供压力增大

自从 2020 年 1 月 25 日晚四川省人民政府办公厅发布应对新冠肺炎疫情一级响应措施后，各地各级政府纷纷出台严格的防疫措施，大中型超市、农贸市场等农产品集中区开展的防疫管控升级。因春节期间传统的囤货习惯和对疫情不明朗的恐慌预期，市场一度出现农产品抢购，尤其是在疫情一级响应措施出台初期，大中城市的肉、蛋、奶、菜等“菜篮子”农产品供应一度出现紧张，同时疫情下物流成本和人工成本的增加也助推农产品价格上涨，疫情初期农产品保供压力增大。

2. 农产品流通环节严重受阻

疫情防控中四川各地市州实施严格的交通封锁，这对于切断疫情传播渠道有重要作用，但也使得农产品流通环节受阻，导致四川局部地区农产品严重滞销，当季果蔬等产品受疫情影响最为突出，这些农副产品存放时间短、不易储存，它们的滞销给农民带来严重的经济损失。由于流通环节受阻，供需两端连接不畅，一边产品积压卖不出去，一边消费者高价才能买到产品，物流的阻滞致使部分农产品的线上线下销售量出现断崖式下降，给广大农民带来巨大经济损失。

3. 农民收入增加面临严峻挑战

新冠肺炎疫情发生以来，四川农民除农业收入增加面临困境外，非农收入增加更面临严峻挑战。四川是人口大省也是劳务输出大省，《2018 年四川省人力资源和社会保障事业发展统计公报》显示，2018 年末，四川农村劳动力转移输出 2511.6 万人，其中省内转移 1414.0 万人，省外输出 1097.6 万人，全年实现劳务收入 4466.9 亿元，增长 7.8%。从结构来看，四川农村劳动力转移输出人数占比非常高，占全省农村劳动力总量的近3/4，据测算，省外务工的近 1100 万农民工中有 650 万农民工主要分布地也是疫情较严重的湖北、广东、浙江、重庆等地，占到 60% 左右，都将对以外出务工为主要收入来源的农民造成很大影响。[①] 因此，农民工返岗复工问题对全国经济社会影响巨大。疫情暴发后，工厂停工停产，服务行业受挫，很多农民工失去工作；返乡之后出行遭遇交通阻断的影响、疫情地区产业调整、新增就业机会不明朗等问题，致使未来返岗复工面临各种风险与障碍。从总体趋势分析来看，疫情后农民的收入明显减少，尤其是工资性收入会呈明显减少趋势。

4. 农村公共卫生防疫条件严重不足

新冠肺炎疫情暴露出四川农村防疫条件有限、防疫能力不足、防疫物资

① 郭晓鸣：《劳务输出大省的复工难题：四川 2500 万农民工如何返岗?》，第一财经，2020 年 2 月 20 日。

匮乏等诸多公共卫生基础设施方面的短板。在医疗资源、医疗技术和医治传染病专业人员方面，与大中城市还有很大的差距。2018 年底，全国 3. 16 万个乡镇共设 3. 6 万个乡镇卫生院，每千农村人口乡镇卫生院床位只有 1. 39 张。四川现有乡镇卫生院 4432 个，执业医师和执业助理医师 3. 4 万人，注册护士 3. 1 万人，基本上每个乡镇配置一个卫生院，目前很多地区撤乡并镇后，卫生院数量还有所下降，卫生防疫能力极其有限，“以一管百”的医疗资源配置在乡村非常常见，公共卫生人才流失比较严重，农村几乎没有“应收尽收，统一救治”的基本救治能力，缺乏应对新冠肺炎疫情这类紧急疫情的基本医疗配置。另外，除新冠肺炎疫情之外，春季还是许多动物疫病高发期和重要防疫期，大量野生动物开始进入活动频繁期，从而加大了防护难度。然而农村基层公共卫生资源少，管理体制机制不完善，无法与上级政府要求其承担的任务相适应。所幸此次疫情对农村整体影响较小，没有给乡镇公共卫生机构带来巨大压力，一旦疫情在农村蔓延，农村脆弱的公共卫生防疫系统将很难承受。

5. 农村公共危机处理和治理能力面临挑战

我国基层政府在招商引资、搞基础设施建设等拉动经济方面有很多经验，但在面对如新冠肺炎疫情这类复杂的突发性事件时存在应急处理能力不足的问题。乡村最基层防疫体制动员的主体是村干部，村干部人员配置较少，平时也是“一肩挑数责”，应急管理经验比较缺乏，对新出现的农村社区管理问题估计不足，出现一些管理粗暴和防疫过当的情况，如为了限制返乡人员进出村以防控疫情，采用的封路、封村等做法固然对阻断疫情传播有效，然而也加剧了社区矛盾，暴露了乡村治理方面的短板，因此，疫情的发生和防控对基层组织和干部治理能力提出了严峻挑战。农村社区显现出来的公共危机处理和治理能力缺失，却为将来提升社区治理能力提供了可以借鉴和反思的案例。

基于新冠肺炎疫情给四川农村带来的全方位的、深远的影响，习近平总书记在对 2020 年全国春季农业生产工作做出重要指示时强调，越是面对风险挑战，越要稳住农业，越要确保粮食和重要副食品安全。同时在 2 月 14

日中央全面深化改革委员会第十二次会议上，习近平总书记又对完善重大疫情防控体制机制、健全国家公共卫生应急管理体系做出重要部署。四川省委、省政府已经有步骤地按照中央部署，积极采取了一系列防疫助农的措施，稳定四川农民农业生产，促进农民增收，确保防疫工作有序开展。

（1）农产品稳产保供

在新冠肺炎疫情突发的2020年，由中央应对新冠肺炎疫情工作领导小组发布了《当前春耕生产工作指南》，规格之高实属罕见，彰显中央对疫情下春耕生产的高度关注，春耕生产开好局、起好步对全年粮食安全的重要性不言而喻。同时，财政部办公厅、农业农村部办公厅发布的《关于切实支持做好新冠肺炎疫情防控期间农产品稳产保供工作的通知》也强调农产品稳产保供的紧迫性。四川全省为确保疫情防控期间的猪肉、蔬菜等重要农产品不断档、不脱销，采取了一系列保春耕和保稳供的措施。例如，为确保春耕农资和农产品顺利运达，支持运输农业生产资料和农产品的车辆统一纳入全省疫情防控期间防控物资运输车辆通行证办理范围，进一步畅通鲜活农产品绿色通道，提效降本，促进农产品快速有序流动，确保春耕关键时期粮食播种面积稳定，为全年粮食丰收奠定基础，生猪产能逐步恢复，蔬菜产量连续增长。

（2）防疫管控

四川省制定差异化管控方案，坚持分区分类的精准管控。例如，农村地区没有疫情的地方，以抓生产为主；对有个别病例的地区，在防控好疫情的前提下，迅速恢复农业生产；疫情较为严重的地区，要采取坚决果断的措施阻断疫情，科学统筹生产和防控。

（3）农民工返岗返工

四川聚焦省外务工需求，畅通省内务工渠道。截至2020年2月20日，四川已有135个县（市、区）恢复市际班线客运，146个县（市、区）恢复县际班线客运，恢复率分别为74%和80%。四川已与浙江、广东两省建立协调机制，实现健康证明互认，实行“春风行动”——开行“点对点”送员工上门的专车专列。截至3月1日，四川已开行农民工省际专车5854

辆、专列35列、包机13架次。去往省外返岗和在省内返岗的农民工合计已达895.03万人，返岗率为43.9%。

（三）2020年预测与展望

2020年是全面建成小康社会目标实现之年，是全面打赢脱贫攻坚战收官之年。四川农业农村发展将围绕全面建成小康社会“三农”的硬任务，抓紧恢复生猪产能，保障主要农产品稳定供给，以现代农业园区引领现代农业“10+3”产业体系建设，加快补齐农业农村基础设施短板，大力推进“美丽四川·宜居乡村”建设，持续深化农业农村改革，推进乡村治理体系和治理能力现代化，巩固产业扶贫成果，确保全面打赢脱贫攻坚战。对2020年的预测与展望如下。

1. 粮食生产将继续稳定，农业增加值将保持小幅增长

2019年，四川全省秋粮生产面积略增，预计2020年单产小幅减少，秋粮产量稳产略增。虽然新冠肺炎疫情对2020年春耕生产略有影响，但在中央和省委、省政府高度重视2020年春耕推进工作的背景下，预计2020年的粮食生产仍将继续保持稳定。展望2020年，继续落实粮食安全省长责任制，在90个粮食主产县和48个产油大县加快建立一批粮油稳定发展功能区，预计粮食总产量稳定在700亿斤，全省优质稻面积突破1000万亩，其中“稻香杯”优质稻面积在600万亩以上，油菜籽产量达到300万吨，特色产业种植面积达到4500万亩，产值达到3000亿元，肉蛋奶和水产品产量总体保持稳定增长。力争布局建设“天府菜油”示范基地100万亩，连片建设粮油绿色高质高效示范区200万亩，油菜籽产量达到300万吨。继续实施“藏粮于地、藏粮于技”战略，推进化肥使用量零增长行动，建设化肥减量增效示范区30万亩、有机肥替代化肥示范区20万亩，推进土壤肥料技术推广体系建设。

2. 猪肉供应趋于稳定，猪肉价格逐渐回落

2020年，中央一号文件首次将生猪产业专门列项，表明国家把生猪产业的重要性提升到了前所未有的位置。四川将严格落实《关于印发促进生

猪生产保障市场供应九条措施的通知》（简称“猪九条”）和《关于印发金融支持稳定生猪生产八条措施的通知》（简称“金猪八条”）的相关政策。首先，继续加强非洲猪瘟疫情防控，坚持“封、堵、管、查、扑”多措并举。其次，大力支持生猪规模化养殖场建设，进一步恢复生猪生产和猪肉供应。2019年以来，四川省与新希望集团签订1200万头生猪产业化合作框架协议，引导大型养殖企业率先开展生猪复产和转型升级。最后，紧急出台保障生猪生产激励措施，在养猪政策上给予倾斜，推动建立畜禽养殖基本用地保底管理制度，一律取消超范围划定的禁养区，加大财政、金融、保险、用电等方面的支持力度。在政府出台的多项恢复产能的措施的保障下，大型养殖场恢复生猪生产的积极性较高，一直积极补栏和新建，但中小散户补栏情况还没有达到预期效果。需要说明的是，大型养殖场的新建生猪生产项目要到2020年下半年才能逐渐发挥作用。以现在生猪发展趋势和疫情稳定的情况来看，2020年上半年生猪生产总体来说将进一步好转。预计通过硬性分解到地市州的生猪养殖任务和指标，2020年底将完成年出栏6000万头生猪的基本保障任务目标，力争到2020年底生猪存栏量基本恢复到常年80%左右的水平。

3. 农村居民收入增长速度趋缓

2019年，四川农村居民收入实现较快增长。农村居民人均可支配收入为14670元，同比增长10.0%。从来源看，人均工资性收入4662元，同比增长8.1%；人均经营净收入5641元，同比增长10.2%；人均财产净收入456元，同比增长20.3%；人均转移净收入3910元，同比增长11.0%。受新冠肺炎疫情的影响，进城务工农民工数量减少，企业复产复工时间推迟，农产品保供压力增大、惜售储存预期时间增加，预计2020年农村居民人均可支配收入将会降低，与上年相比会有较大幅度下降，尤其是人均工资性收入和人均经营净收入，以及来自乡村旅游业等第三产业的收入会明显减少。

4. 新型农业经营主体将加快成长

2020年新冠肺炎疫情暴发以来，国家对稳定农产品供应和提升农产品质量安全水平提出了更高的要求和标准，因此，应着力构建一支有文化、懂技术、善经营、会管理的新型职业农民队伍，推动和鼓励新型农业经营主体加快成长。2020 年四川省将大力培育家庭农场、专业大户、农民专业合作社等新型农业经营主体，制定带动小农户进入现代农业发展轨道的保障政策和实施路径，大力推动农业社会化服务体系建设机制创新试点。推动农民工返乡创业，提升农民专业合作社发展质量，持续推进实施现代农户家庭农场培育行动。预计新增省级农民专业合作社质量提升整县推进试点县 30 个，新评定农民专业合作社省级示范社 600 家、家庭农场省级示范场 300 家，新培育职业农民 4 万人。

5. 农村人居环境整治将继续得到有效推进

根据 2020 年四川省委一号文件《关于推进“三农”工作补短板强弱项确保如期实现全面小康的意见》，补齐农村人居环境整治和基础设施建设短板。大力推进垃圾治理、污水处理、“厕所革命”、畜禽粪污资源化利用、村庄清洁“五大行动”和路、水、电、气、通信“五网工程”建设。因地制宜，分类有序推进一批农村“厕所革命”整村推进示范村建设，基本实现 2020 年全省农村户用卫生厕所普及率在 85% 以上。深入推进畜禽养殖废弃物资源化利用，全省畜禽粪污综合利用率在 75% 以上，规模养殖场粪污处理设施装备配套率在 95% 以上。以农村人居环境整治“五大行动”和农村基础设施“五网工程”建设为重点，按照补短板、强弱项原则，积极推进一批“美丽四川 · 宜居乡村”达标村建设。

6. 农村改革持续推进新产业新业态的发展

2020 年四川把深化农村集体产权制度改革作为新时期农村改革的突破口，力争到 2020 年底，全省基本完成集体经济组织成员身份确认工作。2020 年四川将继续稳慎推进农村宅基地“三权分置”改革，扩大深化宅基地制度改革试点覆盖面，积极稳妥开展农村闲置宅基地和闲置住宅盘活利用工作，推动宅基地复垦腾退建设用地指标重点用于支持农村新产业新业态发展和返乡下乡创业。从 2018 年四川省委一号文件就明确规定，按不低于省里下达年度新增建设用地计划总量的 8% 予以单列，支持农村新产业新业态发展，这大大高于国家5%的规定。农村改革的不断深入将极大激发各生产要素的顺利流动，为四川乡村振兴带来新的活力，让更多的优质发展要素包括优质资金进入农村，促进三产有机融合，持续为四川乡村振兴和“美丽四川·宜居乡村”建设助力。

7. 脱贫攻坚任务将全面完成

补齐“两不愁三保障”短板，做好脱贫攻坚与乡村振兴的政策衔接，巩固脱贫成果。2020年四川脱贫攻坚任务全部完成，全部贫困村实现脱贫摘帽。同时，为更好保障扶贫效果，继续大力扶持贫困地区发展现代农业产业，将产业扶贫纳入全省现代农业“10+3”产业体系整体推进。在有扶贫任务的县将新建高标准农田190万亩，新增农机动力40万千瓦，新建和改造提灌站400座，新建现代农业园区150个，建设科技示范基地300个，培育科技示范户30000户以上。

四 2020年四川农业农村发展的总体思路和对策建议

2020年是全面建成小康社会目标实现之年，是全面打赢脱贫攻坚战收官之年。做好四川“三农”工作，推动农业农村高质量发展，必须以习近平新时代中国特色社会主义思想为指导，全面贯彻落实中央和四川省委一号文件精神，对标对表全面建成小康社会的目标任务，着力补齐贫困治理领域突出短板，攻克“三保障”最后堡垒，全面打赢脱贫攻坚战；着力补齐农业农村发展突出短板，加强基础设施和公共服务建设，全面建成小康社会。千方百计减少新冠肺炎疫情对农业发展的影响，确保粮食生产稳定、生猪产能加快恢复、主要农产品市场供给；以推进现代农业园区建设为抓手，提升现代农业“10+3”产业体系竞争力和质量效益；以推进农村人居环境整治为抓手，加快“美丽四川·宜居乡村”建设。不断深化农村改革，激活资源要素，拓展农民就业和增收渠道，推进乡村治理体系和治理能力现代化，提升农民群众获得感、幸福感、安全感，与全国同步全面建成小康社会。

（一）决战脱贫攻坚，确保高质量完成目标任务

2019 年，四川深度贫困地区总共实现 18.7 万贫困人口脱贫，635 个贫困村退出，全省藏区贫困县均达到退出标准，提前一年摘帽。① 2020 年是脱贫攻坚收官之年，没有任何退路和弹性，要坚决克服新冠肺炎疫情的影响，凝心聚力打赢脱贫攻坚战。要更加注重践行扶贫与扶志、扶智相结合，引导易地搬迁脱贫、产业扶贫和就地务工相结合，抓住主要矛盾和突出问题，一鼓作气啃下最后一块“硬骨头”，巩固脱贫成果，稳定帮扶力量，助力乡村振兴。

1. 聚力凉山彝区攻克最后贫困堡垒

2020 年，四川脱贫攻坚战最后的重点是凉山彝区未摘帽的 7 个深度贫困县与未退出的 300 个贫困村，须攻克最后贫困堡垒，完成对凉山州最后 17.8 万贫困人口的高质量脱贫任务。

一是省级负责人应挂牌督战到县到乡。“挂牌”即省里组织精锐力量下沉指导剩余贫困县与贫困村的脱贫工作，落实各项帮扶政策对贫困地区的全覆盖；“督”首先督查“两不愁”是否普遍达标，全面解决“三保障”问题，核实“三精准”是否杜绝优亲厚友现象出现，政策、工作与责任是否落实见效，对于贫困边缘户落实医疗救助等各项帮助，做到边督查边整改；“战”就是要联合作战、蹲点参战、巡回督战，② 必要时实行交叉督战，明确省市县乡村各级各部门的攻坚责任，确保每户贫困户得到帮扶。

二是聚焦重点、短板和特殊难题。围绕“两不愁三保障”目标补齐短板，加强彝区教育和医疗卫生服务体系建设，深入开展“学前学会普通话”行动和“洁美家庭”建设，突出解决控辍保学、禁毒防艾、自发搬迁、移风易俗等特殊难题。加大国企帮扶力度，大力实施“国企入凉”行动，参

---

① 祝欢：《打赢脱贫攻坚战 四川藏区所有贫困县全部达到摘帽标准》，中国新闻网，2020 年 1 月 17 日。

② 刘秋凤：《四川对凉山 7 县脱贫攻坚挂牌督战 资金项目政策进一步向凉山倾斜》，凉山州人民政府网站，2020 年 1 月 20 日。

与实施贫困地区特色产业提升工程，促进贫困地区种养业的培育与发展，对标“两不愁三保障”，结合凉山资源禀赋增加政企合作项目，助力旅游康养及能源开发。

三是对标脱贫满意度。政府财政资金倾斜力度不减；加大易地搬迁扶贫后续帮扶与产业扶贫持续扶贫力度；深化扶志、扶智，提升贫困户参与经济活动的能力；结合农村人居环境整治，统一规划建设彝家新寨；优化城乡建设用地增减挂钩、扶贫小额信贷等支持政策，提高脱贫质量，夯实脱贫成果，提升贫困户对脱贫的满意程度。

2. 构建稳定脱贫和防止返贫机制

四川脱贫攻坚虽取得重大突破，但已经脱贫的部分地区生态环境仍然脆弱，存在脱贫基础不扎实、扶贫产业不强大等薄弱环节，脱贫人口的自身发展能力还比较弱，未被设立为贫困县、贫困村的地方仍有边缘贫困人口，因而为实现真脱贫、稳脱贫，还需要巩固现有脱贫成果。

一是高质量完成脱贫任务。对已脱贫人口展开全面排查、全面“体检”，认真查找漏洞缺项，一项一项整改清零，一户一户对账销号，坚决杜绝“数字脱贫”和“虚假脱贫”。抓好脱贫攻坚巡视督查、成效考核、第三方评估等反馈问题整改工作。加强常态化监督，把新致贫和遗漏的贫困人口及时纳入，做到应保尽保。

二是完善脱贫人口的“造血”机制。进一步加大产业、就业、创业扶贫力度，完善产业扶贫带贫益贫机制，帮助贫困人群转移再就业，支持脱贫人口创业。深化消费扶贫，大力推广“四川扶贫”公益品牌，促进贫困地区农产品更多进入超市，进入机关、学校、事业单位、小区等。加大易地搬迁扶贫后续扶持力度。加强教育帮扶，保障义务教育，加强成人教育。保障基本医疗，简化民政救助手续，完善社区快速救助资金池的建立，防范风险，织密社会救助安全网。强化扶志扶智，推进从“救济”到“赋能”、从外部物质扶贫向增强内生动力转变。

三是建立健全返贫监测预警和动态帮扶机制。以村、组为单位建立网格化贫困监测体系，重点监测脱贫基础薄弱人群和边缘户。设置返贫触发预警指标，确定各项指标动态监测时间，由驻村帮扶干部和村干部团队组成贫困监测小组，进行定期回访、及时帮扶、限时整改，做到分类管理、分级防控。适当加大低保评估弹性，对符合条件的人员应保尽保。切断边缘人口致贫路径，有效防止脱贫人口返贫，保持脱贫攻坚成效长期稳定。

四是返贫监测与返贫界定过程要实现公平公正公开。提升村民参与度，通过村民代表大会等形式推动村民自治，让村民参与返贫帮扶评定，将评估、反馈与激励机制挂钩，村（组）专人或者社区民政人员对帮扶行为与资金流向全程监督，事后予以公示，保证透明披露。

3. 保持脱贫攻坚政策总体稳定

一要保证“摘帽不摘政策”。确保脱贫攻坚政策在医疗、社保、养老、就业、产业、住房、教育等方面的稳定，各项财政支持仍然向农村倾斜，各项金融扶贫政策保持延续性。已经脱贫且基础扎实、产业发展良好的乡镇，政府可以统筹安排一部分保障资金去支援非贫困地区。要继续推进产业扶贫、易地搬迁扶贫等政策的落实，稳固产业发展、龙头企业带动与农户利益有机联结的机制。

二要保证“摘帽不摘责任”。帮扶责任主体不能松懈，帮扶工作仍然要高效高质落实。创新扶贫方式，加大力度谋篇布局发展产业，为当地经济注入强大活力，实现从脱贫到增收致富的转变。

三要保证“摘帽不摘帮扶”。要强化帮扶力量，优化驻村帮扶团队，配强干部，调整人员布置的同时保证工作的连续性。要进一步引导脱贫户发展产业、实现就业，防止边缘户返贫。对于突发大病致贫人员，及时采取民政救助，做到应扶尽扶。

四是保证“摘帽不摘监管”。建立长效监管机制，采取定期督查办法，将考核结果与激励奖惩挂钩，严把退出标准和程序，对各类问题及时整改。

4. 着手研究继续推进减贫工作

2020 年即将完成脱贫攻坚任务，但并不意味着贫困问题今后就没有了，虽然全面消除了绝对贫困，但相对贫困长期存在。从现在开始就要着手研究全面完成脱贫摘帽后以解决相对贫困问题为重点的继续推进减贫工作的战略思路、重点和政策，使现有的脱贫攻坚工作体系、帮扶力量、扶贫政策、考核监督等能够在2020年之后做到有序转移、衔接，脱贫攻坚阶段积累的经验做法和有效的扶贫模式能够得到坚持和进一步发展，使之转化为支持乡村振兴的常态化措施。

（二）加快补齐全面建成小康社会短板

2020年是全面建成小康社会的收官之年，要精准发力，完善农村基础设施建设，补齐路、水、网等突出短板，畅通连接乡村“最后一公里”，巩固乡村饮水安全建设，持续实施数字乡村建设“三大工程”；加强公共服务，抓好普惠性、基础性、兜底性民生建设，提升人民群众获得感与幸福感。

1. 补齐农村公共基础设施短板

优化村庄规划，农村公路的铺设要逐步延伸到户，实现户户通。在完成建制村通硬化路的基础上，推进较大人口规模的自然村（组）通硬化路，支持村内道路建设和改造，提高硬化率。加强道路安全管理，做好道路养护与运营，深化农村公路管理养护体制改革，推行县乡村三级“路长制”。统一规划城乡客运，给予一定政策扶持，完成具备条件的建制村通客车任务，联通好城乡人员的交流。加大农村水利建设力度，有条件的地方要推进城乡供水一体化工程建设；加强乡村水源地保护，加强集中式饮用水水源地环境整治，保障饮水安全。扩充升级农村电网网架铺设，对于设施陈旧的电网要改造或更换。加快数字乡村建设，深入推进“宽带乡村”项目实施，实现第四代通信网普遍覆盖和行政村光纤宽带网络全覆盖。扩大电子商务进农村覆盖面，加强村级电商服务点建设。

2. 补齐农村公共服务短板

一是提升农村教育水平。完善托幼公共服务体系，推进婴幼儿日间照料机构、普惠性幼儿园建设。重视农村学前教育，增办村级公办幼儿园，加强偏远山区学前普通话教育。全面提高教育质量，乡村教育水平要向城市靠拢，提高三州山区教师使用标准通用语言文字教学能力。乡村教师编制标准要与城市相统一，全面执行义务教育阶段教师“县管校聘”方法，有计划地安排县城学校教师到乡村支教。改善普通中小学基本办学条件，建设更多的乡镇寄宿制学校，加快完善寄宿制学校所需硬件与软件配套。

二是改善农村医疗服务。加强县域医疗卫生机构建设，办好县级医院，推进标准化乡镇卫生院建设，改造提升村卫生室，消除医疗服务空白点，稳步推进县域医疗卫生共同体建设。加大医疗服务人才培育与引进力度，加强乡村妇幼保健机构建设，拓展乡村儿科服务和乡村中医药服务，鼓励城市优质医疗资源辐射农村地区。保障农村妇女健康水平，全面开展对于农村适龄妇女宫颈癌和乳腺癌免费检查与救助工作，将其纳入基本公共卫生服务范围。适当提高城乡居民基本医疗保险财政补助和个人缴费标准，普及异地就医联网结算，在地级市市域范围内实行“一站式”服务、“一窗口”办理、“一单制”结算。

三是加强乡村文化体育建设。推动整合文化惠民工程资源，继续推进乡村文化站、活动室的达标建设，实施县级图书馆、体育馆、文艺中心、广播电视等惠民工程，丰富乡村文体活动，定期组织城市文艺团体和文艺工作者下乡演出，保护和传承好民间文化，促进城乡公共文化服务均等化。

3. 补齐农村社会保障短板

按人口比例配套兴办农村敬老院，推动民办养老机构的发展，探索居家养老与社区养老服务新路径，提升养老机构服务质量，集中托养，增加乡村护理床位数量，形成以家庭赡养为基础、养老机构和农村幸福院为依托、农村老年协会参与、乡镇敬老院托底的农村养老服务设施供给格局。[①] 加大对基础养老服务的投入，推动进城灵活就业人员和农业产业化从业人员参加城镇职工基本养老保险，提高农村养老保险待遇水平和农村养老保险最低缴费档次，扩大保障范围。重点发展面向农村留守儿童、妇女、老人、残疾人和

① 《民政部对“关于农村老人的社会保障问题的建议”的答复》，民政部门户网站，2019 年 11 月 1 日。

其他特殊困难群体的关爱帮扶等服务，提升对乡村特困人员的托底护理能力。

（三）努力降低新冠肺炎疫情对农业的影响，稳定粮食和主要农产品供给

新冠肺炎疫情给四川农产品生产带来了一定影响，必须千方百计降低疫情对农产品产销的影响，保持粮食生产稳定，恢复发展生猪生产，确保主要农产品的稳定供给。

1. 保持粮食生产稳定

保障粮食安全要稳政策、稳面积、稳产量，全省粮食播种面积应稳定在9000万亩以上，总产量应稳定在700亿斤左右。应不折不扣落实粮食安全省长责任制，继续深入实施“藏粮于地、藏粮于技”战略，以粮食主产县、产油大县为重点，加快建立一批现代粮油产业园区，连片建设粮油绿色高质高效示范区。深入实施“优质粮食工程”和“天府菜油”行动，推广国标二级以上优质稻、优质油菜、青贮饲用玉米、酿酒专用粮、专用马铃薯等优质品种，提高粮油生产质量。继续推进化肥使用量零增长行动，开展科学安全使用农药行动，抓好农业防灾减灾和农作物病虫害综合防治。调整优化粮食补贴政策，新增粮食补贴向主产县及新型农业经营主体倾斜。

2. 全力恢复发展生猪生产

落实省负总责，压实“菜篮子”市长负责制，强化县级抓落实责任，加快推进新建改扩建生猪养殖项目全面开工复工，推动生猪养殖场户加快增养补栏，确保生猪产能基本恢复到常年水平。落实国家和省级扶持生猪生产的政策举措，抓紧打通环评、用地、信贷等关卡。积极发展家禽、肉牛、肉羊、肉兔等其他畜禽产品生产，扩大替代肉类供应。深入推进畜禽养殖标准化建设，做好全省奶业振兴工作，提升生鲜乳产品质量。推进川西北高寒地区饲用玉米等青贮饲用作物的引种示范，加强草牧业基础设施建设，因地制宜推广科学种养发展模式。继续推进生猪屠宰企业标准化创建。继续坚持“防、堵、封、控、消”策略，切实强化非洲猪瘟防控各项措施落实，扎实

做好重大动物疫病集中强制免疫。加快推进畜禽粪污资源化利用，提高畜禽粪污综合利用率。

3. 抓好农产品的产销对接

大力培育产销一体化经营的新型农业经营主体，在各大市（县）建立高质量农产品电商物流园区，充分利用已有的电商平台大力发展农村电商，鼓励生产经营主体通过微商、电商平台等增强农产品销售能力。鼓励农产品加工、营销企业与主产区、规模化经营主体共建、联建生产基地；鼓励标准化种养基地、合作社、大户等与超市进行对接，破解超市货源不足和产地销售困难的双重矛盾；鼓励引导保持长期联系的外地客商在已经建立一定信任关系的基础上，通过基地和产品照片以及视频连线查看、指定样品采摘查验等方式代替现场验货。积极推进农产品集散地配套基础设施建设，对于一些特色优势农产品集中连片的主产区，要充分形成基地市场，引导经销商、经纪人等采取先联系、后上门的方式深入田间地头收购。完善农产品仓储保鲜冷链物流，升级设备，扩大冷库容量，切实保障农产品质量。发展“学校+企业+蔬果基地”模式，稳定农产品输出，保障“菜篮子”安全。需要注意的是，对于活禽交易市场不能因为新冠肺炎疫情一关了之，必须有序开放活禽市场，推动活禽交易市场分类管理。要加快家禽屠宰加工企业全面复工复产，探索建设应急集中屠宰点，确保活禽适时屠宰、不压栏，发展线上线下销售。

（四）加快构建现代农业“10+3”产业体系

四川要立足于现代农业产业基地和园区建设，以其为载体培育现代农业“10+3”产业体系。应强化农业基础支撑，做强农产品加工，对接市场需求，大力培育优势农产品品牌，推进农业供给侧结构性改革，转变农业发展方式，念好“优、绿、特、强、新、实”六字经，[①] 发展乡村产业新业态，探索推广各类利益联结方式，拓宽农民增收渠道。

---

① 《着力构建现代农业“5+3”产业体系 加快建设全省乡村振兴示范市》，中国网·锦绣天府，2019年12月19日。

1. 加快现代农业产业基地和园区建设

要围绕做优做强四川十大特色产业，夯实三大先导产业，加强优质特色农产品产业基地建设，政策与资金应向现代农业产业基地建设倾斜，推动形成特色产业发展带、示范片，创建一批国家级、省级特色农产品优势区。园区是优势特色产业发展的核心载体，应紧紧围绕当地优势农产品，聚集要素、聚集资源，建成一批现代农业园区，重点培育省级园区。要发挥省级星级产业园区高发展水平示范作用，大力提升综合产值，将资源优势转化为产业优势，促进优质农产品的提档升级，助力农村一二三产业融合发展。在产业园区规划上要体现生产基地对周边乡镇的辐射作用，突出联农带农作用，帮助农户增收。要提高高标准农田建设补助标准，打好产业园区建设的基础；重视种子孵化园区、珍稀植物资源圃、高山蔬菜园区等特色种养基地的建设。

2. 做强农产品加工

一是扩大初级加工。完善农产品产地初加工体系，助力农产品规模化、集约化生产，大幅度提升初级农产品产值。农产品加工企业的布局应匹配原料生产基地建设，在粮油作物、中草药、菌类、果蔬、烟叶等产业园区内扩大初加工覆盖面，就地就近建成筛选分级、冷藏保鲜等初加工和商品化处理设施，[①] 规范化分拣、贮藏、晾晒、烘干、预冷、保鲜、包装各项工序，提升标准化生产水平；引进自动化设备提高农产品产地初加工率。

二是提质升级精加工。具有加工优势的特定市（县）要加快建设深加工产业集聚园区，吸引农产品加工龙头企业进入园区集聚发展。各大畜、牧、渔、粮、油、薯等加工园区要重视使用精深加工要素，培养专业人才队伍，购置先进设备，引进先进技术，提升农产品的深加工程度。要推广一体化流程直接生产包装商品，延展产业链条，降低农产品加工损失率，延长农产品保质期。要以“农业 + 工业 + 科技”为基础，加快建设酿酒专用粮工程研究中心，提升酒类加工精深度，提高产酒品质，稳定产酒安全性，助力

① 四川省农业农村厅：《四川围绕“10 +3”体系 推动乡村产业高质量发展》，《农村工作通讯》2019 第 16 期。

川酒振兴。

3. 大力培育农产品品牌

实施“川字号”农产品品牌创建行动，深入实施品牌建设“孵化、提升、创新、整合、信息”五大工程，做大做强农产品区域公用品牌、重点企业自主品牌、重要农产品品牌，[①] 提高农产品附加值。应围绕生产设施条件、品牌营销和知识产权保护三个方面培育发展具有鲜明特色的地理标志农产品。建立农产品“培育—保护—发展”体系，创新培育方法与培育体系，整合资源，推动农产品实现从商品化到品牌化的转型。以市场为导向，结合“互联网＋”模式，适应消费升级需求，壮大具有潜力的农业电商企业，增强四川农产品品牌影响力。借助新媒体，搭建宣传平台，创新推介方式，借助特色农产品展销会、产销对接会与国际旅游博览会平台等，显著提升市场竞争力与品牌传播力。做优存量，重视对老工艺、老字号等专利的保护，依托政府和专业团队运营、推广、运用“四川扶贫”集体商标，深化“三品一标”农产品建设，推进“川字号”招牌认证。结合地方旅游资源挖掘农产品品牌文化，讲好品牌故事。

4. 强化新型农业经营主体的带动作用

鼓励新型农业经营主体发展，强化农业企业、农民专业合作社、家庭农场和种养大户的带动作用。通过兼并重组培育农业产业化龙头企业，突出农民专业合作社在生产、供销、消费和信用“四位一体”合作经济中的作用，支持传统小农户向种养大户和家庭农场转变。鼓励龙头企业采取“企业＋种养大户＋小农户”“公司＋专业合作社＋农户”“农业企业＋产业基地＋农户”等形式，带动小农户走上现代农业发展之路。引导新型农业经营主体参与农业产业基地与农产品加工产业园区建设，鼓励新型农业经营主体实施品牌发展战略，主动申报中国驰名商标、国家地理标志保护产品称号等。

5. 健全产业链利益联结机制

以“公司＋专业合作社＋农户”为重要形式，建立健全新型农业经营

---

① 《四川省乐山市突出重点 加快建设现代农业产业体系》，农业农村部网站，2020 年 1 月 6 日。

主体与农户联动发展的利益联结机制，结成企业与农户利益共同体。创新利益联结方式，鼓励“保底收益”“保息分红”模式，引导“二次返利”模式，深化“订单农业”模式，促进订单分红与超产分红相结合；推进“股份合作”模式，鼓励农户自愿以土地入股合作社参与经营获得分红收益；鼓励“土地流转优先返聘”模式，土地流转释放后的劳动力优先返聘务工，将农民转变为工人，提高劳务收入。发挥产业基地联农带农作用，让更多农户能分享到全产业链增值收益。

（五）深入推进农村人居环境整治，建设“美丽四川·宜居乡村”

四川省在2018年第一次印发《四川省农村人居环境整治三年行动实施方案》（以下简称《方案》），《方案》规划在21个市（州）试点示范农村人居环境整治。2020年是农村人居环境整治的攻坚之年，在生活垃圾治理、生活污水治理、卫生厕所改造和粪污治理、旧村改造与村容村貌提升、完善建设与管护机制5个方面要有显著进步，要着力促进农村人居环境整治由点到面推开，大力建设“美丽四川·宜居乡村”。

1. 继续推进农村人居环境整治“三大革命”

一是分类推进“厕所革命”。提高全省卫生厕所普及率，推进农村“厕所革命”示范村建设，重点推进一类县无害化卫生厕所改造，稳步扩大二类县农村卫生厕所覆盖面，三类县在基本实现人居环境干净整洁的基础上稳妥推进改厕。深化户厕改造，分类推进对旱厕与普通化粪池的改造，彻底改变人畜同厕现象，做到如厕人畜分离、粪污分类处理。农村居民集中居住地应深度普及农村水冲式马桶，配置浴厕一体化产品，安装安全净化设施统一处理排污。对于群众聚集地区要修建乡村公共卫生间，外观设计符合整体乡村风貌，配套无障碍设施。深化推广建设无害化厕所，偏远高原严寒地区要建设采用新能源、新技术的粪尿分集式厕所，推行环保厕所，在保证村庄环境干净卫生整洁的同时有效节能节水。推行农村“公厕长”制度，与负责人绩效挂钩，做到定时巡检、保证清洁。

二是积极推进“污水革命”。继续铺开行政村生活污水治理的“千村示范工程”。加快生活污水处理设施建设，提高每日污水处理量。按照“一河一策”清淤疏浚，房前田间铺设排污管道、修建排水沟，治理门前河沟与田间排水沟，引导农民参与长效管护。

三是积极推进“垃圾革命”。取缔农村非正式垃圾倾倒点，防止就地倾倒填埋。建设垃圾转运站，完善生活垃圾“收”“运”流程。因地制宜推行垃圾分类制度，健全户分类、村收集、乡镇运输、县处理的农村生活垃圾处理体系，推动农村生活垃圾就地源头减量和资源化利用，促进农村生活垃圾得到有效处理。合理配置保洁人员服务区域，建立村庄常态化保洁制度，逐步提升行政村保洁配置率，逐步实现村民小组专职保洁员全覆盖。结合乡村旅游开发，吸引企业参与农村垃圾治理，保障资金长期投入，提升运行效果。

2. 加强环境治理，提升村容寨貌

加强农村生态环境治理，要落实农业生产“一控两减三基本”的要求，深入开展农药化肥减量行动，加强农膜污染治理，实现秸秆综合利用，稳步促进农用地土壤污染管控和修复利用，大力推动畜禽粪污资源化利用，基本完成大规模养殖场粪污治理设施建设，加快实施中小河流治理、山洪灾害水毁工程修复，抓好长江经济带生态环境问题整改，开展水系连通及农村水系综合整治试点工作。要注重村庄整体风貌和谐，提升村容寨貌，鼓励建设星级村，助力创建美丽乡村。要通过“三清一改”，开展村庄清洁行动，合理布局生活生产空间，引导村民改变生活习惯，打造干净整洁的乡村环境，提高居民保护环境意识。要全面推进“六化”工程，鼓励传统村落铺设传统石板路面，路灯与景观灯应用太阳能技术，注重乡村景观与经济作物的呼应，推动生态家园建设。要尊重农村实际，满足农民实际需求，清拆危房，维修旧农房，提升乡村建筑外观设计，统一规划农村文化墙，统一装饰建筑外墙，采用创意方式将农村路牌路标本土化，打造更多村口景观。要加强对古镇、古戏台、古树、古井等的保护利用。

3. 建立“美丽四川 · 宜居乡村”建设的长效机制

推进“美丽四川·宜居乡村”建设要坚持规划先行，遵循乡村发展演变规律，分类确定县域内乡村空间的合理布局，编制“多规合一”的村庄规划，并建立村民参与村庄规划建设机制。推进“美丽四川·宜居乡村”建设要健全多元化投融资机制，构建以政府公共财政为主导、村民委员会和村民自筹、受益主体付费、社会资金支持的乡村清洁经费多元化投入保障机制；[①] 鼓励地方政府债券资金用于符合规定的农村人居环境整治、农村基础设施建设等重点领域；鼓励金融机构将县域新增贷款重点用于支持特色小城镇、特色村庄、特色产业建设；鼓励社会资本参与乡村污水处理设施项目建设和运营管护。推进“美丽四川·宜居乡村”建设要建立人居环境整治和管护的有效机制，将农村人居环境整治要求纳入村规民约，推广城镇周边就近接入污水管网、聚居区建设集中污水处理站的治理模式，建立“厕污共治”长效利用和管护机制，鼓励有条件的地方建立健全城乡统一的保洁机制、农村生活垃圾分类和“绿色家庭”积分奖励制度。

（六）多渠道拓展就业空间，千方百计增加农民收入

四川是全国的劳务输出大省，新冠肺炎疫情对农民工就业产生了较大的冲击，给农民增收造成了较大困难。必须把扩大农民就业、促进农民增收作为应对疫情影响、实现决胜全面建成小康社会的重要举措，制定扩大农民就业一揽子计划，推出一批稳就业、促增收重点项目，千方百计稳定农民就业，增加农民收入。

1. 发展特色产业，增加农民经营性收入

发展富民乡村产业，做到“一村一品”“一乡一业”。依靠独特环境条件发展适度规模化的种养业，尤其要大力改造稻田、冬（囤）水田及老旧池塘，建设一批规模化标准化养殖基地、稻渔综合种养示范基地，鼓励发展体验式渔业、创意渔业、分享渔业等新业态，增加农民收入；利用好闲置宅基地，大力发展乡村民宿、休闲农庄、康养旅游等，挖掘乡村文化内涵，大

① 《关于〈中共四川省委关于深入贯彻党的十九届四中全会精神、推进城乡基层治理制度创新和能力建设的决定〉的说明》，《四川日报》2019 年 12 月 12 日。

力发展农村文化产业，培育农民经营性收入新增长点。

2. 继续抓好农民工转移输出，增加务工收入

继续扩大省内转移就业与促进省外劳务输出双措并举，增加劳动力务工收入。一是大力拓展省内转移就业。大力支持民营经济和县域经济的发展，积极推进新型城镇化，促进农民工本地就业。以市场为导向加强对农民工开展针对性技能培训、品牌特色培训。对凉山州等深度贫困地区开展“语言培训＋技能扶贫＋就业培训”，助力贫困地区劳动力就业脱贫。加大就业优惠政策保障力度，通过稳岗补贴、社保补贴、岗位补贴等促进农民工就业。鼓励地方增加林场看护、道路养护、水渠维护、鳏寡孤独人员看护等过渡性公益岗位设置，对涉及企业采取减税降费措施，帮助农民稳定就业。二是进一步拓展省外劳务输出。开展“春风行动”，完善劳动力市场，广泛收集筛选合适岗位信息，帮助各省份在成都等劳务大市搭建招工平台，以现场招募及远程视频联网招募的方式拓展劳务输出渠道。加强对农民工的关爱，帮助农民工做好维权工作，积极提供法律援助，切实保障农民工薪酬及时足额发放等权利；开通农民工出省务工及返岗专列专车，解决交通需求，助力解决农民工回家难、输出省份复工难的问题。三是进一步落实农民工返乡创业的各种政策，将符合条件的返乡创业农民工纳入一次性创业补贴范围。切实解决返乡农民工创业中存在的土地、资金、技术等服务需求问题，促进农民工回流创业。

3. 深化改革盘活资源资产，增加农民财产性收入

全面确定农村集体经济组织成员身份，固定集体经济组织成员；全面清理核实农村各类集体资产，清晰集体资产边界，防止集体资产流失。对资源性资产、经营性资产与非经营性资产分类推进改革。采取股份合作制改革资源性资产和经营性资产，推进经营性资产确权到户，采用股份或其他份额量化方式公开分配，明确利益归属，让农民转变为股东、资金转变为股金，增加农民财产性收入。具有非经营性资产的村应建立村民合作社或集体经济合作社，明确法人治理结构，由乡镇集体经济组织、村集体经济组织或村民小组行使农村集体资产所有权，建立健全非经营性资产统一运行管护机制。建立完善农村产权流转交易平台，推动农村资源要素的合理流动。

4. 加强对农业农村支持保护，稳定农民转移性收入

要认真落实农业农村发展的投入优先地位，确保财政对农村教育事业、社会保障事业的稳定投入，引导金融资源回流农村，保障对农业农村的优先投入。要稳定并逐步完善对农业农村的支持保护补贴政策，主要包括：明确耕地地力保护补贴范围，细化耕地耕力补贴政策；扩大涉农专项补贴范围，提升农机购置补贴资金，提高农机报废更新补贴；增加农业生产资料的购置补贴；稳定生猪产业发展养殖补贴、种植稻谷专项补贴、地理标志农产品补贴和涉农保险保费补贴；完善动物防疫补贴等。

（七）完善乡村治理体系，促进乡村治理能力现代化

当前，四川正处于城乡形态深刻重塑、农村社会结构深刻变化、利益格局深刻调整的时期，乡村治理任务十分繁重。推进乡村治理制度创新和能力建设，是适应农村经济社会发展演进趋势的系统改革，是推进乡村振兴战略的重要内容，是满足农民群众对美好生活新期待的重大举措，意义十分重大。

1. 完善村党组织领导村级治理体制机制

完善基层组织建设，充分发挥村党组织领导作用，建立以基层党组织为领导、集体经济组织和农民专业合作组织为纽带、村民自治组织和村务监督组织为基础、其他经济社会组织为补充的村级组织体系。全面推行村党组织书记担任村民委员会主任，逐步实现书记、主任“一肩挑”，鼓励村“两委”班子成员交叉任职。加强基层党建工作，以党建引领增强基层凝聚力。推动村党组织带头人队伍整体优化，建立健全常态储备村干部“蓄水池”的有效机制，探索实行村党组织书记专职化管理。加强基层组织自治，积极推进民主参与、民主管理、民主决策、民主监督。创新乡村治理方式，健全管理机制与监督机制，探索乡村“善治”道路，完善乡村治理体制机制，实现乡风文明。

2. 稳步推进村级建制调整改革

优化乡镇行政区划调整，稳步推进村级建制改革。适应城乡一体化发展

的要求，优化乡镇空间布局，综合考虑居民结构配置，解决好乡村“空心化”、乡村人口老龄化带来乡村发展的问题。建制村合并应综合考虑村庄地理环境、人文历史前提、村民生活习惯、乡村发展前景定位和产业功能，按照平坝村、丘陵村、山区村、地广人稀村等不同地势类型科学制定村人口规模和区域面积参考标准，[①] 引导居民向镇村中心集聚。新建制村应完善教育、养老、医疗、文体等公共服务整体布局，建立党群服务中心，培养乡村工作骨干队伍，精简政务，明确新建制村工作管理模式，切实增强与提升治理能力和治理水平。要通过建制村的调整，培育一批中心村、重点村和特色村。调整后的建制村要集聚生产要素，转型乡村经济，发展特色产业，做强一批支撑性产业，给村民提供更多就业岗位，以助力持续增收，提升村民生活质量。

3. 探索新型农村集体经济组织形式和运行机制

明确农村集体经济组织与村民代表大会、村民委员会的职能，发挥好集体经济组织的作用，建立符合市场经济要求的集体经济运行机制，确保有效管理和运营，实现集体资产的保值升值。要完善集体经济组织内部治理结构，支持由村党组织成员组成董事会、监事会，推行党组织书记通过法定程序担任集体经济组织负责人，增强农村基层党组织在集体经济组织中的领导力和影响力。鼓励采取“资源开发型”“生产服务型”“资产租赁型”“联合发展型”等多种形式发展新型集体经济；积极引入现代企业管理理念，建立有效的薪酬激励机制和约束机制，吸引具有高级管理能力的社会人才参与运营，提高经营效率。要实行透明化管理，健全对集体资产的监督机制，完善集体股权收益分配制度，公开资本收益，落实利益分配方案，加强财务管理，明晰集体资金、资产、资源动向，保护集体成员的合法权益。

4. 健全乡村服务惠民机制

推进“放管服”改革向乡村延伸，将直接面向人民群众、点多面广、

---

① 《四川将成立省委城乡基层治理委员会 正推动出台“街办工作条例”》，《成都商报》2019年12月8日。

乡镇管理迫切需要且能有效承接的审批、服务、执法等权限依法赋予乡镇。完善省、市、县、乡、村五级一体化政务服务体系，统一服务标准和规范。推进乡镇便民服务中心规范化建设，打造集市场监管、治安防控、综合执法、行政管理、公共服务于一体的综合平台。健全村级民事代办制度，及时解决与人民群众切身利益相关的问题，实施“党建+代办”“1+4”帮办等服务新模式，全天候、全方位、全覆盖服务惠民。提升基层工作效率，改善民生和社会治理，实现社会治理与经济发展、民生改善良性互动。发挥网上远程服务与线下面对面办理协同作用，对接好群众诉求，为群众提供精准化服务，营造共建、共治、共享的社会治理新格局。

（八）深化农村改革，为乡村振兴添动力

1. 深化农村土地制度改革

一是完善土地承包经营权。四川目前已经完成确权工作，但要解决“回头看”行动中清理出的确权问题，更重要的是要完善股权设置，推进承包地确权登记成果应用。落实农村承包地“三权分置”制度，推广颁发土地经营权证做法，依法平等保护土地承包者和农业经营者的权益。结合农田基本建设项目鼓励农民开展互换并地，实现土地连片耕种。加快建设农村土地承包管理信息系统，加强农村土地承包经营纠纷调解仲裁能力建设，开展耕地第二轮承包期届满后再延长30年试点工作，进一步提升经营权抵押效果。

二是积极推进农村集体经营性建设用地入市改革。完善农村集体经营性建设用地入市配套制度支撑，明确乡（镇）、村和村民小组三级入市主体，严格执行集体经营性建设用地入市管理办法，建立健全交易规则、服务监管制度与风险防范机制。继续探索“协议约定，优先续期，物权保护，评估在前，有偿使用”的入市土地合同续期机制，妥善解决入市土地合同续期问题。积极推动金融机构参与集体用地经营权抵押，逐渐减弱对政府政策支持的依赖性，引入保险公司等独立第三方进行担保，丰富融资模式，解决融资难题，盘活农地资源与集体资产。

三是稳妥推进农村宅基地制度改革。扎实推进宅基地使用权确权登记颁证，探索宅基地所有权、资格权、使用权“三权分置”实现形式，进一步扩大农村宅基地制度改革试点覆盖面。规范农村宅基地审批管理，调动乡镇对宅基地的后续监督积极性，完善外来落户人口申请宅基地流程，对无宅基地的村民要进一步丰富居住保障形式。支持农村集体经济组织及其成员利用闲置宅基地和闲置农房，采取自营、出租、入股、合作等多种形式发展农村新产业新业态。要明确宅基地收益权，探索宅基地的转让、抵押等有偿使用制度，对进城落户的农村居民要鼓励自愿有偿退出宅基地使用权。

2. 创新农村生产经营组织形式

坚持和完善农村基本经营制度，推动家庭经营、集体经营、合作经营、企业经营共同发展；创新经营组织形式，促进各类新型农业经营主体融合发展，增强新型农业经营主体的协同发展能力。探索由“家庭联产承包责任制”向企业、农民专业合作组织、家庭农场、中小规模牧场等新型经营主体转变，扩大家庭农场和合作社规模，壮大新型农业经营主体，协同发展“龙头企业＋合作社＋家庭农（林、牧）场＋种植大户”组织模式，推行合同订单、股份合作、托管寄养、联耕联种、代加工等生产方式，带动小农户发展适度规模生产经营，促进经营方式由“小农生产”向“农业产业园区”适度规模经营转变，实现小生产与大市场的有效对接。构建公益性与经营性服务相结合、专项服务与综合服务相协调的现代农业生产经营服务体系；发挥龙头企业的引领作用、农民专业合作社的纽带作用，培育发展一批农业产业化联合体。以农业科技发展为先导，由粗放式的农业生产管理向以机械化、智慧化为主的精细化生产管理转变。促进要素优化配置，增加物质资本投入，注重人力资本提升，塑造高效经营主体，多方合力增强抵御市场风险的能力。推进现代农业信息化建设，加快大数据、云计算、物联网等现代科技在农业生产中的广泛应用，推广“互联网＋农业”等新技术、新模式。

3. 创新乡村投融资模式

健全财政支农投入稳定增长机制，鼓励各地将一般债券用于乡村振兴项目建设，扩大用于支持乡村振兴的专项债券发行规模，进一步提高土地出让收入用于农业农村的比例。深化财政涉农资金改革，实行“大专项+任务清单”管理模式，按照目标、任务、资金、权责“四到县”的要求整合使用涉农资金。组建省级农业投资企业，鼓励有条件的市县成立农业投资企业。推动融资平台引导性投资，改变单一银行信贷融资方式，建立以农村产权流转交易、融资担保、土地流转收益保证贷款为重点的投融资平台，发展土地未来收益权抵押方式，充分发挥产权交易平台在投融资与建管一体化方面的作用。深化政府、企业、金融机构的合作关系，支持龙头企业、农民专业合作组织采取多种投融资方式解决融资难、融资贵的问题。以新增耕地指标和城乡建设用地增减挂钩指标作为融资质押，实现优质经营性资产的可持续利用，帮助获得大额度、低利息融资。根据农业发展实际与农业企业主体需要，平衡供需结构，创新“收益评估+多方担保+银行放贷+风险共防”可持续的农村信贷模式。深化农村信用社改革，引入农业保险体系，完善风险防控机制，落实农户小额贷款税收优惠政策。鼓励开展县域农户、中小企业信用等级评价，加快构建线上线下相结合、“银保担”风险共担的普惠金融服务体系，推出更多免抵押、免担保、低利率、可持续的普惠金融产品。

参考文献

郭晓鸣：《劳务输出大省的复工难题：四川2500万农民工如何返岗?》，第一财经，2020年2月20日。

祝欢：《打赢脱贫攻坚战 四川藏区所有贫困县全部达到摘帽标准》，中国新闻网，2020年1月17日。

刘秋凤：《四川对凉山7县脱贫攻坚挂牌督战 资金项目政策进一步向凉山倾斜》，凉山州人民政府门户网站，2020年1月20日。

《民政部对“关于农村老人的社会保障问题的建议”的答复》，民政部门户网站，2019年11月1日。

《着力构建现代农业“5+3”产业体系 加快建设全省乡村振兴示范市》，中国网·锦绣天府，2019年12月19日。

四川省农业农村厅：《四川围绕“10+3”体系 推动乡村产业高质量发展》，《农村工作通讯》2019 第 16 期。

《四川省乐山市突出重点 加快建设现代农业产业体系》，农业农村部网站，2020 年 1 月 6 日。

《关于〈中共四川省委关于深入贯彻党的十九届四中全会精神、推进城乡基层治理制度创新和能力建设的决定〉的说明》，《四川日报》2019 年 12 月 12 日。

《四川将成立省委城乡基层治理委员会 正推动出台“街办工作条例”》，《成都商报》2019 年 12 月 8 日。

“美丽四川·宜居乡村”专题篇

Special Reports of “Beautiful Sichuan · Livable Countryside”

B.3 四川农村“五网”体系建设的成效、挑战和建议

周小娟*

摘　要： “十三五”期间，四川省出台一系列政策措施，大力推进农村“五网”（路、水、电、气、通信）体系建设，取得显著成效。在“美丽四川”的总体要求下，四川省着重补齐农村“五网”基础设施建设短板，推动农村“五网”体系建设提档升级，实现城乡融合发展，为2020年全面建成小康社会奠定坚实基础。

* 周小娟，四川省社会科学院农村发展研究所助理研究员，主要研究方向为农业经济理论与政策、农村贫困治理。

关键词： 农村“五网”体系　基础设施　美丽四川

一　导言

2018 年 11 月，四川省委办公厅、省政府办公厅印发了《“美丽四川·宜居乡村”推进方案（2018～2020 年）》，提出到 2020 年，农村山水林田湖草系统治理和农业农村环境突出问题治理取得阶段性成效，农村人居环境明显改善，村庄干净整洁有序，村容村貌大幅提升，村民卫生习惯与健康意识普遍养成与增强，环境管护长效机制初步建立，农业废弃物基本实现资源化利用，村内库塘渠水质功能性达标，历史文化村落、少数民族特色村寨、古民居得到有效保护，基础设施和公共服务短板基本消除，“美丽经济”蓬勃发展；力争实现 90% 以上的行政村生活垃圾得到有效处理，50% 以上的行政村生活污水得到有效处理，卫生厕所普及率在 85% 以上，农村自来水普及率在 75% 以上，全省建成“美丽四川·宜居乡村”达标村 2.5 万个。

2019 年 3 月，省政府提出以农村“五网”，包括路、水、电、气、通信等五类基础设施建设为重点工作内容，全面提升农村生产生活条件，有效应对农村发展短板。在道路建设方面，根据“四好农村路”总体要求，实施通乡油路、通村硬化路工程建设，新（改）建农村公路 2 万公里；在农村饮水安全领域，加强相关基础设施的巩固提升；在农村电网建设方面，推进新一轮农村电网升级改造和农村动力电全覆盖；在新能源建设方面，将农村沼气项目建设深度融入生态文明建设，在建设幸福美丽宜居新村、发展生态循环农业、改善农村人居环境、助推脱贫攻坚等方面取得明显成效；在通信建设方面，全力实施信息进村入户工程，推进“智慧乡村”“宽带乡村”“无线四川”等建设。在公共服务配套方面，夯实农村基本公共服务体系的建设基础，以乡风文明为主题开展各类活动，大力开展乡村文化惠民工程，丰富农村文化活动。

二　四川农村“五网”体系建设的主要成效

（一）四川农村路网建设的主要成效

1. 高度重视“四好农村路”建设

“四好农村路”作为一项重大民生工程，由党中央、国务院提出和整体部署，要求“农村公路建设要因地制宜、以人为本，与优化村镇布局、农村经济发展和广大农民安全便捷出行相适应，要进一步把农村公路建好、管好、护好、运营好，逐步消除制约农村发展的交通瓶颈，为广大农民脱贫致富奔小康提供更好的保障”。四川省委、省政府高度重视四川农村公路的建设，连续4年出台一号文件，对“四好农村路”进行工作部署，将其纳入各级政府和重点工作的政绩考核范围。党的十八大以来，全省累计完成投资1755亿元，新（改）建农村公路17万公里，新（改）建农村公路占全国总量的1/10以上，新增345个乡镇、1.6万个建制村通硬化路，均占全国同期完成数的1/3以上，全省农村公路列养率达100%，实现有路必养、有路必管。等级客运站覆盖全省所有县（市、区），全省基本形成完善的物流网络服务体系，重点乡镇和建制村的快递物流网点覆盖率达到100%。

2. 建立多部门协调联动机制

在推进“四好农村路”建设过程中，四川省开展多部门协调联动。由省政府牵头，建立多部门的联席会议制度，包括交通运输、财政、农业农村、国土资源、水利等多个部门参与。对农村道路建设涉及的资金筹措、项目实施和管理监督等问题及时开展研究并制订解决方案。四川省交通运输厅作为道路建设的牵头部门，对项目管理提出更高要求，对项目实施进度、质量和安全保障、资金管理等开展重点月度和全覆盖的季度督导工作，确保及时解决各地具体问题。同时，开展专项和蹲点督导工作，针对重点地区和项目，建立问题清单并及时解决。四川省发改委和财政厅负责筹措建设资金，开展政策扶持。省审计厅负责招投标的规范管理，提高资金使用效率。

3. 加大“四好农村路”示范项目建设力度

四川省不断树立典型、创建示范，不断丰富“四好农村路”示范项目的创建内涵。出台各项政策措施激励典型示范，例如，对省级示范县予以专项计划奖励1000万元，对国家级示范县予以奖励2000万元。四川省交通运输厅出台建设方案、考评等制度，推进创建全省“四好农村路”示范县。全省制定相关示范乡镇、村的政策措施覆盖率，市（州）超过90%，县（市、区）超过80%，形成了省、市、县多层示范的格局。近三年来，四川省共创建全国示范县10个、省级示范县45个。同时，四川省全面开展“绿化全川”行动，围绕道路美化、绿化全力开展环境综合整治，实现路田、路宅分家，为农村提供“畅安舒美”的公路环境，全面打造宜居宜业的优美的农村发展环境。预计到2020年，全省在每个县域都拥有“美丽乡村示范路”，使得农村公路全面服务于农业和农村现代化建设，成为乡村振兴的重要支撑。

4. 完成农村道路建设的脱贫攻坚目标

四川省是我国西部的腹心地区，道路交通发展速度慢、起步晚、任务艰巨，尤其是在农村地区，建设“四好农村路”仍然面临较多挑战。四川省将交通脱贫列为头等事项，重点推进，出台一系列法律法规，在农村公路建设和农村扶贫开发过程中，将“四好农村路”建设与交通扶贫列入其中，实现法治化、规范化管理。四川省政府出台各项文件，保障农村公路的建设、管理、运营、维护等工作协调推进，对农村道路客运、道路通达联网等问题开展专项研究，并出台系列文件。在资金投入方面，省委、省政府坚持以公共财政为主、多渠道筹措资金为辅的方式，为“四好农村路”建设提供稳定、持续增长的资金投入保障。全省各地通过积极争取社会资金、整合涉农资金、获取开发性贷款等方式，拓展资金筹措渠道，全力保障资金支持。在脱贫攻坚工作方面，省委、省政府出台扶贫专项方案22个，确保每年1月将年度交通脱贫攻坚项目资金安排到位，实现精准扶贫、精准脱贫，有效推进幸福美丽新村建设，支持创建一大批特色小镇，为农村地区持续稳定脱贫提供有效推力。

（二）四川农村水网建设的主要成效

1. 大力推进“五横六纵”水网建设

四川全年70%左右的降水集中在5～10月，且大多以洪水形式流失；在人口和耕地集中、生产总值占全省约80%的四川盆地腹部地区，水资源量仅占全省的20%。为解决水资源分布不均的问题，2018年，四川计划构建“五横六纵”引水补水网络，其中，“五横”指都江堰、玉溪河、向家坝、长征渠、引大济岷共5个西水东引供水工程；“六纵”指武都、升钟、亭子口、罐子坝、大桥、通口河6个北水南补饮水工程。“五横六纵”是跨区域引水，规模宏大，投资巨大。水网工程涉及范围之广、人口之多、影响之大，在四川历史上前所未有。此项工程设计年供水能力187亿立方米，设计灌面4600万亩，供水人口6280万人。

2. 加强农村水环境整治力度

2019年3月，针对全省河湖治理的薄弱区域，四川省总河长办公室出台工作方案，加强农村水环境治理。根据全面建成小康社会的总体要求，省总河长办公室要求在河长制、湖长制的管理工作中，针对农村水环境治理突出问题重点开展工作，并建立长效机制全面推进农村水环境保护工作，共同推动美丽宜居乡村创建，助力乡村振兴。根据省总河长办公室的要求，全省通过集中开展河湖“清四乱”专项行动、农村环境整治、畜禽养殖整治等，明显改善农村河湖“脏乱差”的面貌，推进美丽宜居乡村建设，提高群众自觉保护水环境的意识。到“十三五”末期，全省村级生活垃圾有效治理覆盖率在90%以上，85%的农村普及卫生厕所，50%的农村生活污水实现有效处理，村道通达条件得到有效改善，村容村貌显著提升，管护长效机制初步建立。

3. “水美新村”建设助力乡村振兴

四川省于2018年启动“水美新村”试点建设，首批300个示范村取得显著成效。“水美新村”重点在改善农村饮水安全、饮水设施运行管理、水生态环境等方面提供支撑。在饮水安全方面，试点区域农村饮水安全覆盖率达100%，85%的农村实现集中供水，供水保障体系有效建立，城乡差距进一步缩小。在饮水设施运行管理方面，实现饮水工程运行良好率达到85%，消除重大安全隐患，灌溉水利用系数不低于0.5，实现85%以上的灌溉率，50%的面积实现节水灌溉。在水生态保护方面，确保村内水质水系的健康，实现功能性达标，消除黑臭水体，清除水面垃圾和污染物，促进水土保持，全面遏制水土流失。在涉水改革方面，重点围绕农村产权制度改革、农业水价形成机制改革等方面开展，例如，对农村小型水利工程确权颁证，确权颁证率达到100%，并对运营管护责任和经费予以保障，确保试点村水权制度和农业水价综合改革各项措施得到有效落实。

在全省首批300个“水美新村”试点的基础上，2019年5月，四川省水利厅发布《关于推进乡村振兴战略开展水美新村建设的意见》，以“再造都江堰”水利大提升行动为统揽，把“水美新村”建设作为全省构建农村“六位一体”现代水利体系的重要抓手。快速推进“六化”① 发展新格局，着力打造水安于民、水兴于业、水富于民、水美于民的宜居美丽新村，为乡村全面振兴提供有效水利保障。预计到2020年，全省将建成2000个水美新村。

（三）四川农村电网建设的主要成效

1. 农村电网改造升级任务全面完成

“十三五”期间，国家电网四川省电力加快新一轮农网改造升级步伐，将全省电网加快发展、电力供应、经济社会发展的保障作为重点工作任务，对农村电网改造升级和无电地区电网建设加大投入力度。新一轮农村电网改造升级历时两年，包含小城镇（中心村）农村电网改造升级、机井通电、村村通动力电三类建设内容，共计9个批次，涉及单体工程项目8200多个，并已于2017年全部完工，投资达99.19亿元。两年时间，全省完成电网改

① “六化”指农村水利实现工程布局网络化、设施功能运行有效智能化、保护治理科学规范生态化、监管约束坚强有力法治化、全面开放创新引领常态化、服务保障普惠共享专业化。

造升级的中心村达5992个，实现通电的机井达5113口，实现通动力电的村达520个。

2. 农村电网改造助力脱贫攻坚任务

电网在改善深度贫困地区落后的生产生活条件方面发挥着重要的保障作用，与贫困地区人民的切身利益紧密相连。2016～2017年，国家电网公司在四川累计投资137亿元进行农村电网改造，其中53.44亿元用于精准改善3473个贫困村电网状况。同时，制定了《2018～2019年贫困村电网改造两年攻坚计划》，2018年投资20亿元，在1193个贫困村实施了农村电网改造项目。通过新一轮农网改造升级，四川省农村电网（国网供区）各项指标显著提高，农网供电可靠率和综合电压合格率分别由2015年的99.5%和98.4%提高到2017年的99.85%和99.2%，户均配变容量由1.48千伏安提高到1.61千伏安，全面消除农村现存“低电压”问题。在2019年底，提前一年实现国家电网供区贫困村电网改造全覆盖并计划投资210亿元，精准解决四川“三区两州”地区在供电能力、装备水平、供电质量等方面的薄弱环节。其中，四川省涉及“三区两州”中的四川藏区（包括甘孜州、阿坝州）和彝区凉山州，共36个贫困县2809个贫困村。在2018～2020年，国家电网公司已规划投资53亿元，进一步解决“三州”深度贫困地区农村电网发展存在的户均配变容量偏低、设备老旧、“低电压”等问题。2018年，已提前实现乐山、泸州等10个地市全面完成贫困村电网改造。2019年实施完成611个贫困村改造项目，提前一年实现国家电网供区贫困村电网改造全覆盖。

（四）四川农村新能源建设的主要成效

1. 农村沼气事业取得显著成效

自20世纪60年代末以来，四川从解决农村能源入手，连续50多年大力发展沼气事业，沼气不仅有效解决了农村燃料缺乏问题，而且在新时期生态文明建设中发挥出独特作用。2006年，四川省政府出台《关于加快农村沼气建设的决定》，此后连续13年将农村沼气建设纳入省委、省政府民生工程，并明确提出到2020年基本普及农村沼气，适宜农户普及率在70%以上；2017 年为贯彻落实党中央、国务院关于农村沼气工作的决策部署，进一步做好“十三五”时期的农村沼气转型升级工作，四川省政府组织编制了《全国农村沼气发展“十三五”规划》。截至 2018 年末，四川户用沼气池 600 万余口，农村户用沼气保有量位居全国第一，成为助力四川省生态宜居乡村建设和脱贫攻坚的主要抓手。省政府在农村人居环境整治中有效发挥农村沼气的技术储备和资源优势，引导农户利用废弃闲置沼气池进行“沼改厕”，减轻农村户厕改造的压力。据四川省农能办测算，现有的农村户用沼气池平均体积在 6～10 立方米，可轻松解决 4～7 口人的粪污排放。在农村“厕所革命”中，利用好已有沼气池，可减少粪污处理池的修建，每户人家能节约 3000 余元，这将大大缩减农村“厕所革命”的成本开支。

2. 循环农业取得积极进展

四川省大力推广以沼气为纽带的“庭院经济微循环、家庭农场小循环、产业园区中循环、一二三产业融合大循环”四类循环农业发展模式，每年可处理畜禽粪便近 5000 万吨，为 2500 万亩农田提供优质有机肥。“十三五”期间，四川共建设“畜－沼－果（菜）”种养循环农业示范基地 300 余处，核心区面积近 10 万亩，年均有效处理利用畜禽粪污 30 万吨。沼气项目已经成为解决人和养殖业粪便污染的重要途径，其生态环保功能已经得到社会各界的高度认可，有力助推了四川生态循环农业发展。随着乡村振兴战略的实施，今后一个时期，是农村能源建设转型升级的重要机遇期，沼气将在农业清洁生产、农村人居环境整治、生态循环农业发展等方面继续发挥重要作用。沼气项目综合效益的充分发挥，既提高了贫困地区畜禽粪便资源化利用水平，又解决了农村环境污染问题，促进了农民持续增产增收。沼气也成为推动循环农业发展的纽带。近年来，四川主动将农村沼气与现代农业、现代畜牧业发展相结合，大力推进沼渣沼液综合利用，持续加大了以沼气为纽带的循环农业示范基地建设力度。

3. 农村能源建设扶贫工作取得阶段性成效

2017 年，四川省委、省政府首次将农村能源建设扶贫纳入 22 个扶贫专项，全省贫困地区新建规模化大型沼气工程 23 处、新村集中供气工程 94

处，新建民族地区户用沼气池1900口，共6131户，主体工程已完工。农村用能结构得到优化，农民增收节支效果明显，农村能源建设扶贫取得阶段性成效，在改善农村生态环境、助力贫困群众脱贫等方面取得了新进展。2018年，农村能源建设再次被列为四川省扶贫专项，涉及全省11个市（州）的49个贫困县。全省累计投入1.47亿元资金，为贫困地区、民族地区能源建设提供财政资金支持，为新建大型沼气工程、集中供气工程以及民族地区沼气建设提供补助，为贫困户免费入户安装，实现“管道沼气”。各级农业部门主动作为、创新举措，在贫困县新建24处大型沼气工程，为7201户建设新村集中供气91处，为民族地区建设沼气2000口，直接带动贫困户户均节支增收超过1000元。沼气建设促进了碳减排项目的开发，实现交易碳减排量108.12万吨，产生1500万元收益，33.3万户得到实惠。

（五）四川农村通信网络建设的主要成效

1. 农村通信基础设施建设情况

“十三五”以来，四川通信基础设施建设取得积极成效，全省通信行业运行发展态势良好。2018年，四川省电信业务总量超过2500亿元，位居全国第六。电信业务总收入达到512亿元，对拉动全省经济增长发挥了积极作用。电话用户超过1亿户，其中有4G用户6573万户，位居全国第五。光纤宽带用户超过2400万户，位居全国第四。1384万户使用IPTV服务，位居全国第一。2016年以来，四川省将通信扶贫工作摆在突出位置，围绕农村光纤通达率、4G网络覆盖率、重点道路无线网络覆盖率均达到100%的目标展开行动，实施重点工程。预计到“十三五”末期，通过重点工程的实施，为1万个村解决通光纤问题，光纤通达率提升22个百分点，实现全覆盖；并在此成果基础上，进一步实现提速降费和信息化应用的推广，充分发挥信息化的积极作用，推进城乡群众享受信息服务水平的均等化助力脱贫攻坚，为全面建成小康社会提供信息化支撑。

2. 通信扶贫工作取得积极进展

2018年12月，四川省通信管理局为着力解决全省农村通信发展不平衡不充分的问题，推动网络扶贫，制定了《四川省信息通信扶贫实施规划（2018～2020）》，为“十三五”末期系统谋划电信行业发展和通信扶贫的重大任务。通信扶贫工作总投资53.5亿元，涉及全省21个市（州），共计134个县（市、区），尤其是针对凉山州加大了政策倾斜，其中对贫困县的投资占到80.5%，达到43.1亿元，对深度贫困县的投资占到47.9%，达到25.6亿元。近年来，通信扶贫工作成效显著。第一，进一步加快了贫困地区通信基础设施的完善，共计9348个行政村的通光纤问题得到解决，其中，包含4582个建档立卡贫困村。98.4%的行政村实现通光纤，比2015年提高了20个百分点，比“十三五”规划提出的目标要求提前了两年实现。11501个建档立卡贫困村光纤通达率达到98.3%，三年实现了40个百分点的提升。92.1%的行政村实现了4G网络覆盖。重点道路无线网络覆盖率均超过90%，其中，高速公路达到100%。第二，针对贫困用户实施精准降费，确保贫困用户用得起。“十三五”期间，同类套餐贫困地区相比城市降费超过30%。其中，四川电信降费幅度达到90%，四川移动、四川联通降费幅度达到50%。针对贫困用户开展多项补贴政策扶持，提供10～30元的套餐标准，并免费赠送手机、机顶盒等。截至2018年，全省累计赠送贫困用户各类终端超过30万台，总价值超过2亿元。第三，农村信息化应用加速推广。确保因地制宜地开展“互联网＋农业”的有效实现，通过产业带动农民增收。截至2018年，全省益农社覆盖率已超过80%，达到3.9万个，实现农产品销售总额5178万元。农村电商服务网点达1.3万个，年交易额达到15亿元。

三　四川农村“五网”体系建设的主要挑战

（一）供给总量较大，但尚未满足宜居乡村高质量发展需求

当前，农村“五网”基础设施建设供给总量较大，但仍然存在不平衡不充分的突出矛盾。农村“五网”体系建设涉及农村经济社会发展“五位一体”

的全部内容，按照服务性质划分，可分为生产性基础设施、生活性基础设施、人文基础设施以及流通性基础设施四大类。例如，部分地区将“五网”体系建设的重点放在乡村道路、农村电网等生产性和生活性以及流通性基础设施建设上，对农村通信等人文基础设施建设的覆盖率和质量关注不足。

（二）建设速度较快，但尚未实现宜居乡村长期效益发挥

“十三五”期间，四川加快了农村“五网”体系建设的步伐，尤其是在基础设施建设领域，大幅增加财政投入，助力乡村振兴战略实施，取得突出成绩。然而，在农村“五网”基础设施建设中长期存在“重建轻管”、运维机制不完善、资金监督不规范等问题，农村基础设施建设的长期运行管理与综合效益发挥情况仍难以达到预期，投入效益比仍然偏低。尤其是农村交通道路建设，部分地区前期建成的道路由于标准偏低、抗灾能力不足、缺乏安全设施和养护经费，影响了建设质量，长期效益尚未发挥即面临修补、改建的局面，难以实现宜居乡村的总体要求。

（三）建设成效明显，但尚未通过宜居乡村建设实现城乡均等化发展

“十三五”期间，四川省大力开展农村“五网”基础设施建设，成效十分明显，但与其他领域相比，农村“五网”体系建设仍是薄弱环节，仍然是进一步缩小城乡差距的短板。例如，在经济欠发达的彝区和藏区，部分农地缺乏有效灌溉设施，农业机械化总体水平有待提升；农产品物流设施相对落后；饮水安全尚未有效保障；通信网络设施落后；部分村庄没有污水、垃圾处理设施，农村人居环境质量与城市的差距依然十分明显。

四　四川省“五网”体系建设的主要战略举措

（一）推动城乡一体化的公共服务体系建设

四川省通过实施“六网一中心”工程，推进城乡公共服务一体化建设。

道路建设方面，按照“四好农村路”建设要求，2019 年实现乡乡通油路和村村通硬化路；水网建设方面，完善“五横六纵”引水补水网络，加快高效节水灌溉建设和饮水安全工程建设；电网建设方面，加快农村电网升级，着力满足农民生产生活用电需要；新能源建设方面，因地制宜推动沼气、太阳能利用和集中供气工程等基础设施建设；通信网络建设方面，全面实施信息进村入户工程，到 2020 年实现符合建设条件的村全覆盖。

（二）大力提升农村“五网”体系承载力

继续推进村级“1＋6”公共服务中心建设，实现村级组织阵地建设的不断完善，不断提升农村“五网”体系对公共服务功能的承载力。通过扩展公共服务中心功能，提升服务质量，在推进农民培训、便民服务、文娱、卫生、商贸等基本功能的基础上，扩大公共服务范围和服务体量，增加公共服务项目。确保公共服务中心建设的选址靠近农户聚居区，为农民群众生活提供更多便利。配套建设民生服务基础设施，如配套幼儿园、养老院、金融服务网点等公共服务设施。特别注重山区等地质灾害高风险区、生态脆弱地区的安全问题，建设必要的避灾安置点。

（三）推动“美丽经济”转型发展

在推进“美丽四川·宜居乡村”建设的过程中，依托美丽乡村发展“美丽经济”。“十三五”期间，四川省大力实施“五变”（园区变景区、田园变公园、家园变花园、农房变客房、产品变商品）行动，着力挖掘乡村经济发展潜力。开创符合四川特色的乡村特色经济发展路径，融合乡村旅游、养生养老、森林康养、运动健康、电子商务、文化创意等蕴含美丽元素的产业和业态。

（四）加大乡村生态环境治理力度

“十三五”期间，四川省着力打好农村污染治理攻坚战，强化山、水、林、田、湖、草的治理措施，全力改善乡村生态环境。继续高质量实施

“绿化全川”行动，继续巩固退耕还林成果，实施森林、湿地生态的治理和修复，高质量落实“四区八带多点”生态安全格局。继续加强全省水生态环境治理，完善河长制、湖长制的制度体系，对乡村生态环境、田园景观开展系统性的治理修复。到2020年，将四川省森林覆盖率提升到40%，林木覆盖率提升到50%，草原综合植被盖度提升到85%，国土绿化覆盖率达到70%。

五　改善农村“五网”体系推进“美丽四川·宜居乡村”建设的政策建议

（一）以农村“五网”体系建设推动城乡融合发展

统筹推进四川省“五网”体系建设，以促进城乡要素自由流动为导向，推动城乡融合发展，尤其是发挥城市要素向农村合理流动的积极作用，在实现城乡“五网”基础设施互联互通的基础上，建立城市要素参与农村“五网”体系建设的利益协调长效机制。同时，积极补足农村“五网”体系建设短板，将建设重点瞄准农业农村发展的重要领域，始终坚持城乡融合协调的原则，在加强农村“五网”基础设施建设和提升公共服务水平的目标上与城市对接，不断满足农民生产生活对“五网”体系建设的基本需求，在生产性基础设施和生活性基础设施领域均实现城乡融合发展。

（二）完善农村“五网”体系建设的统筹规划

遵循分类指导、统筹规划的思路，推进四川省“五网”体系建设和协调发展。通盘考虑建设领域、建设顺序、资金安排等规划保障问题。对全省各地农村“五网”基础设施建设情况进行排查，明确不同地区对农村“五网”建设需求的优先排序，分类指导，有序推进。分类型、分区域解决农村“五网”基础设施问题，以夯实农业高质量发展基础为目标，高标准建设新规划“五网”基础设施，改造升级现有“五网”基础设施。统筹规划“五网”体系建设，应与全面提升服务农业和农民的质量目标挂钩，更加关注民生领域，提高覆盖率和公共服务质量，切实增强农民的拥有感和获得感。

（三）推动农村“五网”体系建设提档升级

在新时代背景下，四川省农村“五网”体系建设应更好地回应农民利益需求和在保障农民权益方面提档升级，提升全省农村“五网”体系服务农民群众的能力和水平，将其作为“五网”体系建设的出发点和落脚点。在农村“五网”基础设施建设层面避免供给错位缺位，以提高“五网”基础设施供给质量和水平为目标。在推进农村“五网”体系建设过程中，保障和提高农民参与的积极性，提高决策的透明度，在各个领域和各个环节，以农民意愿和需求为导向开展“五网”体系建设。引导农民充分行使对“五网”基础设施的管理、运行和维护职责，全面纳入村级公共事务管理，压实责任，提高“五网”基础设施的供给质量。

（四）建立农村“五网”体系建设的投入长效机制

加强四川省农村“五网”体系建设的财政保障，完善全省农村“五网”基础设施建设的资金长效机制。在确保财政资金优先倾斜农村“五网”基础设施投入的基础上，充分发挥市场机制在资源配置中的决定性作用，鼓励引导社会资本积极、有序参与农村“五网”基础设施建设，充分发挥财政资金的引导作用和社会资本的撬动作用，形成合力，建立财政优先保障和引导、社会广泛参与的农村“五网”体系多元资金投入机制。

参考文献

《“美丽四川·宜居乡村”推进方案（2018～2020年）》，四川省人民政府网站，2018年11月16日。

《省委省政府印发〈关于坚持农业农村优先发展推动实施乡村振兴战略落地落实的意见〉》，人民网，2019年3月7日。

《四川省农村公路条例》，四川人大网，2017 年 7 月 28 日。

《四川省农村扶贫开发条例》，四川人大网，2015 年 4 月 7 日。

《我省出台〈加强农村水环境治理助力乡村振兴战略实施工作方案〉》，四川省人民政府网站，2019 年 4 月 1 日。

《四川省水利厅关于推进乡村振兴战略开展水美新村建设的意见》，四川省农水网，2019 年 4 月 20 日。

《中办国办印发意见 支持深度贫困地区脱贫攻坚》，新华网，2017 年 11 月 21 日。

《国家能源局印发〈关于加快推进深度贫困地区能源建设助推脱贫攻坚的实施方案〉的通知》，国家能源局网站，2017 年 10 月 31 日。

《发展改革委 农业部关于印发〈全国农村沼气发展“十三五”规划〉的通知》，发展改革委网站，2017 年 2 月 10 日。

《四川省发布〈四川省信息通信扶贫实施规划（2018～2020）〉》，人民网，2018 年 12 月 24 日。

B.4

四川农村生活污水治理：现状、问题、对策

卓 勇 常 青 冯娜娜 曾菡潇*

摘 要： 本文基于对2019年农村生活污水治理的现状调查，通过现场调研和数据分析等方法，综合考虑行政区域、地形地貌、经济发展水平、环境敏感程度和人口密集度等因素，系统分析了四川省农村生活污水治理现状，研究了不同行政区域、不同流域和不同经济区的农村生活污水特征和治理现状，深入分析了农村生活污水治理存在的问题和原因，并提出了相应对策和建议，以期为分类指导开展农村生活污水治理提供科学依据。

关键词： 农村生活污水治理 人居环境 四川

农村生活污水治理是农村人居环境改善的重点和难点所在，对于提升乡村治理和基本公共服务水平、建设美丽宜居乡村、实施乡村振兴战略具有重要意义。党中央、国务院对农村生活污水治理工作高度重视，多次召开改善农村人居环境工作会议进行部署，同时颁布实施了一系列的政策措施推进农

* 卓勇，四川省生态环境科学研究院工程师，主要研究方向为农村生态环境管理、土壤和地下水污染防治；常青，四川省生态环境厅副处长，主要研究方向为农村生态环境管理；冯娜娜，四川省生态环境厅四级调研员，主要研究方向为农村生态环境管理；曾菡潇，四川省生态环境科学研究院工程师，主要研究方向为农村生态环境管理。

村生活污水治理工作。[①] 全国各地有序部署农村人居环境整治，四川省把农村生活污水治理纳入水污染防治行动计划、农村人居环境整治、农业农村污染治理攻坚战等工作的重要内容，做出系列部署，2018～2020年省委一号文件都对农村生活污水治理提出要求；2018年2月印发了《四川省农村生活污水治理五年实施方案》；2018年11月印发的《“美丽四川·宜居乡村”推进方案（2018～2020年）》把农村生活污水治理作为农村人居环境整治“三大革命”之一；2020年3月印发了《四川省农村生活污水治理三年推进方案》，农村生活污水治理已成为补齐人居环境整治短板、实施乡村振兴战略的迫切需要，也是全面建成小康社会的重要内容。

本文在综合考虑四川省行政区划、地形地貌、经济发展水平、环境敏感程度和人口密集度等因素的基础上，以四川省21个市（州）的农村生活污水治理现状为研究对象，以成都市、眉山市、遂宁市、凉山州等10个市（州）部分县（市、区）为重点展开现场调研，采取资料分析、走访村民等方式，分析了不同区域村庄的人口分布，不同类型的农村生活污水治理模式、技术以及运行管理方式，了解其设施出水主要去向、管网配套情况、单位建设和运行成本、主要的运行主体类型等内容，分析地方选择农村生活污水处理适用技术和工艺模式的影响因素，并提出了相应对策和建议，以期为分类指导开展农村生活污水治理提供科学依据。

一 农村生活污水治理现状

（一）四川省农村人口及其分布特点

四川省处于我国第一级阶梯青藏高原和第二级阶梯长江中下游平原的过

① 柴喜林：《乡村振兴战略下农村生活污水治理模式优选之思考》，《中国环境管理》2019年第1期；洪志国：《新农村建设中生活污水处理现状及对策分析》，《建材与装饰》2019年第27期；王泉林：《关于农村垃圾和生活污水治理情况的调研报告》，《周口日报》2019年7月24日；李新艳、李恒鹏、杨桂山等：《江浙沪地区农村生活污水污染调查》，《生态与农村环境学报》2016年第6期；谢红梅：《农村生活污水处理方式和运行模式研究》，《节能与环保》2019年第7期。

渡带，地貌东西差异大，地形复杂多样，高差显著，地势西高东低的特点明显。四川农村人口基数大，从区域分布看，人口密度东部高于西部，平原和丘陵多于山地与高原。根据《四川统计年鉴（2018）》，[①] 四川省有4360个乡镇和4.6万个行政村，镇乡总数占全国的13%，行政村数量占全国的8%，镇乡村分布面广，区域差异明显。城镇化率越低，代表这个地区的农村人口越多，该地的经济发展也越缓慢。四川省城镇化率不足50%的市（州）有13个，占比61.9%，为宜宾市、内江市、南充市、雅安市、眉山市、广元市、达州市、资阳市、广安市、巴中市、阿坝州、凉山州和甘孜州。从流域分布看，四川省农村人口主要集中在岷江、沱江和嘉陵江流域（含涪江、渠江、嘉陵江）。从区域分布看，成都平原经济区和川东北经济区农村人口较多，川西北生态经济区农村常住人口最少。

（二）农村生活污水污染特征

农村生活污水主要包括厕所粪污、厨房污水、洗涤污水和洗浴污水。受经济发展程度、生活习惯及季节影响，不同时段的水质不同，农村生活污水污染物浓度变化幅度大，农村生活污水排水量受农村居民用水习惯影响，随时间和季节变化明显，表现为农村污水排放范围广、产生量小且波动大、季节性与假日效应明显等特点，如做饭高峰期出现排水高峰，同时动植物脂肪、SS（悬浮物）浓度偏高，洗漱高峰期氮磷、合成洗涤剂浓度偏高等。夜间排水量极少甚至断流，呈现不连续的状态；在节假日随着返乡人员增加，排放量显著增加。水量变化明显，水质也随之波动较大。相较城镇而言，农村居民人均用水量较少，因此单户污水产生量也较少。农村生活污水污染物中基本不含重金属和有毒有害物质，含有一定量的氮磷，可生化性强，水质因来源和时段不同而差异较大，对COD（化学需氧量）贡献最高的是厕所污水，其次是洗衣第一遍污水和厨房洗刷水；对TP（总磷）贡献

① 四川省统计局、国家统计局四川调查总队：《四川统计年鉴（2018）》，中国统计出版社，2018。

最高的是淘米水，其次是含磷洗衣水。农村地区居住较为分散，敷设管网的难度相对较大，不具备完善的污水收集系统，污水排放比较分散，农村污水收集和处理率相对较低，污水收集和处理系统不完善，成都平原河网地区村庄多沿河分布，村民生产生活产生的污水如果未经收集和处理，直接排入河流，最终将汇入湖泊水体。

（三）农村生活污水产生量

根据农村常住人口、《四川省用水定额》① 和污水产生折算系数初步测算，四川省21个市（州）中，成都市、达州市、南充市农村生活污水产生量和污染物产生量位于四川省前列，雅安市农村生活污水产生量和污染物产生量为四川省最低。四川省五大经济区中，农村生活污水产生量和污染物产生量由大到小依次为：成都平原经济区、川东北经济区、川南经济区、攀西经济区、川西北生态经济区。重点流域中，污水产生量和污染物产生量由大到小依次为：沱江流域、嘉陵江流域、岷江流域、黄河流域。

（四）四川省农村生活污水治理情况

1. 农村生活污水治理现状

截至2019年底，四川省农村生活污水得到有效治理的行政村占比为25.73%（不含利用传统粪坑收集黑水并资源化利用部分）。从区域来看，各区域发展不平衡现象明显，四川省五大经济区中，农村生活污水得到收集处理的行政村占比由大到小依次为：成都平原经济区、川南经济区、川东北经济区、攀西经济区、川西北生态经济区。重点流域中，农村生活污水得到收集处理的行政村占比由大到小依次为：沱江流域、嘉陵江流域、岷江流域、黄河流域。

2. 农村生活污水处理模式

根据各地区村庄人口规模、村落分散程度、距离城镇远近等实际情况，

① 《四川省用水定额》（DB 51/T 2138—2016），标准网，2016年5月1日。

四川省农村生活污水治理主要采用纳入城镇管网、相对集中处理与分散处理三种模式。

纳入城镇管网模式：对靠近城镇、有条件的农村地区，通过建设管网，将农村生活污水纳入城镇污水管网统一处理。该模式具有投资省、施工周期短、见效快、处理效率高、管理便捷、运行持久等优势，但是受区位限制，城镇污水管网辐射半径一般只有5公里左右，不能大面积推广。

相对集中处理模式：对人口聚集、经济条件相对较好的农村地区，采取管网收集－集中处理－达标排放的治理模式，该模式要求农户集中居住程度较高，山区和丘陵地带应用性较强。

分散处理模式（单户或联户）：主要适用于无法集中铺设管网或集中收集处理的村落，特别是居住较为分散的山区、丘陵地带，该模式的优势在于选址要求低、占地面积小、基础投资少，可提高水资源循环利用效率，缺点是管理模式跟不上。农户通常在自家院落建三格式化粪池或户用沼气池等设施，或者是建设联户小型一体化生活污水处理设备。

从应用规模看，四川省采用分散处理模式的农户数最多，其次是采用相对集中处理模式的农户，纳入城镇管网的户数最少。从处理模式的规模可以看出，四川省农村生活污水治理模式技术水平偏低，主要走“低端路线”。

3. 农村生活污水处理工艺

农村生活污水处理主要包括预处理和终端处理两部分技术。根据农村生活污水的水质水量特征，选择不同的预处理技术和设施；根据处理去向和排放标准，选择相应的终端处理技术。目前，适用于四川省农村地区的终端污水处理技术百花齐放，处理模式多种多样。据不完全调查，四川省农村生活污水处理工艺有30余种，一般都是各单元处理技术的不同组合形式，主要包括活性污泥法（如A/O、A^2/O、SBR）、生物膜法（如生物滤池、生物转盘、生物接触氧化法、生物流化床）、膜生物反应器法、土地处理系统（如人工快渗、人工湿地）等。近年来，为适应农村地区污水量小、分散的特点，小型一体化污水处理装置迅速发展，该装置具有处理规模小型化、设备制造一体化等特点，便于安装和运行，代表了微型分散式污水处理设施的发展方向。下文将重点介绍农村地区常见的生活污水处理工艺。

（1）人工湿地处理技术。人工湿地是一种通过人工设计、模仿天然湿地生态自净效应改造而成的半生态型污水处理系统，污水在该系统内沿一定方向流动过程中，在土壤－植物－微生物的联合作用下得到净化。可分为表面流人工湿地、水平潜流人工湿地和垂直潜流人工湿地三种。人工湿地处理技术适用于资金短缺、土地资源相对丰富、最高地下水水位大于1.0米的农村地区进行灰水处理或二级生物处理出水的再处理；可应用于农村庭院式污水处理系统、小型分散污水处理系统。进水水质原则上要求SS≤80mg/L、CODcr≤200mg/L、BOD_5≤80mg/L。这类技术的优点是处理效果比较好，投资费用省，无能耗，运行费用很低，维护管理简便，有一定的景观效益，可增加生物的多样性。缺点是污染物负荷低，占地面积大；设计不当容易堵塞，易污染地下水；处理效果受季节影响，有蚊蝇滋生的问题；除磷能力随运行时间的增加逐渐下降，易造成二次污染。

（2）土地快速渗滤法。土地快速渗滤法是将污水有控制地投配到具有良好渗透性能的土地渗滤床，在污水向下渗滤的过程中，通过过滤、沉淀、氧化、还原以及生物氧化、硝化、反硝化等一系列作用，使污水得到净化。适用于资金短缺、土地资源相对丰富、可提供渗透性能良好的砂土、沙质土壤或河滩等场地条件、最高地下水水位大于1.5米的农村地区进行灰水处理或二级生物处理出水的再处理。这类技术的优点是促进污水中植物营养素的循环，污水中有用物质通过作物生长获得再利用；可利用废劣土堤、坑塘洼地处理污水，基建投资省；基本不消耗动力，运行管理简单，节省能源；绿化环境。缺点是容易污染土壤和地下水，特别是造成重金属污染、有机物污染等；导致农产品质量下降；散发臭味、蚊蝇滋生；污染物负荷低，占地面积大；不得在集中供水水源防护带、含水层露头地区、裂隙性岩层和熔岩地区使用。

（3）稳定塘（氧化塘或生物塘）。稳定塘是利用水中存在的微生物、藻类等，对生活污水进行好氧、厌氧生物处理的天然或人工池塘，它可以通过生物自净作用，在自然条件下完成生活污水的生物处理。适用于土地资源相对丰富的农村地区。可考虑采用村内现有坑塘和洼地、荒地、废地、劣质地等。这类技术的优点是能充分利用地形，结构简单，建设费用低；处理成本低，操作管理相对容易，运行费用低；产生的污泥量少，能承受污水水量大范围的波动。缺点是需要的土地面积大，处理效果受环境条件影响大，处理效率相对较低，可能产生臭味及滋生蚊蝇，不宜建设在居住区附近。

4. 农村生活污水处理设施出水水质

在 2019 年以前，由于四川省缺少专门的农村生活污水处理设施排放标准，各项目在选取标准时并不统一，部分照搬《城镇污水处理厂污染物排放标准》（GB 18918—2002），出水水质包含《城镇污水处理厂污染物排放标准》（GB 18918—2002）一级 A 标准和一级 B 标准以及《农田灌溉水质标准》（GB 5084—2005）等诸多标准。如果设施执行《城镇污水处理厂污染物排放标准》（GB 18918—2002）一级 A 标准和一级 B 标准，对于处理规模小、经济技术实力薄弱的农村地区而言就增加了较重的负担，由于管理水平不足而无法长期稳定达标，设施建设投资成本和运行维护成本都会增加，经费不足导致污水处理设施出现“晒太阳”的空置情况。2019 年四川省生态环境厅联合市场监管局发布了《四川省农村生活污水处理设施水污染物排放标准》（DB 51/2626—2019），弥补了四川省农村生活污水处理设施排放标准的缺失，为后续开展的农村生活污水治理奠定了基础。

二　存在问题与原因

（一）农村生活污水治理工作基础薄弱

与农村生活垃圾处理基础设施相比，四川省农村生活污水治理起步较晚，工作基础相对薄弱，基础设施建设滞后。同时，农村生活污水处理设施正常运转率偏低，运转不正常的原因主要是部分设施已到淘汰期限、运行费用较高、专业技术力量不足以及日常维护跟不上等。如移动式一体化 MBR 膜处理系统因设备运行、膜清洗和更换成本费用较高，大多数地区难以承受。

（二）建设运维资金缺口大

目前四川省农村污水治理投入水平总体仍然较低，相当部分农村环境整治经费主要用于垃圾收运体系的构建，农村生活污水治理的经费缺口大，多数镇、村财政本身较为紧张，无力负担这笔费用，而且本地农民收入水平较低，难以征收污水处理费用。因此，运行费用不足导致相当部分农村生活污水处理设施无法正常运行，成为“晒太阳工程”。此外，当前农村生活污水处理设施的运行用电电价为一般工商业用电电价，致使污水处理成本偏高，一般在 1.6 元/吨左右。大多数地方财政困难，资金难以保障，造成部分农村生活污水处理设施“建得起，用不起”。

（三）运维机制不健全

据典型调查统计，四川省农村生活污水处理设施运维责任主体是县（市、区）级和乡（镇）级人民政府，二者合计占比 59.17%，第三方和农民参与度都不高，监管方式主要是人工巡查，占比 75.48%。受到技术、专业和经费等因素的约束，很难实现生活污水处理设备长效稳定运行，常出现停运现象。

（四）人才技术储备不足

农村生活污水治理是生态环境治理较新的一项工作，市县缺少相关的管理技术人才，广大乡镇、村更留不住专业技术人才。在技术研究方面，对农村生活污水环境容量、季节变化的调查研究不够深入；针对农村生活污水单户污水量少、排放分散、水质水量波动大问题的处理技术尚不成熟；高寒地区农村生活污水处理技术缺失，偏远山区农村生活污水治理模式尚未优化。

三　对策与建议

当前，农村生活污水治理已成为农村人居环境整治的痛点，是全面建成小康社会的难点。[1] 由农村生活污水治理现状和存在问题可以看出，农村生活污水治理的重点区域是沱江、嘉陵江、岷江三大流域；治理发力点是农村居民聚居点；治理难点是乡和三州（凉山州、阿坝州、甘孜州）地区；当务之急是选择适宜的治理模式与处理技术，充分发挥现有项目资金效益；化解任务急重的措施是设施建设和资源化利用两手并重；保障效果长远的措施是健全有效的运维机制。

（一）梯次推进农村生活污水治理

根据农村不同区位条件、村庄人口聚集程度、污水产生规模、周边环境敏感性等因素，[2] 因地制宜采用污染治理与资源化利用相结合、工程措施与生态措施相结合、集中与分散相结合的建设模式和处理工艺。针对城镇近郊、饮用水水源保护区等农村地区，先行开展生活污水治理工作，对居住区域分散、环境容量大的地区，优先保障农村改厕及配套化粪池建设，待条件成熟后再推进生活污水治理项目建设。

各市县根据各地农村生活污水治理现状，系统规划本地区农村生活污水治理工作，对于县（区）域，要进行整体规划，系统设计，试点示范，总结经验，逐步推进，力求实效。设施建设系统化，从源头预处理到污水收集系统、污水处理设施及尾水排放进行系统设计，确保污水的有效收集与处理。现有的收集处理方式主要可分为三类：农户分散收集处理、村镇集中收集处理、统一收集归入市政管网。污水分类收集也是农村生活污水处理的一个有效途径。在国外，对生活污水分类收集处理的应用模式已较为成熟，将“黑水”和“灰水”分类处理，在一定程度上可降低处理难度，还能达到中水回用的目的。有条件的农村地区可以借鉴生活污水分类收集处理的模式，“黑水”经收集处理后可农用，“灰水”经收集处理后可资源化利用或直接排放，以达到减少处理量、降低建设运行成本的目的。

---

① 汪俊良：《农村生活污水处理技术现状及发展趋势探究》，《居舍》2019 年第 23 期。

② 刘峻：《农村生活污水处理存在的问题及解决策略》，《水利科学与寒区工程》2018 年第 11 期；倪生祥：《农村生活污水的处理对策研究》，《吉林农业》2019 年第 14 期。

（二）加强资金支持和政策优化

一是加大农村生活污水治理资金投入。二是加大政策支持力度，推进第三方治理，对参与农村生活污水处理设施运维企业在税收方面给予优惠，吸引社会资本参与农村生活污水处理设施运维。三是加大对专业合作社等组织参与农村生活污水资源化利用的政策支持。四是加大对基层专业人才队伍的培养，多开展“走出去，请进来”等方式的培训。五是积极争取农村生活污水处理设施用电的优惠政策。

（三）完善监管运维机制

一是规范现有项目实施，加快项目建设进度，实现项目资金效益最大化。规范项目设计、施工、建设、竣工验收。二是完善运维机制，做到运行维护的规范化、监管运维的常态化，确保农村污水处理设施的稳定运行及其污染物削减效果。

（四）加强人才培养和技术研究

“能简单地天天正常运行着的，才是农村污水处理的主流技术。”一是通过加强技术指导，分批培养专业技术人才。二是通过试点示范、深入调研等手段，加强技术模式探索研究，根据人口集聚程度、经济条件、地理气候因素、排水去向，采用简单模式、常规模式与高级模式相结合的方式，因地制宜推出系列适用模式。

参考文献

柴喜林：《乡村振兴战略下农村生活污水治理模式优选之思考》，《中国环境管理》2019 年第 1 期。

洪志国：《新农村建设中生活污水处理现状及对策分析》，《建材与装饰》2019 年第 27 期。

王泉林：《关于农村垃圾和生活污水治理情况的调研报告》，《周口日报》2019 年 7 月 24 日。

李新艳、李恒鹏、杨桂山等：《江浙沪地区农村生活污水污染调查》，《生态与农村环境学报》2016 年第 6 期。

谢红梅：《农村生活污水处理方式和运行模式研究》，《节能与环保》2019 年第 7 期。

四川省统计局、国家统计局四川调查总队：《四川统计年鉴（2018）》，中国统计出版社，2018。

《四川省用水定额》（DB 51/T 2138—2016），标准网，2016 年 5 月 1 日。

汪俊良：《农村生活污水处理技术现状及发展趋势探究》，《居舍》2019 年第 23 期。

刘峻：《农村生活污水处理存在的问题及解决策略》，《水利科学与寒区工程》2018 年第 11 期。

倪生祥：《农村生活污水的处理对策研究》，《吉林农业》2019 年第 14 期。

B.5
四川农村人居环境整治中的多元主体协作机制

赵利梅*

摘　要： 农村人居环境整治是一项复杂的系统性工程，涉及多元化社会主体的利益，这使得农村人居环境整治无法单纯地依靠政府或者农民，而需要寻求多元主体的协同治理。本文立足四川省农村人居环境整治过程中多元主体参与协作的基本状况及存在问题，从角色定位、扶持本土环保社会组织、多元主体参与三方面提出破解多元主体协同治理困境的措施。

关键词： 农村人居环境整治　多元主体　协作机制

农村人居环境整治作为农村一个典型的社会公共问题，具有涉及村域范围广、治理过程周期长、消耗资源众多等特点，这决定了农村人居环境整治工作必须以政府为主导，以农民为主体，同时，亦强调社会力量积极参与。党的十九大报告提出积极构建“政府为主导、企业为主体、社会组织和公众共同参与的环境治理体系”，《农村人居环境整治三年行动方案》明确了农民参与的主体性地位。

---

* 赵利梅，四川省社会科学院农村发展研究所副研究员，主要研究方向为农村社会学。

一 四川多元主体参与农村人居环境整治的现状

（一）政府主导参与分析：简政放权

目前四川农村人居环境整治，一般都是以政府为主导，自上而下地提供人居环境整治规划政策、资金分配政策、惠民利民工程等各项行政支援。从我国各地的实践看，从宏观层面农村环境方面法律政策的制定、人居环境整治各种项目资金的分配和安排，到微观层面农民环境治理意识的培养和参与积极性的提高，各级政府都发挥了协调组织等宏观主导作用。毫无疑问，农村人居环境整治涉及水利、卫生健康、生态环境等数十个部门，农村人居环境整治中的诸多事宜由政府主导。在长期的实践中，四川已经形成以生态环境部门为主导，以水利、卫生健康、国土资源等部门为辅助的农村环境治理体系。[①] 在农村人居环境整治方面，政府将部分权力进一步下沉至乡镇政府、村委会。最有话语权的基层政府是乡镇政府，承担着最多的责任；村委会作为乡村社会最广泛存在的自治组织，是村庄的直接管理者和领导者，在农村人居环境治理中起着承上启下至关重要的作用。村委会通过上报村庄实际情况、协调村民之间的各种纠纷、组织村民参与人居环境整治来不断促进本村人居环境的改善。村委会参与农村人居环境整治主要表现在两个方面，首先是“启下角色”——村民利益的代表者。村委会由全体村民选举，理论上必须代表全体村民表达利益诉求，因此在本村人居环境整治过程中代表且维护村民合理合法的相关利益。其次是“承上角色”——有效及时传达信息。在本村环境整治过程中，传达、落实上级政府有关指示和决定。若上级政府农村人居环境治理目标、治理手段和村民参与治理目标、手段不一致或与环境利益发生冲突时，村委会在服从

① 戚晓明：《乡村振兴背景下农村环境治理的主体变迁与机制创新》，《江苏社会科学》2018年第5期。

上级政府管理的前提下，协调上级政府全局、长期利益和村民局部、短期利益。[1]

（二）农民主体参与分析：参与积极性与参与程度差异显著

四川全面实施农村人居环境整治以来，农民参与情况在示范点与非示范点、山区与平原和丘陵地区、贫困村与非贫困村、同村村民小组之间存在着较大的不均衡状况。

一是地区间资金投入不平衡导致农民参与积极性差异显著。《四川省农村人居环境整治三年行动实施方案》明确规定，“在资金投入上，将制定农村人居环境整治专项资金方案和整合办法，建立市县为主、省级适当补助的政府投入体系”。目前四川省对各乡镇农村人居环境治理的资金投入没有一个明确的标准，大部分资金都需要村集体自筹，因此经济发展水平高的地区投入多，经济发展水平低的地区投入少，这就使不同经济发展水平的乡镇在农村人居环境整治质量方面存在一定的差距。例如成都市双流区的近郊农村，农村人居环境治理规模大、投入资金多、范围广，效果明显；相应地，该地农民参与积极性较高，参与程度较高，参与范围较广。但是在一些边远山区、丘区农村，存在地形复杂、自然条件恶劣以及资金缺乏、先进技术用不上等不利因素，使得山区、丘区开展农村人居环境整治工作困难重重，这也导致部分山区、丘区农民的参与积极性不高，参与程度也较低。

二是同一个乡镇的村与村之间农民参与积极性差异显著。四川乡镇在进行农村人居环境治理时，首先抓好重点示范县、示范镇、示范村推进工作。示范点的选择标准由各个地区制定，一般坚持“突出重点，突出特色，突出生态”原则。一般先从示范村开始进行环境整治，由于示范村人力、物力、财力投入大，社会各界关注度高，开展的环境整治项目也就多于非示范

---

① 韩雨薇：《基于多元主体参与的苏南乡村环境更新规划研究》，硕士学位论文，苏州科技大学，2017。

村。以农村基础设施建设为例，示范村的厕所建设、道路硬化、生活垃圾处理、污水处理等方面，建设力度和强度都要优于非示范村。因此，示范村农民参与范围广，参与程度较高。此外，一些地区贫困村与非贫困村之间的人居环境治理差异明显。这一方面缘于贫困村有省级单位、县直单位定点帮扶，村内专门派驻有1～2个驻村干部，帮扶单位对贫困村在政策、资金方面都有较大的支持；另一方面，四川实行贫困村督导巡查工作全覆盖，采取不打招呼、突击检查的方式，基层政府的多方面支持向贫困村倾斜。因此，贫困村有更多的资金、项目支持，有的村民对政府形成依赖心理，认为参与不参与人居环境都会改善，导致贫困村农民参与积极性不高，参与程度低。

三是同村村民小组治理差异较大。农村人居环境整治的差异不仅体现在村与村之间，村民小组之间参与人居环境治理的积极性也存在一定差异。一个村民委员会一般下辖几个村组，村委会办公室所在村组与边缘村组的治理差异较大。一般来说，村委会所在村组道路硬化长度、宽度、厚度优于其他村组，保洁员打扫的频率较高，垃圾桶数量较多。而偏远村组人居环境整治的力度普遍偏小，甚至出现零治理的情况，这些村组主要依靠农民“各扫门前雪”。

（三）社会力量参与分析：末端参与

当前四川农村人居环境整治通过“自上而下”的行政体系最终由村委会实施，从对环境整体的改善效果和各方力量的参与程度来看，绝大多数力量来源于政府各个部门，[①] 以社会组织为主的社会力量参与形式呈现末端参与特征。目前，政府鼓励各种社会力量参与的最主要形式为监督举报，并给予一定的奖励。毫无疑问，政府鼓励各种社会力量对环境污染行为以及相关贪污受贿、政府不作为行为等进行监督举报；对为农村人居环境整治做出贡

① 刘义兵：《农村环境治理中公众参与模式的认知与提升》，硕士学位论文，南昌大学，2018。

献的社会力量，如环保 NGO、退休返乡的教师和公务员，要及时地给予奖励。

农村人居环境整治过程中各种社会力量的边缘性参与和事后末端参与是低层次的象征性参与，在农村人居环境整治中发挥的作用极其有限。在农村人居环境整治过程中，农村也出现了一些关于人居环境治理的自发组织，但组织成员管理水平不高，组织成长缓慢，可持续发展动力不足。一是数量不能满足当前农村需要，无法在更大范围内发挥决定性作用；二是处于“无钱无权”境地，心有余而力不足，无法生存下去。很多农民也会表现出对环境问题的关心，也认识到环境污染的危害性，也用实际行动参与了环境保护工作，但是缺乏持续性、组织性。

二　四川多元主体参与农村人居环境整治存在的问题

四川农村人居环境自 2014 年开展综合整治以来，取得了一定的效果。多元主体在参与农村人居环境整治方面形成了良性互动协作机制，呈现良好发展态势，但是在具体的多元主体塑造、协商沟通机制、协作过程等方面仍存在着有待优化的问题，影响农村人居环境整治的有序进行。

（一）政府参与存在的问题

1. 基层政府部门之间综合协调作用未能充分发挥

对于农村人居环境整治，市级层面一般以市农业农村局为日常牵头单位，县级层面一般以县委农办为牵头单位，统筹协调，各相关部门制定相应政策，积极主动配合。如各县（市、区）编制农村人居环境整治方案，牵头单位为市住建局，责任单位为市委农工委、市城管执法局、市生态环境局；县域新村建设总体规划，牵头单位为市城乡规划局，责任单位为市国土资源局、市住建局。但由于政府部门之间的沟通渠道不畅通、沟通效率低等问题，各部门的项目、资源之间没有紧密协作，没有形成有效协作机制。

2. 人居环境治理项目持续发展动力不足

目前四川省农村人居环境治理还是以政府为主，各级政府通常采取项目式的治理来开展农村人居环境治理，如垃圾、污水、厕所项目，这些政府单方面设计的项目在制定和实施的过程中均缺乏村民和市场的参与，治理的效果与设计有较大出入，且项目治理的持续发展动力不足。[①] 同时，基层政府对于农村人居环境的治理往往是“重突击、轻平时”，上级政府检查一次整治一次，曝光一次整改一次，忽视了人居环境的日常治理和长期发展，出现了环境整治后继无力的现象。

3. 各级政府协同治理的目标差异

目标差异表现在不同层级政府间及同级政府间的复杂利益考量。[②] 在四川省农村人居环境治理中，省政府统一协调，市县政府分级负责。在具体实践中，省政府从全省人民的整体利益出发，其生态治理的积极性更高且治理行动更具全局性；而市县政府有着更为复杂的利益考量。从各地的经济社会发展条件看，市县政府与省政府在立足于短期利益还是长远发展利益问题上可能会产生冲突。农村人居环境整治具有很强的公益性，以政府拨款补助为主，有资金投入大、周期长、见效慢等特点，这导致基层政府在人居环境整治过程中出现不重视环境治理的行为。因此，对于省政府制定的农村人居环境整治的相关政策，市县层面可能会选择性执行。

（二）农民参与存在的问题

1. 参与程度差异较大

地理、历史等因素造成各地经济社会发展不平衡，各地各村情况千差万别。根据《四川统计年鉴（2019）》，四川省约有 4.6 万个行政村，数量庞大且分散，地区差异大，各地人口、气候、习俗、传统、文化、经济状况等千差万别。农村人居环境治理中最关键的一环是农民的参与配合。在实际工

---

① 王赞：《固始县农村人居环境治理研究》，硕士学位论文，郑州大学，2019。

② 董珍：《生态治理中的多元协同：湖北省长江流域治理个案》，《湖北社会科学》2018 年第 3 期。

作中，不同经济发展水平地区的农民环保意识差异显著。距离县城远、经济条件落后的村庄，农民参与环境整治的积极性不高，过度依赖乡镇政府和县级政府，在政府的推动下被动采取措施改善自家人居环境，缺乏主动性与自觉性，导致人居环境整治工作进展缓慢、效果不显著。[①] 距离市区或县城较近、经济发展水平较高的村庄，农民关注本村的事务，对于人居环境治理工作参与程度高，响应上级的各项政策，愿意牺牲部分自我利益，积极参与配合本村的人居环境治理工作，因此推进速度快，整治效果显著。

同时，四川一些农村“空心化”、老弱化现象突出，也影响着农民参与环境整治的积极性。伴随着四川新型城镇化进程的加快以及乡村振兴进入一个新的发展阶段，农村大量年轻劳动力纷纷外出，到北上广、长江三角洲等经济发达地区务工，农村常住人口不断减少，很多农村只剩下“386199”部队（代指妇女、儿童、老人），这部分人群的特点决定了其参与环境整治的动力不足，青壮年劳动力的大量外出在很大程度上影响着四川农村人居环境改善的进度。

2. 参与行为不具备连贯性和持续性

与过去十年相比，虽然四川农民的环境保护意识有一定程度的提高，但在农村环境治理中，长期是政府主导型治理模式，多数农民对政府形成依赖心理，依然认为环境保护和治理是政府该做的事，欠缺人居环境整治方面全面性和全局性认识。农民在人居环境整治的思想意识和生活生产方式等方面都具有相对分散性和封闭性。生产与生活多以家庭为中心，对与自己有直接关系的环境利益关注较多，尽心竭力保护自家房前屋后的“一亩三分地”，而对于具有公共属性的环境问题却充当旁观者，采取漠不关心的态度。一部分农民认识到环境污染的危害性，但是认为自己只是一介平民，没有能力管；还有部分农民认识到农村人居环境整治的益处，但是看到公共环境没有人管理，自己整治的成果被别的村民无偿享受，时间久了，心理不平衡。部

① 王璐璐：《农村基层治理中的人居环境治理研究——以渑池县为例》，硕士学位论文，郑州大学，2019。

分基层干部对农民在农村人居环境整治中的地位和作用不够重视，农民参与处于边缘化的位置，他们认为农民对环境保护认识程度和水平都很低，有没有农民的参与无所谓。这些因素对农民参与人居环境整治造成直接影响。[①]

同时，大部分农民参与农村人居环境整治在很大程度上是一种运动式参与，当政府开展一项具体活动时，农民会参与其中，而当这项活动结束时，或者其不是后续环境整治重点时，也就意味着农民参与行为的终止。

3. 参与意识较低

农村人居环境是农民的生产方式、生活方式和思维方式的载体和体现，是农民常驻的生活场域。按照乡村振兴战略的要求开展农村人居环境整治，也必将是对农民思想观念和思维方式的变革。从当前四川农村人居环境的整治现状来讲，以政府推动为主，如果将农村人居环境整治分为规划、实施、反馈三个阶段的话，呈现“政府三阶段参与，农村干部两阶段参与，农民一阶段参与”的现象。相较而言，农民参与人居环境整治的意识淡薄，参与方式简单。

（三）社会组织参与存在的问题

1. 社会组织进入农村缺乏基层政府部门的支持

首先，当前的农村社区不仅是村民自治和社会共治的组织场域，更是政府部门实现行政治理目标的重要区位所在。在行政主导的背景下，农村人居环境整治目标、阶段实际上都是由基层行政部门制定，什么类型的社会组织在农村会受到充分重视并得到各种支持直接取决于这些社会组织能够发挥的作用是否与基层政府制定的环境整治目标、阶段相符。

其次，社会组织开展培训和动员宣传活动等缺乏社会网络支持。社会组织在村庄开展的诸如宣传不随便丢垃圾、爱护环境等活动要实现广泛而深入的动员，需要依托一定的社会网络。但是社会组织并没有掌握这一资源，必须首先借助村委会的社会网络资源开展初始阶段的活动。当前的行政管理模

① 徐佳慧：《农民参与农村生态环境治理问题研究》，硕士学位论文，吉林大学，2018。

式决定了借助于这一网络资源开展动员的社会组织常常难以得到稳定的治理网络支持。

2. 环境治理类社会组织独立性差

被称为“第三部门”，具有非营利性、公共性和自发性的社会组织在实现公共利益与辅助政府调节经济过程中发挥重要作用。在生态环境治理中它能为社会提供公共服务并影响区域稳定。① 所谓具有“独立性”的社会组织，是指组织在生存、发展方面主要依靠自身资源。反观现有的农村环保社会组织，因资金、人才、技术、管理等问题受到政府约束，同时也因组织力量弱小，必须依附于政府、企业才能长远发展。

三　政府主导、农民主体、社会力量参与协作措施

（一）明确政府、企业和其他社会力量三方的角色定位

首先，政府在农村人居环境整治中处于中心地位。这关系到农村人居环境整治的成效。从宏观方面讲，政府应统筹推动人居环境整治工作的顺利进行，引导环境治理利益相关者积极参与，利用其在环境治理中的环境治理职权与监管权，在厘清职能边界的前提下，对农村不同地区的人居环境整治从宏观层面以及微观层面提供治理参考意见，实现人居环境治理主体良性互动，促进农村人居环境整治有序进行。同时，对于农村人居环境的破坏行为要予以约束、监督和处罚。

其次，农民在农村人居环境整治中处于主体地位。农村人居环境整治是一项“让农民满意的民心工程”，要充分调动农民全过程参与农村人居环境整治的积极性。一方面，农民是农村人居环境整治的需求者和受益者，因此必须首先考虑当地村民的满意度和接受度，调动当地村民的创造性和创新

① 陶儒林：《广西北部湾近海生态环境保护的协同治理研究》，硕士学位论文，广西大学，2016。

性。另一方面，农民是农村人居环境整治的建设者和维护者，让农民感受到自己是本村人居环境整治的主体，为了改善村落人居环境，自己必须发挥主体作用，在政府、社会力量等的帮助下，共同努力，才能让本村的人居环境整治取得良好效果。[①]

最后，社会组织是农村人居环境整治的重要参与者、倡导者。在农村人居环境整治过程中，社会组织为政府的有益补充，与政府良性互动。社会组织通过专业人士，持续参与环境整治，发现问题，为政府推进农村人居环境整治工作提供参考。有些地方，政府也授权专业的环境保护组织，对当地人居环境整治进行测评并提出专业的意见，充分发挥社会组织的第三方作用。但是，由于目前社会组织参与存在主体性约束、法律地位不健全等多重障碍以及社会组织本身发展面临困境，政府应从提供参与渠道、营造参与环境、制定参与机制三方面提供援助，使社会组织通过合理合法途径有效参与农村人居环境整治。

（二）推动农村环保社会组织有序发展

首先，扶持本土环保社会组织。农村环保社会组织的发展对农村人居环境治理具有重要作用。当前四川农村环保社会组织存在规模较小、专业化程度低、内部管理制度和财务制度等不规范、开展的相关活动缺乏法律保障等问题，所以在这样的前提条件下，完全依靠外部社会组织力量提高人居环境整治质量是不现实的，政府必须发挥引导作用，把当地农民组织起来，针对当地特殊的环境问题或特殊人群，建立切合当地实际的村落环保社会组织。乡镇政府可以依托村委会，在村庄筛选一定数量有组织能力、热衷环境保护的村民，建立环保社会组织。随后在本村实际人居环境整治工作中，逐渐扩大影响力，提升威信，吸引更多的农民、志愿者等参与到农村人居环境整治的进程中。在新建环保社会组织的管理制度、财务制度、参与制度等不断完善且组织具有可持续发展

① 李成慧：《农村人居环境整治重在农民参与》，《吉林日报》2018 年 11 月 26 日。

能力后，乡镇政府逐步退出，保持组织的独立性。当前四川一些农村地区环保社会组织是由村民或村委会建立，目的是改善当地的生产生活环境；有些是依托专业合作社成立，有些是依托宗族势力成立，但这种目的性和自发性不可避免地使之具有临时性的特征，一旦目标达成后，后续发展动力不足，很容易就地解散，无法长期发挥农村人居环境治理的功能和作用。当前的农村正由“熟人社会”向“半熟人社会”过渡，村庄社会的多元化和异质性程度提高，很多以血缘关系为基础建立的环保社会组织的规范性发展受到制约。因此，完善本土环保社会组织的管理制度、规范组织行为、加强业务指导、引导本土环保社会组织健康有序发展成为未来工作的重点。①

其次，推进现有环保社会组织自身能力建设。督促环保社会组织完善现代社会组织法人治理结构，建立健全各项规章制度，推动环保社会组织成为权责明确、运转高效、依法自治的法人主体。帮助环保社会组织加大专业人员培养力度，开展多方面、多层次的业务培训，不断提升其专业服务水平。引导环保社会组织依法开展环境公益诉讼，拓展环保社会组织的参与渠道，提高其参与生态文明建设和环境保护事务的能力。②

（三）充分发挥更加多元的群体优势

一是发挥现有农村社区的组织作用。根据现有农村留守妇女、中小学生的实际情况，组织开展特色主题活动，结合传统农村妇女特点，优先引导农村留守妇女改变生活习惯；发挥中小学生“爱文明，讲卫生”优势，结合学校教育，调动学生参与积极性。二是发挥外出务工人员的模范作用。村委会要充分利用外出务工人员返乡契机，开展宣讲活动，让外出务工人员分享

① 刘义兵：《农村环境治理中公众参与模式的认知与提升》，硕士学位论文，南昌大学，2018。

② 《环境保护部、民政部联合印发〈关于加强对环保社会组织引导发展和规范管理的指导意见〉》，《中国环境管理》2017 年第 2 期。

其对城市整洁环境的切身感受，并向村民介绍城市的环境优势、如何维护等相关内容。三是发挥乡贤能人的引领作用。深入挖掘本地乡贤，例如退休的老干部、老教师，充分发挥乡贤力量协助本村开展人居环境整治的相关工作，基层政府要以乡情乡愁为纽带，吸引乡贤能人支持和参与农村人居环境整治项目。

参考文献

戚晓明：《乡村振兴背景下农村环境治理的主体变迁与机制创新》，《江苏社会科学》2018 年第 5 期。

韩雨薇：《基于多元主体参与的苏南乡村环境更新规划研究》，硕士学位论文，苏州科技大学，2017。

刘义兵：《农村环境治理中公众参与模式的认知与提升》，硕士学位论文，南昌大学，2018。

王赞：《固始县农村人居环境治理研究》，硕士学位论文，郑州大学，2019。

董珍：《生态治理中的多元协同：湖北省长江流域治理个案》，《湖北社会科学》2018 年第 3 期。

王璐璐：《农村基层治理中的人居环境治理研究——以渑池县为例》，硕士学位论文，郑州大学，2019。

徐佳慧：《农民参与农村生态环境治理问题研究》，硕士学位论文，吉林大学，2018。

陶儒林：《广西北部湾近海生态环境保护的协同治理研究》，硕士学位论文，广西大学，2016。

李成慧：《农村人居环境整治重在农民参与》，《吉林日报》2018 年 11 月 26 日。

B.6

四川古村落保护利用现状、问题及建议

范胜巍 虞 洪 刘宇晨*

摘 要： 四川拥有丰富的古村落资源，其中不乏具有较高历史、文化、艺术和科学价值的古村落。通过一系列持续推进的保护利用政策措施，四川古村落保护利用取得了显著成效。但是，仍然还面临着群众保护意识不足、保护发展人才短缺、社会力量参与度不高、文物建筑保护面临困难等挑战，建议通过提高古村落保护意识、强化古村落保护人才支撑、夯实古村落保护基础工作、调动社会力量参与以及提升农房建设品质和村容村貌进一步提高全省古村落保护利用的整体绩效。

关键词： 古村落 历史文化名村 建筑文化

四川历史悠久、文化灿烂，拥有许多极富地域特色和民族风情且具备较高历史、文化、艺术和科学价值的古村落。目前，全省共有6个国家级历史文化名村（见表1）、333个国家级传统村落、15个省级历史文化名村、70个“四川最美古村落”、869个省级传统村落，国家级传统村落数量排名全国第7。

* 范胜巍，四川省住房和城乡建设厅村镇建设发展中心工程师，主要研究方向为古村落保护；虞洪，四川省社会科学院农村发展研究所副所长、副研究员，主要研究方向为农村经济；刘宇晨，四川省社会科学院农村发展研究所硕士研究生，主要研究方向为农村发展。

表1 四川国家级和省级历史文化名村名单

四川国家级历史文化名村	
甘孜州丹巴县梭坡乡莫洛村	攀枝花市仁和区平地镇迤沙拉村
阿坝州汶川县雁门乡萝卜寨村	南充市阆中市天宫乡天宫院村
泸州市泸县兆雅镇新溪村	泸州市纳溪区天仙镇乐道街村
四川省级历史文化名村	
成都市邛崃市平乐镇花楸村	攀枝花市仁和区平地镇迤沙拉村
泸州市泸县兆雅镇新溪村	泸州市纳溪区天仙镇乐道街村
泸州市泸县方洞镇石牌坊村	南充市阆中市天宫乡天宫院村
南充市阆中市水观镇永安寺村	眉山市东坡区尚义镇中心村
巴中市巴州区回风街道办事处大佛寺村	巴中市巴州区水宁寺镇始宁村
甘孜州丹巴县梭坡乡莫洛村	阿坝州汶川县雁门乡萝卜寨村
阿坝州茂县黑虎乡小河坝村	阿坝州理县桃坪羌寨
阿坝州小金县两河乡两河村	

一 四川古村落保护措施及成效

（一）健全古村落保护机制

一是建立健全组织机构。四川省各地高度重视历史文化名村和传统村落保护工作，普遍建立了由县人民政府负责、镇（乡）人民政府抓落实的工作机制。在省级成立了传统村落保护和发展专家委员会、村镇规划建设专家领导小组，定期开展历史文化名村和传统村落规划建设现场督查指导。同时，与省政府规划督查办联合开展检查工作，及时发现和纠正古村落违法违规建设行为。

二是科学编制保护规划。按照《城乡规划法》《历史文化名城名镇名村保护条例》《历史文化名城名镇名村街区保护规划编制审批办法》《传统村落保护发展规划编制基本要求（试行）》等法规文件要求，各地抓紧编制历史文化名村和传统村落保护规划，并印发了《四川省村规划编制技术导则（试行）》，将“多规合一”改革覆盖传统村落，有效确定保护对象及保护措施，划定保护范围和控制区，明确保护与发展重点项目和建设时序。同时，对规划加强指导监督和管理，建立了专家驻村工作制度和专家巡查督导机制，定期开展传统村落规划建设现场指导。目前，针对国家级历史文化名村和传统村落的保护规划已全部编制完成，针对省级历史文化名村和传统村落的保护规划也在快速推进中，为古村保护与开发利用提供了科学指引。其中，德阳市罗江区通过“区聘镇用”为每个镇选配一名乡村规划师，推动规划下乡、规划落地，出台共同缔造补助办法，采取先建后补、以奖代补的方式调动农户积极性，通过一个村选一个院落、一个院落选一户先做示范，村民广泛认可后再改造，着力建设特色小镇、传统村落，形成了“固现状、防增量、拆违建、改外观”的农房风貌整治路径，成为四川全省唯一入选全国美好环境与幸福生活共同缔造活动的试点县。

三是积极争取财政投入。积极争取中央财政对古村落保护的支持。“十二五”期间，争取中央财政资金共专项资金 18000 万元；“十三五”以来，已经争取到中央财政资金共专项资金 48600 万元。通过组织各地开展传统村落保护发展规划编制，四川有 333 个传统村落入选《中国传统村落名录》（第一批 20 个、第二批 42 个、第三批 22 个、第四批 141 个、第五批 108 个），已经有 222 个村的传统村落保护发展规划通过国家部委审核，纳入中央财政支持范围，共争取中央资金 6.66 亿元，极大改善了传统村落人居环境。

（二）提升古村落可持续发展能力

一是改善传统村落生产生活条件。大力推进传统村落农村人居环境整治工作，统筹推进传统村落水、电、路、通信和防灾等基础设施改造升级。目前，333 个国家级传统村落中 98% 的村生活垃圾得到有效处理，建成垃圾收集点 1158 处，优先支持传统村落建成污水处理设施 607 处，新（改）建公厕 275 处，除三州（阿坝州、凉山州、甘孜州）地区外的传统村落卫生厕所普及率达 80%。不断完善道路基础设施，采用石板、青砖等传统材料翻新街巷路面，加强古村落防火防灾设施建设。

二是大力实施优秀传统文化传承工程。四川出台了《关于传承发展中华优秀传统文化的实施意见》，进一步健全包括传统村落在内的保护传承体系，大力传承发展非物质文化遗产。目前，四川省333个国家级传统村落建成各类博物馆、村史陈列馆92处，共有非遗项目201个、非遗传承人251名。其中，自贡市富顺县赵化镇培村社区在开展传统村落保护利用工作过程中，挖掘出竹器编织、秸秆画、土漆、缫丝织绸、酿酒制醋等传统手工技艺5项，推动传统手工技艺与旅游产业相结合，提升民俗价值，增强旅游体验，服务业增加值保持在15%以上。

三是加强传统建筑修缮与维护。印发了《四川省乡村建筑文化保护与传承工作方案》，大力加强传统村落、古民居和乡土建筑的保护与利用。近年来，333个国家级传统村落统筹整合各类资金近11亿元用于建筑修缮保护，有效抢救修复濒危或损毁建筑1411处。

（三）联动推进古村落保护与发展

一是促进乡村历史建筑合理利用。四川省住建厅会同财政厅、文化和旅游厅等部门印发了《四川省乡村建筑文化保护与传承工作方案》，坚持"以利用促保护"，建立政府引导、多元参与机制，充分吸引社会资本，鼓励社会各界共同参与历史文化名村、传统村落、乡村历史文化建筑和优秀乡土建筑的传承利用。不断探索以古村落保护传承为抓手、促进乡村文化振兴的四川路径，形成了初步的认识和较完整的工作思路。

二是开展"四川最美古村落"创建行动。从全省869个传统村落中优选100个村进行重点培育，2018年评选出首批"四川最美古村落"40个、2019年评选出第二批"四川最美古村落"30个（见表2），并建立厅领导"一对一"联系指导机制，通过省、市、县三级合力，开展传统建筑研究保护、技术服务指导、农村人居环境整治、设计下乡等工作，形成古村落保护共行、发展共谋、建设共管、成果共享的机制，激发古村落创新发展动力，塑造"四川最美古村落"品牌。其中，天仙镇观音乐道古村依托古村的传统文化特色、红色文化底蕴和秀美自然风光，打造传承传统文化、弘扬爱国主义精神的主题旅游观光，结合天仙硐风景区，建立“自然风光＋人文历史＋民俗风情＋特色农业”的绿色旅游循环发展模式。

表2 “四川最美古村落”名单

第一批“四川最美古村落”(2018年)	
成都市邛崃市平乐镇花楸村	自贡市沿滩区仙市镇仙滩社区
自贡市贡井区艾叶镇李家桥社区	自贡市大安区三多寨镇三多寨村
攀枝花市米易县新山乡新山村	攀枝花市仁和区平地镇迤沙拉村
泸州市叙永县黄坭镇水洞子村	泸州市合江县尧坝镇白村
泸州市泸县兆雅镇新溪村	德阳市罗江区白马关镇白马村
绵阳市游仙区刘家镇曾家垭村	广元市昭化区柏林沟镇向阳村
广元市昭化区大朝乡云台村	广元市青川县茶坝乡双河村
广元市苍溪县元坝镇将军村	遂宁市安居区白马镇毗卢寺村
遂宁市大英县卓筒井镇关昌村	内江市威远县向义镇镇静宁古村
内江市隆昌市云顶镇云峰村	乐山市井研县千佛镇民建村
南充市仪陇县马鞍镇琳琅村	宜宾市江安县夕佳山镇坝上村
宜宾市高县胜天镇流米社区	宜宾市叙州区蕨溪镇顶仙村
广安市邻水县冷家乡汤巴丘村	广安市武胜县宝箴塞镇方家沟村
达州市万源市秦河乡三官场村	巴中市通江县泥溪乡梨园坝村
巴中市恩阳区柳林镇铜城寨村	雅安市石棉县蟹螺藏族乡猛种堡子
雅安市天全县小河乡红星村	雅安市荥经县花滩镇齐心村
眉山市丹棱县顺龙镇幸福村	阿坝州黑水县色尔古镇色尔古村
阿坝州汶川县雁门乡萝卜寨村	阿坝州理县桃坪镇桃坪村
阿坝州马尔康市草登乡代基村	甘孜州得荣县瓦卡镇阿洛贡村
凉山州盐源县泸沽湖镇木垮村	凉山州木里县唐央乡里多
第二批“四川最美古村落”(2019年)	
成都市金堂县五凤镇金箱村	自贡市荣县东兴镇吕仙村
攀枝花市米易县白马镇田坝回族村	攀枝花市盐边县和爱彝族乡联合村
泸州市纳溪区天仙镇乐道古村	泸州市古蔺县二郎镇红军街村
德阳市罗江区御营镇响石村	绵阳市江油市二郎庙镇青林口村
绵阳市平武县豆叩镇银岭村	广元市青川县姚渡镇柳田村
遂宁市射洪县青堤乡光华村	内江市隆昌市渔箭镇渔箭社区
乐山市五通桥区竹根镇兴隆里村	乐山市沐川县底堡乡五显村
南充市南部县升钟镇张家嘴村	宜宾市江安县夕佳山镇五里村
广安市广安区肖溪镇肖家溪社区	达州市达川区石桥镇鲁家坪村
巴中市南江县朱公乡百坪村	巴中市恩阳区茶坝镇章怀村

续表

第二批“四川最美古村落”（2019 年）	
雅安市宝兴县硗碛乡和平藏寨	雅安市石棉县蟹螺乡蟹螺堡子
雅安市汉源县永利乡古路村	眉山市洪雅县柳江镇红星村
资阳市乐至县劳动镇旧居村	阿坝州马尔康市松岗镇直波村
阿坝州壤塘县宗科乡加斯满村	阿坝州汶川县龙溪乡联合村东门寨
甘孜州稻城县香格里拉镇亚丁村	凉山州会理县绿水镇松坪村

三是创新古村落发展机制。在加强古村落保护的同时，积极探索创新古村落发展机制，增强古村落发展内生动力，极大地推动了当地经济发展，助力农民脱贫、增收。例如，广元市探索推进“共建、共享、共营”机制。旺苍县东郊村、昭化区向阳村、青川县双河村等传统村落利用资源禀赋，积极发展乡村旅游景点 30 余个，累计接待游客 15 万余人，实现综合旅游收入 1500 万余元。德阳市罗江区结合当地实际，盘活闲置农房发展民宿，创新提出了“四子”模式：村组搭台子，即村集体经济组织搭建平台、组织发动，动员老百姓把闲置的农房归集起来，统一对外招商；村民出房子，即村民自愿将全部或部分闲置农房出租，或者将房屋评估作价入股参与分红；市民凑份子，即市民出资负责房屋装修和院落环境打造，以所投资金作为股份参与分红；公司找路子，即公司负责管理和运营，通过赚取利润、参与分红获得收益。通过这套机制，实现政府、社会资本、村组、农户共享收益。

（四）加强古村落管理

一是实施普查建档。开展保护工作的前提是摸清家底。全省积极开展传统村落调查，建立完善四川省传统村落名录，已公布了三批省级传统村落共 869 个。印发了《四川省乡村建筑文化保护与传承工作方案》，做好村落文化遗产详细调查，全面准确掌握资源分布和保护现状，甄别保护价值，梳理特色要素。目前，全省历史文化名村和传统村落已实现“一村一档”，完善了保护档案，并建立了全国首个省级传统村落数字博物馆。

二是健全法规体系。近年来，四川结合农房建设管理实际，在全国率先出台了《四川省农村住房建设管理办法》，加强传统村落内新建住房管理，有效地破解了农房建设管理无法可依的难题。2019 年 6 月，省政府办公厅印发了《关于加强古镇古村落古民居保护工作的意见》，进一步明确了传统村落保护的目标和任务。全省各地因地制宜，研究出台相关政策措施，全省共有 5 个市（州）出台了传统村落保护发展条例和指导意见，如《达州市传统村落保护与利用条例》《甘孜藏族自治州传统村落保护与利用条例》《自贡市传统村落管理暂行办法》等。此外，2019 年初，四川省已启动《四川省传统村落保护条例》的起草工作，目前已将草案报司法厅审查，计划于 2020 年出台。

（五）提高古村落保护技术

一是加强保护规划与技术研究。始终坚持保护规划先行，科学划定古村落古民居的保护范围，积极制订保护规划和修缮计划，结合实际开展课题研究，挖掘不同区域乡村传统建筑文化要素和特征，加强对古村落空间尺度、村庄肌理、街巷风貌、环境景观的研究和整治。同时，通过分片区开展“传统民居研究”等课题，编制优秀乡土建筑图集和技术指引，分类梳理乡村传统建筑民族和地域特征，研究适宜农村特点的规划、设计和施工方法，减少大机械、大挖大填对农村环境的破坏。

二是推进乡土材料与传统工艺的传承创新。大力推进新型夯土技术等乡土材料与传统工艺的传承创新，积极在攀西地区的米易、秦巴山区的南江、高原藏区的炉霍等地开展试点示范，逐步恢复乡村农耕风貌与乡土气息，取得了初步成效，形成了良好的乡土环境氛围和可复制经验。鼓励“竹、木、砖、瓦”等地方性乡土材料在传统村落中的使用。

（六）探索多方力量共同参与模式

一是充分发挥村民主体作用。坚持以村民为主体推进传统村落保护，目前四川省 333 个国家级传统村落中，90% 的村形成了较为完整的村规民约，并将传统建筑、传统文化的保护要求纳入村规民约。其中，古蔺县二郎镇红军街传统村落由社区干部持续加强宣传教育，充分利用红军街传统村落公示栏以及召开群众会、入户发放宣传单等形式，广渠道、多层次、全方位宣传传统村落保护知识，让传统村落保护深入人心，营造全社会积极参与、共同行动、自觉维护传统村落的浓厚氛围；广元等地探索形成了村民自发组成的保护委员会，对农房建设修缮进行共同管理；泸州等地积极推动本地乡贤能人创新创业。

二是吸引社会力量积极参与。建立“政府主导、社会参与、保护为主、合理利用”可持续保护利用机制，鼓励企业、事业单位、社会团体和个人参与历史文化名村和传统村落的保护，调动各方力量共建共管共治共享，推动“美好环境与幸福生活共同缔造”。积极拓展投融资渠道，鼓励社会力量通过捐资捐赠、投资、入股、租赁等方式共同参与，333 个国家级传统村落累计吸纳社会资本近 6 亿元用于当地产业发展。

三是营造保护利用良好氛围。统筹整合新华网、四川日报、四川电视台等主流媒体宣传传统村落保护工作。连续两年举行“四川最美古镇古村落创新发展论坛”，省长尹力为论坛亲致贺信，公布了“四川古镇古村落”保护发展倡议和宣言，得到社会各界广泛关注。建立传统村落数字博物馆，利用网络平台，全方位展示全省近千个传统村落的历史文化魅力。在四川电视台公共频道推出《美丽乡村・印象》栏目，深入宣传报道传统村落，使传统村落成为乡村振兴的亮丽名片，凝聚发展共识。

二　四川古村落保护发展面临的问题

一是群众保护意识不足。传统村落一般集中在少数民族地区和山区等贫困地区，交通不便，“空心化”严重，群众改善生活条件的愿望迫切，保护意识难以短时间形成，传统村落保护和发展缺乏内生动力。

二是保护发展人才短缺。人才是推动古村落保护发展的关键力量，但多数乡镇因人员不足未设置专职管理部门，而且农村劳动力大量外出务工导致专业技术人员和传统建筑工匠严重匮乏，仅仅依靠省级专家驻村指导远远不够，导致传统村落保护工作滞后。

三是社会力量参与度不高。虽然积极探索创新多方力量参与机制并且取得了较为明显的成效，但是部分地方保护发展工作仅仅停留在政府主导层面，财政资金投入不足，项目资金缺口大，未充分调动社会资本和社会力量参与。

四是传统村落文物建筑保护面临困难。一方面，传统村落中文物建筑年久失修，文物建筑维修保护、展示利用难度较大。另一方面，在开发的过程中，面临着为了追求商业利益而过度使用现代材料和工艺以及商业化气息过重等问题。

三 加强四川古村落保护和发展的建议

在新时期，加强古村落保护发展，保护和传承前人留下的历史文化遗产，有利于增强广大人民群众的文化自信和行动自觉；加强古村落保护发展，延续各民族独特鲜明的文化传统，有利于保持传统文化的完整性与多样性；加强古村落保护发展，保持农村特色和提升农村魅力，为农村地区注入新的经济活力，有利于促进农村经济、社会、文化的协调可持续发展。因此，为了进一步提升全省古村落保护和发展成效，结合存在的问题和困难，建议采取以下几个方面的措施。

（一）提高古村落保护意识

一是各级人民政府要持续开展宣传保护工作，将具有代表性的古村落作为相关活动开展的重要阵地，在活动中贯彻、宣传保护利用理念。二是综合运用电视、广播、报纸、网络、新媒体等多种渠道，从推动全省保护和利用好古村落的大局出发，大力宣传古村落保护成效，充分展示古村落优秀传统文化魅力，加强推广好做法、好模式、好经验，通过正面宣传和引导营造保护利用古村落的良好氛围。三是将传统村落保护内容写入村规民约，与村民面对面交流，真正让传统村落保护发展的意义被村民熟知和认同，让村民积极主动参与传统村落保护。

（二）强化古村落保护人才支撑

一是健全“一对一”指导机制，充分利用省级传统村落保护和发展专家委员会专家资源，加强对“四川最美古村落”进行“一对一”联系指导，充分发挥专业优势，开展技术帮扶、项目引进，探索传统村落可持续发展模式，并有序拓展专家指导服务范围，让专家指导机制在更大范围内发挥作用。二是采用政府购买服务、合作开发等方式引进专业团队，鼓励地方采用柔性引才的方式缓解专业人才不足的制约。三是加强基层干部队伍的配置和培训，一方面是让古村落保护利用工作有人抓；另一方面是通过集中培训、考察学习等方式提高基层干部尤其是乡镇相关人员的能力，让古村落保护利用工作能够抓得好。四是挖掘利用本土技术人员和工匠，重点是挖掘传统技术工匠、文化传承人以及从古村落走出去的专业技术人才，并开展历史建筑工匠和农村工匠认定培训工作。从而，形成多层次的古村落保护利用人才梯队，为古村落保护利用提供坚实的人才支撑。

（三）夯实古村落保护基础工作

一是继续开展传统村落调查建档工作。系统研究传统村落历史脉络、空间分布、文化价值和精神内涵，特别是要将大量散落在乡村、未列入保护范围的乡土建筑纳入保护体系，逐步建立省市县三级古镇古村古民居的数据库，不断推进乡土建筑遗产统计、建档、管理的制度化。健全完善“一村一档”，积极将符合条件的村落申报为国家级和省级传统村落。二是开展传统民居挂牌保护工作。逐步建立“四川古民居保护名录”和档案数据库，对古民居实施挂牌保护。三是积极开展传统村落研究和保护规划编制。充分尊重乡村发展规律，坚持“小规模、组团式、微田园、生态化”建设理念，慎砍树、禁挖山、不填湖、少拆房，避免盲目“大拆大建”“求新求洋”，避免照抄照搬，加强传统村落外部山体水系、田园风光、森林湖泊、绿化植被等自然资源与生态环境的整体保护，全面保护古村落形态格局，维护古村落日常功能，引导和激发原住民的经济文化活力。四是持续开展“四川最美古村落”评选和培育创建工作。继续在省级以上历史文化名村和传统村落中，选择一批基础较好、保存完整、特色鲜明的镇村，不断创新传统村落发展动力，形成具有较高影响力和认知度的“四川最美古村落”品牌。

（四）调动社会力量参与

在积极争取加大政府投入力度的基础上，一方面，研究出台激励政策，引导社会团体、工商资本、金融机构以及专业队伍等积极参与古村落保护与利用。另一方面，探索创新合作机制，尤其是要在明确产权和责权利关系的基础上，以共建共享共赢为导向，通过众筹、合作开发、入股联营等多种方式形成紧密的利益联结机制，构建保护利用共同体，从而汇聚多方力量增强合力，既平衡保护与利用的利益关系，又构建当地居民与外部力量的和谐格局。在引入外部力量的过程中，要强化以农民为主体的共建共享，让农民参与其中，做到保护共行、发展共谋、建设共管、成果共享，真正让农民成为古镇古村落发展的主体和发展红利的主要受益者，不断增强农民的获得感、幸福感和安全感，激发农民群众对古村落的保护意愿和行动自觉。

（五）提升农房建设品质和村容村貌

一是加强乡土材料与传统工艺的传承创新。在传统村落保护发展中积极推广应用现代夯土技术，大力鼓励使用“竹、木、砖、瓦”等地方性乡土材料和传统结构与营造技艺。二是创新改良建造方式。加强研究形成适宜传统村落特点的规划、设计和施工方法，减少大机械、大挖大填对传统环境的破坏。三是支持依托传统开展农房建设试点工作。编制优秀乡土建筑图集和技术指引，形成一批传承乡土文化、体现地域民族风貌、适宜现代生活需要的川派民居样本。四是加强传统村落整体风貌的管控和恢复。坚持尊重乡村发展自然规律，坚持古村落原真性和整体性原则，实施旧村有机整治更新，避免拆真古董建假古董等错误做法，避免将原住民随意赶出旧村，只留下古镇古村的空壳，致使古村有其“形”，无其“神”。严格保护古村落肌理、格局和乡土建筑，将保护古镇古村与幸福美丽新村建设、产业发展有机结合，合理确定风貌协调控制区域，对建筑层高、立面、色彩等进行有效管控，推动古村落自然、社会、经济协调发展，不断改善提升农村人居环境，逐步恢复乡村农耕风貌与乡土气息，有效彰显与城市迥异的田园风光和农村生产生活特色。

B.7 四川农村环保设施建设运营市场化现状、问题及对策建议

王璐　张克俊*

摘　要： 面对农村环保设施投入和建设不足、维护和运营资金匮乏、运行效率低下等现实困境，通过模式创新将农村环保设施交给市场建设和运营，推进农村环保设施建设和运营市场化、专业化、产业化，以实现农村环境保护的可持续，是当前各地正在探寻的可行路径。本文分析了四川推进农村环保设施建设运营市场化的现状、面临的问题，有针对性地提出了相关建议。

关键词： 环境保护　农村环保设施　四川

一　农村环保设施建设运营市场化的现实需求

（一）环保设施建设需求任务量大

在历史和现实多重因素的作用下，四川产业结构偏重、产业布局不合理的状况较为突出，仍有大量高能耗、污染较大的重化工企业分布在沿江沿河地带，经济发展与环境承载力之间明显不平衡。如沱江流域以不到全省4%

* 王璐，四川省社会科学院农村发展研究所硕士研究生，主要研究方向为农业农村发展；张克俊，四川省社会科学院农村发展研究所所长、研究员，主要研究方向为农村改革发展。

的水资源量，承载了全省30%以上的GDP和25%以上的人口，不少污染物排放量较大的重化工企业分布在沿江沿河地带和人口密集区域，是四川作为长江上游生态屏障最大的环境风险带。四川生态环境脆弱，修复的成本很高，生态建设和环保的任务十分繁重。

不容忽视的是，四川农村的环境状况不容乐观，伴随着经济发展和生活水平的提高，农村产生的各种生活垃圾数量急剧增加，而农村污染缺乏有效的监督和管理，垃圾随意堆放、大多数环境污染物没有得到合理处置的问题较为突出，加之城市工业不断向农村地区转移，导致农村污染加剧。根据四川省环境容量分析报告，农村污染占整体环境污染比重已介于30%～40%，更有甚者，部分严重地区已高达70%。这说明，当前全省生态环境保护形势总体上仍然严峻，环保需求巨大。

（二）环保设施建设投资大而政府支付能力不足

农村环保设施建设是四川农村生态环境建设的重点，国家统计局官网显示，四川省政府用于环境保护的财政支出连年增加，2010年财政环境保护支出112.99亿元，到2018年财政环境保护支出达到226.9亿元，但是农村环保设施建设缺少资金仍是无法回避的难题。农村环保设施大多是政府公益性项目，不以营利为主要目的，且建设难度大、投资成本高，而政府尤其是县、乡镇级政府财政收入普遍低下，而中央和省市财政补贴又较少，导致农村相关环保设施建设资金匮乏、投入不足，在一定程度上制约了农村环保设施建设运营的可持续。目前，四川部分环保设施由于没有后续资金的投入已处于半荒废状态，成为“面子工程”。四川各级政府财力均不足，大量的环保设施建设如果仅由政府财政负担，必然陷入投入不足的困境，而引入社会资本将有助于解决这种困境。

（三）政府直接建设和运营效率低下

大量的事实证明，由政府直接投资和运营包括环保设施在内的公共产品，往往存在政府失灵的问题，会导致公共产品的运营效率低下，落实到县、乡镇级基层政府更是如此。县、乡镇级基层政府不仅是中央政策在基层的传达者，也是基层民众意见的反映者。作为上传下达的重要角色，县、乡镇级基层政府日常工作总量大，事物杂，必须监管到民众的方方面面。同时，相比于城市各职能部门，县、乡镇级基层政府缺乏后续储备人才队伍，工作人员数量不足，承受着巨大的工作压力，在少量的工作人员当中难以找到农村环保方面的专业化人才。此外，农村环保设施的建造和运营不仅对建设单位具有相当高的技术要求，对于运营负责人的选拔也具有较为严格的标准，鉴于此，若将农村环保设施的前期建设和后期管理运营都交付于基层政府单位，一方面增加了工作人员的任务量；另一方面，由政府非专业性人员管理此类农村环保设施，会导致设施发挥的作用有限，投入与产能不成正比。因此，农村环保设施的建设与运营亟须专业团队的协助。

二　农村环保设施建设运营市场化现状及模式分析

四川农村环境污染的主要来源是生活污水和生活垃圾，目前，全省建有3120套农村生活污水处理设施，形成处理能力24.5万吨/日，建设截污管网538.08公里；设市城市、县城生活垃圾无害化处理率分别为99.3%、90.7%，生活垃圾无害化处理厂（场）127座，无害化处理能力3.68万吨/日，生活垃圾转运站704个，转运能力5万吨/日；非规模化畜禽粪便综合利用与处置设施28891座。随着农村经济社会的发展和建设宜居乡村的需要，农村原有的环保设施已不能满足现状需求，仅靠政府运营设施，不仅增加了政府工作压力，而且出现了运营效率低下等问题，因此，通过引入市场化机制进行模式上的创新是一条可行的路径。据了解，四川在推进农村环保设施建设运营市场化方面已经取得了一些进展，采用最多的模式是政府和社会资本合作（以下简称“PPP”）模式。四川高度重视PPP模式推广工作，积极推进环保设施领域PPP模式创新和应用，鼓励和引导社会资本参与项目建设。2015年，四川省环境保护厅联合省财政厅向财政部、环保部上报了14个省重点PPP推广项目，这一批项目总投资高达44亿元，其中社会投资约占40

亿元。2015 年，四川省环境保护厅制定并出台了本省首个针对不同行业的 PPP 单项奖励补贴办法，并联合省财政厅建立了省级部门里首个行业性 PPP 示范项目库，同时拨付 3000 万元省级环境保护专用资金，专门用于奖励和补助本省 8 个投资金额巨大、运行程序规范、特质鲜明、示范推行效果良好的 PPP 项目，该举措充分体现了财政资金在推广 PPP 项目过程中的重要作用，且起到试点一个，带动一片的良好效果。2018 年，四川省发改委推行实施省政府重点调度 PPP 工程调度协调机制，通过上下联动等方式，形成合力，务求实效，进一步促进省内 PPP 项目建设，带动全省重点项目 PPP 工程规范有序推进。目前，四川已有两个项目入选国家 PPP 项目经典案例，分别是广安市“洁净水”行动综合治理 PPP 项目、达州市通川区双河口水库项目。下一步，四川将从操作模式、创新价值、示范意义等方面对更多典型案例进行点评和宣传，充分发挥典型案例的示范和推广作用，引导有关方面规范开展 PPP 工作，加快 PPP 模式有序发展。归纳起来，四川推进农村环保设施建设运营市场化主要有以下几种模式。

（一）BOO 模式

BOO（Building-Owning-Operation）模式是建设 - 拥有 - 经营模式的简称，政府赋予项目承包商一定的特许权，并由承包商建设和经营该项目，但是此类项目并不会移交给公共部门。该模式的优点在于不仅给政府部门节约了大量的人力、物力、财力，而且又能保证政府部门在瞬息万变的信息技术发展中始终处于领先地位，除此之外，承包商也能从此类项目的建造维护过程中取得相应的报酬。四川已经在各地试点 BOO 模式，其中光大国际在绵竹市建造生活垃圾发电以及生物质能发电项目，采用的就是这种模式。

光大国际与四川省绵竹市人民政府签署特许经营协议，根据该协议，光大国际将在绵竹市建造生活垃圾发电以及生物质能发电项目，两个项目主要建设内容为绵竹市区的生活垃圾及农林秸秆垃圾发电。其中生活垃圾发电项目设计总规模为日处理生活垃圾 600 吨，计划分两期建设，一期日处理生活垃圾300吨，总投资约1.8亿元人民币。该项目计划采用BOO模式进行建造，特许经营期限30年，烟气排放全面执行欧盟2000标准，年均提供绿色电力3250万千瓦时。同时，为促进秸秆的综合利用，该公司的生物质发电项目总投资约3.2亿元人民币，设计年处理农林秸秆总规模达30万吨，项目配置1台130t/h锅炉和1套30MW汽轮发电机组，预计每年可提供绿色电力约2亿千瓦时。

（二）BOT模式

BOT（Build-Operate-Transfer）模式是建设－经营－转让模式的简称，指基础设施的建设允许私营企业参与，并由其负责公共服务的供给。我国将这类模式叫作“特许权”，政府针对某个公共基础设施的建设与私企签订特许权协议，将该项目的前期投资融资和建设以及后期维护都交由签约的私企（涵盖外国企业）来负责和承担。特许期内，企业可以通过经营特定的公共基础设施来向用户收取一定的费用或者采用出售产品的方式还清贷款，回收投资，赚取利润。政府则拥有该类基础设施的监督权和调控权，约定的特许期满后，企业按照协议无偿或有偿地将该类基础设施移交给政府部门。四川采用BOT模式开展环保设施建设的典型案例有崇州市城市生活垃圾焚烧发电项目。

崇州市城市生活垃圾焚烧发电项目不仅是深入推进四川城乡环境综合治理工作的一大举措，也是四川省内首个县级市为践行城乡环境综合治理而实施的重大举措。该项目采用目前世界上最先进、最实用的垃圾处理技术——焚烧发电，并通过招标方式确定由中标单位海诺尔环保产业股份有限公司（以下简称“海诺尔环保”）投资建设该项目。海诺尔环保在崇州市的生活垃圾焚烧发电项目总投资4.05亿元，总规模900吨/日，一期600吨/日，均采用炉排炉全焚烧发电工艺。项目全部建成使用后，生活垃圾年处理量可达33万吨，年发电量约1亿度，相当于崇州市逾10万人的生活用电，年节约标煤6.6万吨，减少SO_2排放量960吨/年、CO_2排放量12万吨/年。所有的烟气排放量都在标准范围内，二噁英指标可达到欧盟2000的环保标准（0.1ng TEQ/Nm^3）。崇州与海诺尔环保携手合作，开发建设生活垃圾焚烧发电项目，一方面解决了崇州市生活垃圾处理问题，另一方面节约了项目运营成本和资源，尤其是在电力需求连续增长的情况下，又起到了电力补充的作用，是一件令多方受益的好事。

（三）PPP 模式

PPP（Public-Private-Partnership）模式指的是政府采用竞争性的方式为公共服务领域选择投资和运营管理能力强的社会资本，双方本着公平协商的原则签订商业合同，公共服务由社会资本提供，而公共服务的绩效评价结果则是政府向社会资本支付对价的依据。PPP 模式是公共基础设施建设的一种项目运作模式，该模式引进了大量私营企业和民营资本与政府合作，降低了项目的整体风险，有效缓解了政府部门的工作压力，促进了公共基础设施的建设。四川在环保设施建设运营上已经开始采用 PPP 模式，典型的案例有四川省广安市“洁净水”行动综合治理 PPP 项目，将风险在政府和社会资本之间实行合理分配。

四川省广安市“洁净水”行动综合治理 PPP 项目，是国家发改委公布的第二批 PPP 项目典型案例，此项目将新建 8 座城市（工业）污水处理厂，总规模 15.5 万吨/天，新建及改造乡镇污水处理站并配套管网 99 座，总规模 3.2 万吨/天，开展西溪河流域综合治理等，总投资 29.51 亿元。城镇污水处理厂（站）特许经营期限为 30 年，流域治理（配套管网工程）服务期限为 10 年。届时将广安市全区域内（1 个市辖区、2 个国家级园区、3 个县、108 个乡镇）饮用水源地保护、污水处理及资源化综合利用、小平故居洗砚池和西溪河等两条母亲河水环境治理、区域乡镇污水治理等统一打包实施，这是国内唯一全区域、跨流域水环境综合治理项目。该项目一体化运营 PPP 模式得到了中央各部委及省市领导的高度赞誉，四川省在广安市召开现场会，推广“广安模式”。

（四）模式分析

BOO 模式、BOT 模式、PPP 模式作为四川省内已经投入市场运行的三种农村环保设施建设运营模式，其优缺点各有不同。

BOO 模式下项目的所有权不再交还给政府，项目公司有权不受任何时间限制地拥有并经营该项目，由此看出 BOO 模式是政府和社会资本合作关系中，产权关系最稳定、最清晰的一种模式。但实际上，其存在的缺陷是并没有排除合同提前终止并产生移交的可能。

BOT 模式的优点在于可以发挥私营机构的能动性与创造性，提高资源配置效率；企业将项目建成后，只有在特许期内精心经营才能得到回报，因此，在此模式下，企业会努力提高项目的运作效率，有利于国内大型企业集团的培育和形成，吸引国际资本投资，但其在收益、政府信用、技术、融资方面存在一定的风险。

PPP 模式带来的收益则涵盖政府、企业、社会三方，一定程度上有利于减轻政府债务负担，减缓融资压力，促进政府职能转变；有利于降低企业参与公共领域项目的门槛，拓宽其发展空间；对于社会来说，PPP 模式可以“让专业的人做专业的事”，大幅提高了公共产品的供给效率。相较于上述两种模式来说，PPP 模式的投资、运营及回报周期偏长，在建设运营过程中容易出现利益纠纷、利益输送以及寻租行为等。

综上，在各类公共基础设施建设运营模式中，PPP 模式突破了传统的融资模式壁垒，引入多方主体参与，缓和了地方财政资金匮乏的尴尬局面，且受益面极其广泛，实现了多方共赢。国家发改委曾于 2015 年、2017 年分别向社会公布了 13 个、23 个 PPP 典型案例，PPP 模式拥有了较高的认可度和运用率，PPP 模式也成为四川省内发展最好的模式。

三　农村环保设施建设运营市场化面临的主要问题

（一）对农村环保重视程度需要进一步提高

环境治理状况受政府投入和政策导向影响显著。长期以来，在城乡二元经济影响下，大量的污染型企业不断向城郊乃至农村转移，进一步加重了农村地区的环境压力。虽然近年来随着改革开放和经济快速发展，环保政策对农村地区有了一定程度的倾斜，但环境保护整体仍存在“重城市、轻农村”现象，这无疑给农村环保工作增加了难度，也是农村环保设施薄弱的原因之一。

（二）政府补助不具有稳定性

环保项目的收费机制和盈利能力差异，不仅会对社会资本参与方式产生影响，还会影响政府对农村环保项目监督管理方式的选择。由于农村环保设施的外部性很强，如果仅仅靠使用者付费，则难以收回农村环保项目的投资和运行成本，政府补贴和贴息成为社会资本关注的重点，不可否认，政府的财政补贴和利息优惠对于环保设施投资具有积极的推动作用，但是不同环保设施投资收益存在明显差异，在市场化收益不足的情况下，需要依靠政府补贴才能确保投资方获得一定的、具有稳定性的回报，其中的关键就是如何确定政府付费的标准和依据，如果在这种问题上处理不好，必然影响环保设施建设运营的市场化进程。从这几年实施的状况来看，环保设施市场化运营的收益不稳定，政府补贴因换届选举、领导变动、财政困难等得不到落实，政府与使用者付费的比例不合理，是农村环保设施建设运营市场化面临的突出问题。

（三）农民付费机制难以建立

现阶段我国农村环境公共产品主要有两种供给模式，一种是以政府作为主导角色的“项目进村”模式，另一种是以社区作为主导角色的“一事一议”模式。在“项目进村”模式中，政府作为主要负责人，对某项目进行决策，由市场主体负责实施，由专业性单位负责审计监督；“一事一议”模式则是通过政府财政补贴等措施，鼓励农民和社区筹资筹劳并投入农村环境公共产品之中。无论采用哪种公共产品供给模式，完善的农村环境公共产品定价和收费机制都有利于提高农村环境公共产品供给效率并有效激励社会资本参与投资。但是，作为农村环保设施建成利益的直接享用者，农民更加欢迎“一事一议”模式，对“项目进村”模式的态度则比较消极，不愿对该类农村环保设施缴纳个人费用，原因在于多数农民认为环保这种外部性强的工作应该由政府负责，缺乏主体本位思想；加之农民普遍收入水平不高，对农民收取环境服务费十分困难，这在很大程度上阻碍了农村环保设施建设运营市场化进程。

（四）项目的成本收益缺乏标准化计量体系

生态环境保护大致分为水环境综合治理、生活垃圾治理、农村污水治理、海绵城市建设等不同领域，每一领域都有不同的环保设施，且环保设施建设的溢出效应非常显著，很多是难以直接用货币来衡量的。同时，不同领域环保设施的市场化程度以及带来的成本和收益也不尽相同，更重要的是成本和收益的事先精准核算难度极高，这就使得政府在制定该类项目的补助标准时很难做到科学、精准，无疑增加了政府进行评估补助的工作量。此外，针对不同环保设施的特点，政府补助分为长期补助和短期补助两种，短期补助项目的后续资金来源问题也成为政府日后工作的难点。

四　对策建议

基于四川农村环保设施建设运营市场化的需要和实践中面临的矛盾与问题，需要进一步完善相关政策，本文提出以下几点建议。

（一）加大用 PPP 模式继续推动农村环保设施建设力度

目前，四川农村环保设施建设运营主要采用 PPP 模式，这种模式的制度及运行已经比较成熟，应进一步提高运用程度。一是加强农村环保设施建设 PPP 项目入库工作。全省各地符合《四川省重点项目政府与社会资本合作（PPP）储备库管理办法》（以下简称《管理办法》）要求的 PPP 项目，截至规定日期前应纳入 PPP 项目库；符合《管理办法》要求但尚未入库的项目，要及时补充入库，同步开展规范核查。二是规范有序推进 PPP 项目，促进 PPP 模式健康发展，提高公共产品供给效率，加快补短板建设，充分发挥投资对优化供给结构的关键作用，增强经济内生增长动力。各级各地进一步完善 PPP 项目滚动规划，完善政策制度和工作机制。

（二）设立农村环保设施建设运营市场化专项资金，加大对农村生态环境的投入

四川应不断扩大公共财政的覆盖范围，建立省农村环保设施建设运营市场化专项资金，此资金应涵盖农村环保设施的前期建设、后期管理与检测等方面，并由省生态环境厅负责提出工作任务及研究制定专项资金分配建议方案，组织省级环保项目储备库建设，编制预算绩效目标，并开展日常监管和评估，指导和督促地方加快项目建设，配合财政厅做好预算绩效管理相关工作。同时，应充分发挥中央和省级农村环境治理专项资金的作用，加大涉农资金整合力度，加大农村环保设施建设和运营的投入。

（三）大力鼓励社会资本进入农村环保领域

宜居乡村建设是乡村振兴的重要内容，应结合农村人居环境整治行动，积极采用特许经营、投资补贴和政府购买服务等措施，大力吸引社会资本参与到农村环保设施建设运营中，逐渐建立一个政府、市场和社会共同参与的多样化投融资体系。进一步完善环保设施的特许经营制度和运行标准，鼓励各类社会资本通过公开竞标等方式获取环保设施项目的特许经营权，有序开展生产经营活动。建立健全以财政贴息、以奖代补、风险补偿等方式为主的财政支持体系。同时，应针对已经建设成功的环保经营性项目，积极探索国有资本退出机制，通过股权转让、合资合作等形式引入社会资本，也可采用 TOT（Transfer-Operate-Transfer）模式将此类项目转交给社会资本进行运作和管理。

（四）完善市场化费用分担与农民付费制度

现阶段，农民对优美生态环境的需求日益增长，基于此，政府应该提供

更多优质的生态产品以满足人民的需要，因此运用市场化手段和价格机制促进绿色发展迫在眉睫。推进农村生态环境保护市场化进程，完善资源环境价格机制，实现将生态环境成本纳入经济运行成本。在此情况下，应建立健全完善的环保设施建设运营市场化费用分担体系，明确政府、企业等组织各自需要承担的费用明细；进一步完善农民付费政策，农民作为农村环保设施的直接享用者，付出应付的成本，让建设运营者得到合理的收益，以此推动农村环保设施的良性运转。

（五）健全农村环境治理模式

农村环保设施可以分为两大类，一类是盈利能力和市场化程度都比较高的农村环保设施，政府在面对此类农村环保项目时，工作重点应集中在项目的服务质量和收费机制的管理监督上；而另一类则是盈利能力较弱但公益性质较强的农村环保设施，此类设施由于公益性强所以具有社会资本参与不足、政府财政补贴金额多等鲜明特征，政府应在其经费使用与管理、建造质量等方面加大监管力度。社会组织在管理过程中不仅不会过多占用政府资金，还可以替政府分担一部分工作压力，农村环境治理应引入社会组织，这对于当地的环保投入和管理非常有利和见效。同时，鼓励农户参与到维护农村环保设施等集体事务活动中，提高农户对农村环保公共产品供给的责任感，减少“搭便车”行为。

参考文献

付永胜、陈行、郭光辉：《四川省农村环境污染的现状与保护对策》，《四川环境》2009年第4期。

马颖：《农村环保设施建设的融资研究》，《湖北经济学院学报》（人文社会科学版）2009年第2期。

杜焱强：《PPP模式下中国农村环境治理的成效和问题及对策建议》，《环境与可持续发展》2019年第5期。

何寿奎:《农村环境多元共治主体行为逻辑与政策引导机制研究》,《现代经济探讨》2018 年第 8 期。

刘春霞、王芳:《农村环保公共品需求及其影响因素的统计调查》,《统计与决策》2019 年第 1 期。

鞠昌华、朱琳、朱洪标、孙勤芳:《我国农村人居环境整治配套经济政策不足与对策》,《生态经济》2015 年第 12 期。

B.8
四川农牧结合、种养循环发展的主要做法与对策

吴尚芸　甘庭宇*

摘　要： 近年来，根据习近平总书记提出的“五位一体”总体布局以及四川省美丽新村总体规划，四川省大力推进农牧结合、种养循环生态农业。本文从四川农牧结合、种养循环发展的主要模式、已取得的成效入手进行研究，分析了现阶段四川省农牧结合、种养循环发展存在的问题，并给出了提升四川农牧结合、种养循环发展水平的对策建议。

关键词： 农牧结合　种养循环　循环经济

一直以来，农业问题都是国民经济与社会发展关注的重点。传统农业由于其自身发展模式存在短板，效益低下，污染严重，长此以往将严重阻碍农业经济发展。循环农业的产生与发展为农业现代化指明了方向。党的十九大提出推进绿色发展战略，建立健全绿色低碳循环发展的经济体系，以提供更多优质生态产品满足人民日益增长的优美生态环境需要。农牧结合、种养循环作为绿色发展经济体系中的重要一环，以农业资源循环再利用、减量化生产等为原则对农业发展过程中出现的问题提出了一系列解决

* 吴尚芸，四川省社会科学院农村发展研究所硕士研究生，主要研究方向为生态经济；甘庭宇，四川省社会科学院农村发展研究所研究员，主要研究方向为乡村治理和农村发展。

对策。[①] 最近几年，四川省依照农业现代化的发展要求，坚决贯彻落实国家在农业领域颁布的各项政策法规，因地制宜探索并发展了多种循环农业模式，不仅取得了良好的经济效益，同时也实现了一定的生态效益和社会效益。

一 四川农牧结合、种养循环发展的经验总结

（一）科学制定政策和目标

近年来，党中央和国务院着眼全局，始终把“三农”工作作为全党工作的重中之重，四川省积极响应国家号召，出台了一系列强农惠农富农政策，农民收入大幅度增加，农业农村经济取得了巨大成绩。随着社会主义市场经济体系的日渐完善和成熟，农业发展的内部环境与外部环境正在发生重大转变，尤其是生态环境治理成为农村发展中急需解决的重大难题。鉴于此种发展形势，目前，必须采取有效的举措促使农业发展模式升级和优化，即由之前的粗放化经营转变为精细化管理。受此影响，发展种植业和养殖业相结合的循环农业的现实需求越来越迫切。一方面，农村生产、生活方式的改变使农业废弃物处理成为严峻挑战，四川省过去采用一家一户小规模的生产经营和分散居住方式，将农业废弃物作为肥料和燃料直接进行了消化，随着规模化种植和农民集中居住等一系列生产生活方式的改变，如何有效处理农业废弃物成为农民必须思考的现实问题；另一方面，随着经济发展水平的提高和生活质量的改善，大众对高质量农产品的需求带来了对农业生产环境和生产过程的高要求，使农业生产对有机投入物的需求增加。

针对以上现实需求，四川省委、省政府按照中央的战略部署和要求，制

① 王平、罗敏、杜强：《西南农业循环经济发展模式及其特点》，《山地农业生物学报》2012年第2期。

定了相关的政策和目标并予以落实。根据党的十九大报告中提出的乡村振兴战略的指导思想，2017 年 12 月，四川省出台了《关于加快推进畜禽养殖废弃物资源化利用的实施意见》（以下简称《意见》）。《意见》中指出，到 2020 年，要创建内容清晰的畜禽养殖废弃物资源化利用制度，基于循环利用的指导原则，对种养循环农业体系的设立与创新给予高度的重视。在实践中，坚持以绿色发展为核心，加大环境保护力度，提升资源的整合利用率，同时还要切实依托政府机构的力量，大力扶持农业领域的中小企业快速发展。另外，将规模养殖场等作为规划的重点，大力发展沼气、生物天然气等。对现有的体制机制进行改进和调整，加大科技研发力度，从而为畜禽养殖废弃物资源化科学利用提供坚实的技术支撑，使四川省在短期内成为内地的畜牧业强省。①

（二）因地制宜探索特色模式

现阶段，四川省正在着重改革农业发展结构，以提升全省的农业竞争力。在此阶段，四川省对生态文明建设尤为重视。随着相关政策的推动和科技水平的提高，四川各地根据自身自然条件和农牧业经营特点，因地制宜探索出了不同的农牧结合模式。本文将从种养循环技术机理层面介绍以生猪养殖为中心的种养循环模式和以林果种植为中心的种养循环模式这两种典型模式，从经营主体的体制机制层面结合经典案例介绍种养供需紧密结合的"1 +1"生态循环模式和以"三统三分"方式构建和运营的生态循环利用模式。

1. 以生猪养殖为中心的种养循环模式

"猪 + 沼（发酵床） + 果（菜、粮）"等种养循环模式均是以生猪养殖为中心，循环媒介一般有两大类，一是通过沼气池对饲养废弃物进行厌氧发酵产生甲烷气体，或者是转化为电力用于生活生产等；二是在集中养殖区使

① 《四川省人民政府办公厅关于加快推进畜禽养殖废弃物资源化利用的实施意见》，四川省人民政府网站，2017 年 11 月 2 日。

用发酵床，借助微生物进行发酵分解，废弃发酵床的陈腐垫料可作为有机肥。①

案例一——北川县郭牛村农场型种养循环。当地家庭农场实施的“猪—沼—果”循环农业模式在南方地区比较常见。其中主要将沼气建设作为核心，以推动生猪养殖、水果种植的有机结合，由此便可实现能源的循环再生。郭牛村家庭农场建设的沼气池共有5个，其容量在50～150立方米，起初所耗费的建设费用为44万元，每年生产的沼气量约为3万立方米，而沼气的市场售价为每立方米0.4元，如果按照煤价来计算，每年可省下的资金在1.1万元以上；每年产出的沼气液共计5200吨，若依照水肥的价格来计算，可节约的资金在2万元以上，合计起来每年可省下的资金在3万以上元。从2016年开始，饲养500头生猪，可创造的收益达10万元。郭牛村家庭农场实则是一项将三种不同的产业融合在一起的工程，结合了果园、沼气池和生猪养殖。凭借本地优良的自然条件，充分利用沼气、沼气液等，大力推动农业资源实现循环利用。这种方式在降低环境污染的同时还有效提升了农产品的产量，增加了当地农民的经济收入。②

案例二——荣县望佳镇产业园区型种养生态循环。荣县望佳镇大力开发生物质天然气，着力打造产业园区型循环经济模式。生猪存栏量达20万头的养殖场配套建设每天生产的生物天然气资源为1万立方米。园区内每天产出的沼气渣大约在65吨，多用于农产品施肥；所生产的沼气液为600吨，多用于蔬菜种植区域等的灌溉，在沼气液过剩的情况下则会将其输送至县城内的其他地区；产出的天然气资源不仅可以作为居民的生活用气，而且可以供交通工具使用，或者是用来发电。这些对循环农业体系的构建产生了积极的作用。

以生猪养殖为核心的种养循环模式，借助沼气池等循环媒介降低了污染

---

① 郭晓鸣、廖祖君、张鸣鸣：《现代农业循环经济发展的基本态势及对策建议》，《农业经济问题》2011年第12期。

② 刘昕禹、杨锦秀：《四川省水果产业的循环模式及现状分析》，《安徽农业科学》2019年第9期。

物的排放量，并且大大减少了农村对传统能源的使用量，在一定程度上拉动了清洁能源产业的发展。而其所产生的有机肥则替代了化肥，从源头上确保了产品的绿色、安全和无污染，明显地提升了牲畜的抗病能力。除此以外，还有效地节约了农业的经营成本，使农民的生活质量与之前相比得到了显著的改善。与传统作物相比，利用沼气液作肥料生产经济作物的效益更为可观。所以，在农业产业结构优化等方面，以生猪养殖为导向的农业循环经济具有更明显的优势。[①]

2. 以林果种植为中心的种养循环模式

“林果种植＋小家禽养殖”“林果种植＋林下套种牧草＋牲畜养殖＋沼气＋有机肥种植林果”等模式均是以林果种植为中心的种养循环模式。“林果种植＋小家禽养殖”是一种相对简单的循环模式，这种模式是充分借助林下空间或资源来大量饲养家禽。而家禽的粪便则作为有机肥料，为林木和果树的繁育提供了重要的养分。比如，四川省丹棱县“林－果－鸡”种养循环模式，即将土鸡养殖业与果林种植业充分衔接起来，体现了绿色循环生产的理念。丹棱县从外地引入了大量的鸡苗，通过为其搭建配套的基础设施，在遵循家禽安全喂养的原则下使用了国际领先的育雏技术，在短短的两个月内，鸡苗便可投放于果林中喂养，而果林中有很多的虫类动物以及植物的草籽等，在这里放养鸡苗可快速地补充土鸡所需的营养物质。从整体上看，一方面可使养殖的费用大大缩减，使管理的难度明显降低；另一方面还可以最大限度地提升鸡肉的质量，降低有害物质的残留量。

相比较来看，“林果种植＋林下套种牧草＋牲畜养殖＋沼气＋有机肥种植林果”模式则较为复杂。这种模式主要是利用林下的空间来种植农作物和放养畜禽。畜禽的食物以林下的虫草为主，畜禽的粪便在经过无害化处理后直接作为果林的肥料，产出的沼气则作为生活用气等，由此构成了综合性的循环种养模式。一方面减少了土地资源的浪费，另一方面则充分保证了农

---

① 郭晓鸣、廖祖君、张鸣鸣：《现代农业循环经济发展的基本态势及对策建议》，《农业经济问题》2011年第12期。

产品源头供给的绿色化，在获得巨大生态效益的同时，增加了农民的收入。以四川省大邑县韩场镇耘丰葡萄园复合循环模式为例，该县主要是利用葡萄藤下的空间来放养家禽，或者是套种一些农作物，以产出的粮食作为养牛的饲料，通过畜禽粪便发酵技术生成有机肥，以此为葡萄苗的生长提供充足的养料。此类复合循环模式不仅培育了本地的良种——黄牛，还增加了外地肉牛品种的养殖数量。畜禽粪便作为有机肥的重要来源，还可为本地居民提供源源不断的能源，推动了现代农业循环经济产业机制的形成与发展。耘丰葡萄园所搭建的沼气池容量为1.3万立方米，每300头牛的粪便可为30多公顷的葡萄园提供养料，除了使产业园区内的能源需求得到了较大程度的满足之外，还为周边200多户农民解决了生活用气的问题。园区内所喂养的家禽数量在6000只以上，养殖的规模接近200公顷，每年可实现的利润超千万元。①

以林果种植为中心的种养循环模式，大大提高了资源的整合利用率。在推动林果产品达到绿色生产标准的同时，可在较大程度上提升农民的经济收入。但是，一般形式的以林果种植为中心的种养循环模式还存在很多问题，比如产品种类少、不便于管理等，同时，“林果种植+林下套种牧草+牲畜养殖+沼气+有机肥种植林果”的种养循环模式也需较高的资金投入。

3. 种养供需紧密结合的“1+1”生态循环模式

“1+1”生态循环模式是指一个畜禽养殖场配套一个种植园的种养结合模式，该模式是对以生猪养殖为中心的种养循环模式的升级。在该模式下，一个畜禽养殖场和一个种植园相匹配，养殖场产生的粪便等废弃物经过干湿分离直接作用于与之相对应的种植园。这一模式以“一对一”的方式更加高效地将种养业相结合，精准地化解了以往种养循环模式中养殖业想排无处排、种植业想用用不上的窘境，不仅使畜禽养殖造成的环境污染得到了有效控制，而且还确保了农业种植中肥料的持续供应，更重要的是使农民获得了

---

① 刘昕禹、杨锦秀：《四川省水果产业的循环模式及现状分析》，《安徽农业科学》2019年第9期。

可观的收益。

眉山市洪雅县是四川省奶牛养殖业大县，该县现有奶牛存栏 3 万余头，生猪常年存栏 21 万头，茶叶在地面积 28 万亩。多年来，洪雅县始终秉持“既要绿水青山，又要金山银山”理念，以生态文明建设为引领，因地制宜、积极探索、勇于创新，着力推进种植业和养殖业互为利用、互为补充、互动发展，走出了一条农业循环经济发展新路子。该县着重实施的是“1 +1”生态循环模式，即一个畜禽养殖场与一片种植园配合在一起，基本实现畜牧业区域布局与资源环境承载力相匹配。在洪雅县中保镇种养循环现代农业产业园区内，每隔 50 米便设有一个有机肥沼液输送管道接口，以全密闭、全运行的方式从牧场直接送到田间地头，农民可以随时取用，真正实现“以种定养，以养促种”。目前，全镇种养循环农业每年可消纳沼液 12 万吨，种养循环园区基本实现了化肥零施用，每亩农田可直接节约化肥和劳动力成本 280 元，而沼液、有机肥的使用，还改善了耕地肥力，提高了农产品产量和品质，每亩还能增收 300 元左右。[①] 洪雅县通过创新种养循环模式成为全省种养循环经济发展典范，同时也为全国农业循环经济发展找到了一个好方法，先后被评为“四川省现代畜牧业重点县”等。

4. 以“三统三分”方式构建和运营的生态循环利用模式

“三统三分”分别指“统一规划、分户改造”“统一建设、分户使用”“统一管理、分摊投入”，是绵阳市梓潼县许州镇因地制宜探索出的“厕（人/畜）—沼—果”生态循环利用模式。绵阳市梓潼县许州镇有农业人口 2 万人，总耕地面积 2. 26 万亩，林地面积 2. 6 万亩。近年来，许州镇党委、政府深入贯彻落实中央、省、市、县会议精神和安排部署，紧扣“绿水青山就是金山银山”理念，按照生态循环发展思路，把农村“厕所革命”及粪污治理作为农村人居环境整治的重要抓手，围绕“川北柚乡，魅力许州”发展目标，不断优化产业结构、创新服务管理机制。

根据“三统三分”的方式，一是利用规划编制做好政策支持，许州镇

① 苏文保：《洪雅县：种养循环促农业绿色发展》，《四川科技报》2018 年 9 月 14 日。

编制了《梓潼县天宝蜜柚生态循环现代农业园区建设规划》等为相关产业发展制定标准；根据不同家庭经济状况、农户实际的需求和要求等分类改造户厕。二是统一建成集蜜柚种植、生猪养殖于一体的“三沼”现代循环农业示范园，分类利用“三沼”资源。三是建立“合作社—果农”“政府—农户—服务站”的长效合作机制，实现多方互通共赢，逐步扩大“三沼”综合利用示范园区覆盖范围。

通过以“三统三分”方式构建和运营的“厕（人/畜）—沼—果”生态循环利用模式，梓潼县许州镇新（改）建无害化户厕1297户，改造农村公厕10座，破解了人畜粪便处理难题，确保了蜜柚基地的产品品质优良、价格稳定，减少了果农的种植成本，实现了经济、生态效益双丰收，先后被评为“全国美丽新村示范镇”等。

二　四川农牧结合、种养循环发展取得的成效

（一）经济效益

一是可以节约资源，减少农业生产成本。种植业施用有机肥可减少化肥的使用量，而有些农作物可直接作为养殖业的天然饲料，这些都可降低生产成本。例如，作为联系畜牧业和种植业的纽带，沼气在农村经济发展中具有较大的利用价值。结合专家的分析与评估可知，一口容量为8立方米的产用沼气池每年可产出的沼气总量达450立方米，折合节约标准煤700斤，或节约薪柴超过3400斤。若按每立方米薪柴为1500斤来算，可省下的薪柴约2.3立方米。[①] 截至2018年末，四川农村户用沼气保有量位居全国第一。泸州市纳溪区上马镇八角仓村自2000亩果树和藤椒采用沼气灌溉后，一年全村果树和藤椒仅化肥钱就可以减少60万元。[②] 绵阳在全市范围发展种养生态循

① 任宪奎：《四川“沼气革命”助力生态文明建设》，《经济参考报》2017年12月27日。

② 蒋小松、何志平、陈天宝、张红：《推进四川农村环境保护与污染治理的对策建议》，《决策咨询》2018年第1期。

环农业，通过畜禽粪污循环利用降低养殖成本10%以上。

二是可以最大限度地实现变废为宝，提高农产品产量和质量。畜牧业的废弃物可以直接作为有机肥，从而为农作物提供养料。由于有机肥在进入植物细胞后不用借助光合作用便能产出有机酸等物质，这样，农产品就会产量高、质量好。例如，在循环农业系统中，沼气将养殖业、种植业衔接在一起。四川省通过对畜禽粪便等资源进行循环利用，每年可生产的沼气渣等废弃物达到了7500万吨，这可为2500万亩的农田解决肥料供应问题。以眉山市丹棱县为例，该县种植的“不知火”橘橙超过了24万亩，每年橘橙的产出量在30万吨以上。通过大力推行种养循环模式，为橘橙种植的肥料供应提供了充足的保障。据统计，该县对畜禽粪污的利用率超过了80%。使用发酵技术处理粪污，每年用其来灌溉的果树产量提高30%，果品价格提高至2倍以上。[①]

三是促进农村生态产业的发展。利用畜粪、秸秆等农业废弃物制作生物有机肥，以此作为种植业的重要肥料供应源头，为循环农业产业结构的完善和优化创造了有利条件。农户在种养结合的过程中，可充分结合农场的发展特点与实际情况，科学地挑选出优质的农作物或牲畜。与此同时，还要在精细化管理上花费更多的时间与精力，以促使其实现规模化、标准化生产，这样便可在农产品市场上占有较大的竞争优势。在推行种养结合这种模式时，能够科学地分配劳动力资源，相比之前来看，极大地提升了劳动生产效率。以资阳市为例，该地区充分开发并利用自身养殖场的猪粪，借助发酵技术制作成天然有机肥，目前，该地区所生产的产品销往全国各大省份，发展前景十分可观。[②]

四是可以提升农民的收入水平，改善其整体的生活质量。农场实施的是一种种养相融合的农业循环经济体系，在增加产量的同时，降低了对人

① 欧志国：《丹棱全域推进种养循环 助推畜牧业可持续发展》，《四川畜牧兽医》2018年第7期。

② 谭伟、古维刚：《资阳市生态循环农业发展现状及改进措施》，《四川畜牧兽医》2017年第5期。

力、资金等生产要素的需求，更重要的是改变了资源被严重浪费的局面，为农产品的生产与创新提供了有利条件。伴随着种养模式的广泛运用，最后必定会出现一种全新的农业生产体系，所以，要想切实地提升农业企业的综合管理能力，则必须通过各种办法扩大农业生产规模，以此来实现规模效益。

（二）生态效益

农牧结合、种养循环的发展促进了生态效益的提高，可有效减少养殖业对环境的污染。一般情况下，养殖业会存在无法有效处理或利用动物粪污等问题。而种养结合的模式可凭借先进的技术对动物粪便进行深度加工，使其生成无害化的天然肥料。这样一方面能够使养殖业对生态环境的破坏程度降至最低，另一方面还能够更好地保护水资源，对作物的繁育颇有益处。自国家大力实施精准扶贫以来，四川就建设了一批又一批的沼气能源站，为本地近 5 万人解决了能源供应问题；随着沼气工程建设项目的逐步完工，农村地区的生活排污情况得到了明显好转。结合专家的分析可知，沼气的用途较多，而最为常见的则是净化环境。与使用燃气相比，使用沼气可使室内 CO、CO_2 的浓度分别降低 80%、60%。除此之外，还可使饮用水中的细菌数量大大减少，对于水资源质量的提升效果非常明显。因为是厌氧发酵，人畜粪便等废弃物会在封闭的环境中进行发酵，没有空气的进入，一些影响人体健康的物质会被完全杀死，如细菌、寄生虫等，这就从源头上杜绝了疾病的滋生。现阶段，四川省使用沼气的用户长期维持在 600 万户以上，沼气池的总容积超过 170 万立方米，每年对畜禽粪便的处理量在 5000 万吨左右，为农村环境的改善做出了巨大的贡献，还为生态农业的发展奠定了重要的基础。从长远发展的角度来看，该种运作模式具有广阔的发展前景，值得四川省外的其他地区借鉴。

（三）社会效益

一是可以改善农村人居环境。通过加大对沼气的利用来提升农民群体的居住质量。最近几年，四川有很多地区兴建沼气池，还构建了完善的配套设施，从整体上看，不仅减少了对柴薪的使用，保护了森林资源，还改善了农村的生活环境。在凉山彝族自治州，只要是修建了沼气池的乡村，均改变了往日厕所污水横流的现象。

二是有助于生产技术水平的提高。农牧结合、种养循环的发展对相关科技和生产技术水平提出了更高的要求。欲使种植业、养殖业紧密结合，需要打通种植业和养殖业衔接的渠道（如畜禽粪便的处理、沼气池的建设和利用、提高种养业循环效率的科学技术等）和因地制宜地探索适合本区域的最佳种养结合生态模式，农牧结合、种养循环的发展为相关生产技术水平的提高提供了内在动力。以资中县为例，资中县立足“资中血橙”“内江黑猪”发展农业循环经济，与浙江大学、四川省农业科学院、四川农业大学等高等学校和科研机构合作，采取柔性流动方式，构建了“技术研发—中试转化—成果孵化—技术推广”的完整技术链，[①] 促进了当地种养业生产技术水平的提高，并在较大程度上提升了本地特色资源的整合利用率，为现代化农业的发展提供了重要的指导。

三　四川农牧结合、种养循环发展存在的问题

（一）种养业脱节的问题没有得到根本改变

现阶段，四川省种植业和养殖业在发展的过程中没有从根本上重视生态环境效益，只是单纯地追求经济效益的提升，而且种养衔接不充分的问题也十分严重。在某些地区，畜禽粪污并未完全高效地作为种植业的有机肥来使用，导致农产品的质量低劣、产能不高、农民的利润空间小。与此同时，由于废弃物资源化利用技术落后，部分农业发展地区环境污染严重，而养殖业

① 郭耀辉、高文波、胡旭、刘强：《资中立足“资中血橙”“内江黑猪”发展农业循环经济》，《四川农业科技》2019 年第 8 期。

的污染治理却需投入较高的成本。除此以外，养殖业布局不科学，在实际经营中经常会出现选址随意变动的情况，养殖户没有从根本上认识到污染治理的重要性，只是重视产出效益，忽视了治污配套设施的创建与完善；养殖业尚未将自身的优势凸显出来，品牌影响力较小，整体的管理水平还处于较低的层次，有些创新技术未能与种植业实现良好衔接。

以四川省广安市武胜县为例，种养脱节导致的畜禽粪便污染是当地经济未能充分发展的主要原因之一。过去县内传统的农业经济以循环生产为主要特色，通过将畜禽粪便作为农作物的有机肥，以此构建出良好的生态系统。但是，随着人们生活质量的不断改善，畜禽产品的供应日渐紧张，在此种情况下，当地的大型养殖户先后涌现，畜禽粪便量相比之前明显增加，但是土地的承载能力却接近极限。由于种植业和养殖业之间没有实现充分的对接，环境污染的程度日渐加重，除此之外，因化肥的使用量持续递增，有机肥的利用率大大降低。

（二）部门和行业间协作存在掣肘

当前，在社会经济发展的新形势下，农牧循环、种养结合成为一种新的农业发展模式。从某种程度上来说，该体系是否能够在实践中得到科学的应用，将会在较大程度上影响乡村经济的振兴。对此，需要政府相关部门加大政策的扶持力度。建设专业的养殖场，能够使农户获得相应的利润，但是，目前很多耗费大量资金修建的养殖场地却没有安排专人负责管理，甚至有些场地长期被闲置，这会使该领域的发展严重受限。据实地调查，规模养殖粪肥收集等方面所耗费的成本在整个养殖场的资金投入中所占的比重超过了30%，为利用土地所需的土地整理费用等更是耗资严重，所以，仅依靠企业自身的资本进行运作几乎是不现实的。现阶段，针对养殖粪污无害化处理，国家还尚未设置专项资金账户，财政的扶持力度较弱。以现代化农业生态发展模式为参照，四川省在服务机制构建方面还有很多地方需要改进。

在欧美等发达国家，对于畜禽养殖废弃物资源化利用，政府一般会加大扶持力度。而综观中国的发展特点与实际情况，粪源有机肥被政府纳入化工产品的范畴，导致企业承担着较重的环保负担，并且致使关联性产业在发展中面临诸多阻力。现阶段，我国已经对畜牧大县的粪污资源化利用给予了高度重视，但是，整个项目还没有覆盖到较大区域，所取得的效果也并不显著。以四川省实际情况来看，畜牧大县的经济条件一般比较落后，所以在粪污处理利用上存在较大的资金和技术需求；要想实现种植业和畜牧业的循环发展，最为重要的是要有先进的设施设备作为基础辅助。而现阶段的鉴定体系尚不成熟，导致一些企业所生产的产品未达到补贴标准；畜禽养殖为本地财政创造的收入整体不高，且存在严重的污染问题，所以，一些地方政府对该产业存在打压行为。

（三）科技支撑能力不足

现阶段，在全国范围内创建的种养结合的循环利用机制存在诸多缺陷与弊端，与西方国家成熟的运行模式相比还存在显著的差异性。四川省循环园区在最近几年才发展起来，不仅整体的运作水平低、规模效应不明显，而且相关的制度实施还处于初级阶段，农业技术方面一直存在较大的人才缺口。目前，全省还未在真正意义上构建起养殖废弃物综合利用机制，并且未达到资源的充分利用和市场效益的完全实现。

例如，与本地的生产状况相比，农业废弃物处理能力还明显不足。我国已经针对畜禽粪污的处理拟定了相关的技术指标：达到特定规模的养殖场需充分考虑畜禽排泄所带来的环境污染问题，从而在结合自身实际状况的基础上购买相关的粪污处理设备，或者是搭建完善、先进的处理设施，如发酵处理设施、沼气制取设备等。从目前情况来看，四川省仅依赖自身所掌握的粪污处理技术并不能完全解决养殖中存在的生态污染问题。以绵阳市为例，从秸秆资源化利用这一层面进行分析发现，该地每年产生的秸秆量接近 370 万吨，如果将其全部加工为饲料，可节约粮食 55 万吨；如果全市将秸秆作为燃料，那么可节省约 190 万吨煤。依照该种计算方法，此地的秸秆资源可释放的价值在 10 亿元以上。但是目前绵阳市农业企业的经营管理水平大多处于较低的层次，尤其是秸秆的利用依旧使用的是传统技术，致使资源化利用率不高，其潜在经济效益未能完全实现。[①]

四　提升四川农牧结合、种养循环发展水平的对策建议

（一）加强系统规划，强化具体落实

种植业与畜牧业之间的各种要素相互依赖、相互制约，因而要科学配置，这是生态循环农业发展的前提。按照党的十九大精神，各地将实施新时期乡村振兴规划，各级政府应将推进种养深度结合的生态循环农业作为重要内容纳入其中，统筹区域种养业的规划布局，将养殖业有机融入周边的种植业，整体推进，促进生态循环农业系统走向完善化。

加强种养业协调发展有两条最基本的途径。一是积极创建循环经济产业体系。通过构建并延伸产业链条，使畜牧业、种植业等产业实现有效结合，由此形成综合型的农业循环经济运行机制，推动多个产业形态保持协调发展；全力推动复合型循环经济产业机制的构建与完善，使农产品由初级加工向深度加工转变，推动农业、制造业与服务业协同发展。二是改善农民的生活质量，针对农业生产中产生的废弃物进行循环再利用，最大限度地提升资源的利用效率。三是加大种植业和养殖业的联动，实现农业综合效益提升。[②]

同时，可以结合土地的产出效率，分县域来分析种养平衡的影响因素，以此将种养规模控制在合理的范畴。坚决贯彻落实科学发展观，在确保当地生态环境效益的前提下合理扩大发展规模。对于在种植或养殖过程中产生的废弃物，以就近原则进行科学处理；对于家禽产生的粪便，既可将其作为农作物的有机肥源，又可将其直接投入田间进行再利用，以此来加快种植业和

① 朱琳敏：《绵阳市生态循环农业发展困境与对策研究》，硕士学位论文，西南科技大学，2018。

② 周柳：《四川省农业循环经济实证评价与障碍因素分析》，《山西农业科学》2016 年第 9 期。

畜牧业的循环发展。在养殖场的配套化设施建设中，必须对家禽粪便的处理设施建设给予高度重视。在种养密度大的区域需要充分结合本地的农业发展条件，有针对性地构建集中处理中心，以形成种养和加工有效结合的综合化农业循环经济模式。

（二）加强部门协调机制，发挥财政政策导向和激励作用

第一，针对本区域内的畜禽养殖废弃物资源化利用，地方政府要给予大力的支持和鼓励，在深入调查和了解本地农业实际发展状况的基础上，针对不同部门进行具体分工。同时还要采取有效的举措对工作机制予以完善和优化，为本县域内畜禽养殖废弃物资源化利用工作的有序开展提供重要的指导依据。除此以外，还应大力推行“菜篮子”市长负责制，有效协调畜禽产品供应和畜禽污染治理之间的关联性，为种植业和畜牧业的充分结合创造更多的有利条件。

第二，尽快制定农业税收、融资等方面的方针政策，鼓励政府对畜禽废弃物综合利用这一领域加大投资支持的力度。将畜牧业的生产方式改革作为切入点，提高对畜禽粪污的利用效率，确保畜牧业的生产与发展能够摆脱环境资源的束缚。针对农机具的购置，地方政府要加大财政补贴的力度，尽可能减轻农民的经济负担。积极贯彻国家颁布的农业税收政策，探索制定鼓励生物天然气或沼气产业发展的税收优惠政策。科学引导规模化养殖经济的发展，通过与第三方企业建立良好的合作关系提高对畜禽粪便污染物的处理效率，满足种植业对有机肥的需求。此外，还应重点设立和扶持本地农业投资基金组织，创新粪污资源化利用技术。

（三）重视科学技术的支撑效应，推动相关技术的转化和应用

第一，针对不同类型的规模养殖予以全方位、深层次的研究，对养殖企业的粪便处理技术进行科学的指导。关于有机肥的使用则鼓励企业、相关学者等建立对应的研究机制，通过合理的举措来完善畜禽粪污还田利用系统，集中一切有利资源为有机肥产业的形成与扩大注入充足的动力。对于农业相

关部门设计的畜禽粪污资源化利用模式，在地区条件符合相关规定的情况下可进行大范围的推广，并且还要对生产工艺予以细化。针对粪污处理模式的运行成效构建与之相匹配的评价机制，先在部分地区建立示范基地，然后再逐渐将此技术推广至整个省区。

第二，结合农业废弃物资源化利用技术的特点及其实际应用状况，挑选或创建与地区条件相符的技术体系。以种养循环技术为核心，在充分依托现有技术条件的情况下，加大开发现代种养技术的力度，以此来摆脱循环技术前后衔接不到位的限制，真正促使农业废弃物资源化利用朝着标准化、产业化的方向演变；有效弥补种养结合系统中关于废弃物资源化利用的技术缺陷，如废弃物基质化利用技术等；打破多元化的养殖结构与种养相结合的生态模式的发展瓶颈，在种养系统中，提高资金、技术和人力等生产要素的投入占比，以此来降低环境污染，确保生态效益与经济效益达到最佳。①

第三，积极开展技术创新集成，大力开发支撑种养结合的现代化技术体系。针对种植品种以及生产季节性特点，综合考虑农作物对氮、磷的需求量，粪便中氮、磷供应量，确定施肥技术方案。深入开展沼气工程工艺优化提质增效、“三沼”产品深加工等农业废弃物资源化利用技术创新集成与应用，实现“资源环境生态友好、农牧循环发展、废弃物综合循环利用”的目标。

参考文献

王平、罗敏、杜强：《西南农业循环经济发展模式及其特点》，《山地农业生物学报》2012 年第 2 期。

《四川省人民政府办公厅关于加快推进畜禽养殖废弃物资源化利用的实施意见》，四川省人民政府网站，2017 年 11 月 2 日。

---

① 赵立欣、孟海波、沈玉君、丁京涛、张曦：《中国北方平原地区种养循环农业现状调研与发展分析》，《农业工程学报》2017 年第 18 期。

郭晓鸣、廖祖君、张鸣鸣：《现代农业循环经济发展的基本态势及对策建议》，《农业经济问题》2011 年第 12 期。

刘昕禹、杨锦秀：《四川省水果产业的循环模式及现状分析》，《安徽农业科学》2019 年第 9 期。

苏文保：《洪雅县：种养循环促农业绿色发展》，《四川科技报》2018 年 9 月 14 日。

任宪奎：《四川“沼气革命”助力生态文明建设》，《经济参考报》2017 年 12 月 27 日。

蒋小松、何志平、陈天宝、张红：《推进四川农村环境保护与污染治理的对策建议》，《决策咨询》2018 年第 1 期。

欧志国：《丹棱全域推进种养循环 助推畜牧业可持续发展》，《四川畜牧兽医》2018 年第 7 期。

谭伟、古维刚：《资阳市生态循环农业发展现状及改进措施》，《四川畜牧兽医》2017 年第 5 期。

郭耀辉、高文波、胡旭、刘强：《资中立足“资中血橙”“内江黑猪”发展农业循环经济》，《四川农业科技》2019 年第 8 期。

朱琳敏：《绵阳市生态循环农业发展困境与对策研究》，硕士学位论文，西南科技大学，2018。

周柳：《四川省农业循环经济实证评价与障碍因素分析》，《山西农业科学》2016 年第 9 期。

赵立欣、孟海波、沈玉君、丁京涛、张曦：《中国北方平原地区种养循环农业现状调研与发展分析》，《农业工程学报》2017 年第 18 期。

B.9

四川村容村貌提升的现状、问题与建议

钟祖俊　陈明红*

摘　要： 四川是农业大省，村容村貌的提升不仅与农民的生活质量紧密相关，更关系到四川省“美丽四川·宜居乡村”的建设。本文通过对四川省村容村貌提升的背景和现状进行研究，分析了四川省村容村貌提升过程中的工作重点和主要做法，并总结了经验。

关键词： 村容村貌　道路硬化　美丽家园

一　村容村貌提升的背景

近年来，随着美丽中国概念的提出和乡村振兴战略的不断推进，提升村容村貌逐渐成为很多地方的工作重点。四川省紧紧围绕《“美丽四川·宜居乡村”推进方案（2018～2020年）》，积极推动村容村貌提升工作。

2012年11月，党的十八大提出，把生态文明建设放在突出地位，融入经济建设、政治建设、文化建设、社会建设各方面和全过程，努力建设美丽中国，实现中华民族永续发展。① 这是“美丽中国”首次作为执政理念提出。2018年初，《中共中央国务院关于实施乡村振兴战略的意见》发布并指出，农村基础设施和民生领域欠账较多，农村环境和生态问题比较突出，乡村发展整体水平亟

* 钟祖俊，四川省社会科学院农村发展研究所硕士研究生，主要研究方向为农村经济；陈明红，四川省社会科学院农村发展研究所副研究员，主要研究方向为农村经济。

① 《把生态文明建设放在突出地位》，人民网，2017年7月26日。

待提升。[1] 同年2月，中共中央办公厅、国务院办公厅印发《农村人居环境整治三年行动方案》，提出“以建设美丽宜居村庄为导向，以农村垃圾、污水治理和村容村貌提升为主攻方向”。

2018年11月，四川省委办公厅、四川省政府办公厅印发了《“美丽四川·宜居乡村”推进方案（2018~2020年）》（以下简称《方案》），提出实施村容村貌提升“六化”（即家园美化、道路硬化、村庄绿化、照明亮化、环境净化、保护利用乡土文化）工程。此外，《方案》提出村容村貌提升目标任务，“到2020年，农村山水林田湖草系统治理和农业农村环境突出问题治理取得阶段性成效，农村人居环境明显改善，村庄干净整洁有序，村容村貌大幅提升，村民卫生习惯与健康意识普遍增强，环境管护长效机制初步建立，农业废弃物基本实现资源化利用，村内库塘渠水质功能性达标，历史文化村落、少数民族特色村寨、古民居得到有效保护，基础设施和公共服务短板基本消除，美丽经济蓬勃发展”。[2] 争取到2020年，通过村容村貌提升工作使全省90%以上行政村的生活垃圾、50%以上行政村的生活污水能够得到有效处理，全省的卫生厕所的普及率能够在85%以上，农村自来水普及率要在75%以上，全省建成2.5万个“美丽四川·宜居乡村”达标村。

二　四川村容村貌的现状

2018年四川省常住人口超过8300万，有4.7万个行政村，是全国拥有行政村数量最多的省份之一。[3] 人口基数大、农村居民多给四川省推进村容村貌提升工作带来了一定困难。

① 《中共中央国务院关于实施乡村振兴战略的意见》，新华网，2018年2月4日。

② 《“美丽四川·宜居乡村”推进方案（2018~2020年）》，四川省人民政府网站，2018年11月16日。

③ 《我省实现行政村“村村通光纤”力争明年行政村全部通4G》，四川省人民政府网站，2019年12月31日。

（一）乡村居住分散，村容村貌差异较大

四川既有富饶的成都平原、广袤的丘陵地区，同时也有相对贫瘠的盆周山区和环境恶劣的高原藏区。由于地形地貌、气候条件、经济发展水平等各不相同，四川省各村庄村容村貌也有较大差异，散居、分布广、面积大是四川省村落所呈现的比较明显的特征。

（二）基础设施整体比较落后

近年来，四川省农村基础设施条件得到了比较明显的改善，但是由于基础条件较差、历史欠账较多，全省还有 32 个乡镇 452 个村未通硬化路，还有 12.45 万贫困群众未彻底解决饮水安全问题。[①] 随着农村公路建设步伐的加快，农村公路建设、管理、养护任务日益艰巨，农村公路的责任主体不够明确，建设、管理和养护的体制机制不够健全，由于法规依据不明确，村道管理处于被动局面、管理难以有效实施等问题普遍存在。四川农村公路也存在村道数量多、分布广、线路长等问题。同时，在村道上违法堆物、违法建房、人为破坏、超限运输等现象也时有发生。

（三）村民健康卫生意识有待提高

目前，四川省仍有约 730 万农户使用普通旱厕，还有约 40 万农户没有厕所，而且有的厕所与牲畜圈舍建在一起，一到夏天便苍蝇乱飞、臭气熏天。厕所虽小，但直接关系农民群众生活品质，在某种程度上已成为衡量农村文明进步程度的重要标尺。此外，在四川农村地区，部分村民仍习惯将生活污水就近排至房屋周边，尚未习惯将生活垃圾投放至指定地点进行分类处理，村民健康卫生意识有待提高。

对于上述现状和问题，四川省部分地区坚持以“村庄清洁助力乡村振兴”为主题，以省级农村人居环境试点整治区县为抓手，聚焦影响农村村

① 《关于打赢脱贫攻坚战三年行动的实施意见（摘要）》，人民网，2018 年 10 月 29 日。

容村貌的突出问题，广泛宣传，积极动员广大农民群众，集中力量，集中整治，大力开展“四清三改两提升”村庄清洁行动（即清理农村生活垃圾、清洁农村沟渠水体、清理畜禽养殖粪污等农业废弃物、清理农村违法违规占地，改造农村户用厕所和公厕、改变农村交通干道沿线乱象、改变影响农村人居环境的不良习惯，提升乡村规划建设管理水平、提升村容村貌建设）。通过这些整治工作，着力解决村庄环境“脏乱差”问题，切实改善村庄人居环境。

三　四川实施村容村貌提升的工作重点

2018 年 11 月，四川省委办公厅、四川省政府办公厅印发了《“美丽四川·宜居乡村”推进方案（2018～2020 年）》，提出实施村容村貌提升“六化”工程。主要内容如下。

（1）逐步推进家园美化。在全省的村容村貌提升过程中要重点突出川西林盘、彝家新寨、藏区新居、巴山新居、乌蒙新村等不同区域的乡土特色和民族地域特点，优化一些比较传统的村落布局，在加大对乡村建筑风貌管控力度的基础上，进一步挖掘乡村建设特色，通过这样的方式来提升农村建筑和庭院的外观设计水平和环境品质，高质量展现比较鲜明的、具有四川特色的美丽乡村风貌。

（2）加快实施道路硬化。道路硬化是偏远农村开展基础设施建设的难点，“要想富，先修路”不应该只停留在口头上，而是要拿出实际行动来加快实施道路硬化。因地制宜确定建设标准，根据地形地貌、经济发展水平的差异，不同地区要采取不同的方式，传统村落在实施村内道路硬化工程时宜采用石板、青砖、碎石等传统材料。要大力改善村内村外的交通出行条件，基本上解决四川农村地区道路泥泞、村民出行不便等问题。

（3）大力开展村庄绿化。在充分利用房前屋后、河塘沟渠、道路两侧闲置土地搞绿化的基础上，还应该积极开展各类植树造林、古树名木保护、湿地恢复工作，乡村绿化需要和庭院经济、经济林果相结合，以提高村民开展村庄绿化的积极性，最终达到村内村外绿树成荫、前庭后院瓜果飘香的绿化效果。

（4）分批实施照明亮化。村容村貌提升需要大力推进农村公共空间和道路照明亮化，进一步推广使用节能灯具和新能源照明，加大设备设施的管护力度，保证乡村路灯正常使用。

（5）集中开展环境净化。农村环境净化需要大力整治农村公共空间和庭院环境，对于一些村庄存在的私搭乱建、乱堆乱放和电气线路私拉乱接的行为，需要在进行集中清理的同时加紧村容村貌宣传，要积极引导村民整齐堆放生产工具、生活用品和农用物资等，实现庭院内外整洁有序、室内卫生舒适。

（6）保护利用乡土文化。四川省不断加大对传统乡土文化的保护力度，对于一些古镇、古村落和古民居进行针对性保护与合理利用，并在全省范围内优中选优，通过评比等多种宣传方式选出100个历史文化名村和传统村落进行重点培育，实施“四川最美古村落”创建行动。

四　四川实施村容村貌提升的主要做法

四川结合乡村居住分散、基础设施整体比较落后和村民健康卫生意识有待提高的省情，针对在村容村貌提升当中的工作重点，提出了村容村貌提升的主要做法。

（一）推进美丽家园建设

2015年初，四川省委办公厅、省政府办公厅印发了《四川省幸福美丽新村建设行动方案（2014～2020年）》，该方案提出到2020年，四川农村要基本达到“业兴、家富、人和、村美”的建设目标，要在全省建成3万个幸福美丽新村，这些幸福美丽新村要占到行政村的80%以上。2017年，四川省委办公厅、省政府办公厅印发了《四川省幸福美丽新村建设总体规划（2017～2020年）》，提出到2020年，全省普遍建成市级或县级“四好村”，争取实现60%以上的行政村建成省级“四好村”；建成幸福美丽新村3万个，力争突破3.5万个，形成以“小规模、组团式、微田园、生态化”为代表的四川幸福美丽新村建设模式，树立全国幸福美丽新村建设成功典范。①

（1）加大对传统村落的保护。四川加大对历史文化名镇名村、传统村落等的保护力度，重点培育100个基础较好、保存完整、特色鲜明的传统村落，将其打造成四川最亮眼的乡村名片。四川德阳的白马村古村落形成于清朝，是当地保存比较完整的古村落之一，历史悠久，文化积淀深厚，有着特色鲜明的徽派民居、庞统祠等传统建筑，其选址与整体山水格局、周边地形地貌息息相关，在保留地区旧村建筑的同时又能够高质量展现具有鲜明四川特色的美丽乡村风貌。

（2）完善河（湖）长责任体系。在四川省乡村振兴大会上提出大力推进水生态环境保护，进一步完善五级河（湖）长责任体系，加强农村集中式饮用水水源地保护，开展水土保持生态清洁小流域建设，推进乡村湿地、水库建设保护。统筹做好村落规划，建设宜居乡村，充分调动群众积极性，让老百姓自己动手建设幸福家园。

（3）通过社区开展美丽家园建设。乐山市金口河区“点面结合”开展村庄清洁行动。一是评“美丽点”，广泛开展“美丽院坝”评选活动，按照卫生习惯好、院坝布置美的总体要求，每个行政村每季度评选2~4户“美丽院坝”家庭。二是建“四化村”，按照村庄（含村内水源水体）洁化、绿化、美化、亮化的总体要求和布局科学、景观（含村头景观）优美、环境宜居、管理规范等具体内容，实施“环境优美村”示范创建。三是创“宜居镇”，优先在完成80%以上“环境优美村”创建的乡镇中，开展“宜居乡镇”示范创建，同时把农民群众“对人居环境整治满意度”作为评价创建“宜居乡镇”的重要指标。

---

① 车文斌：《四川县域万村蝶变〈四川省幸福美丽新村建设行动方案（2014~2020年）〉解读》，《当代县域经济》2015年第2期。

（二）推进农村道路建设

党的十八大以来，四川省累计完成投资1755亿元，新（改）建农村公路17万公里，占全国新（改）建农村公路总量的1/10以上；新增加345个乡镇和1.6万个建制村通硬化路，均占全国同期完成数的1/3以上。[①] 农村道路能够实现运、管、养齐头并进，使得全省农村公路列养率达100%，真正实现有路必养、有路必管；在乡镇和建制村能够基本实现客车通路全覆盖，农民出远门"抬脚可上车"。全省省级"四好农村路"示范县达45个。

（1）各地以多种方式全力拓宽资金筹集渠道。宣汉县作为国家级贫困县，多年来交通建设资金占年度财政预算的比例始终在1/4以上，邻水县、高县等贫困县每年整合涉农资金用在农村公路建设上的就超过2亿元；甘孜州石渠县作为全省最偏远的高原深贫县也积极行动，通过打捆招标模式吸引国有大型企业进行农村道路的统一承建，两年来一共为石渠县建设农村公路近2000公里，这个里程数是该县过去10年农村道路建设的总和；2019年12月，凉山州布拖县阿布洛哈村通村硬化路主体工程基本完成，基本满足村民生产生活出行需求，该建制村的通路标志着四川提前一年完成交通脱贫攻坚兜底性目标，打通最后一个建制村对外通道。

（2）雅康、汶马、乐西、绵九等高速公路不断向贫困地区覆盖延伸，全省基本形成互联互通国省干线公路网络，基本实现所有贫困县至少形成两个二级及以上（"三州"三级及以上）抗灾保障能力强的对外公路主通道，畅通"毛细血管"。通过改扩建、兴建旅游路、资源路、产业路等，四川推动农村公路不断提升品质、不断向村庄延伸，打通出行"最后一公里"。

（3）截至2018年10月底，通过实施交通脱贫攻坚，四川省新增324个乡镇和16154个建制村通硬化路，分别占全国同期完成数的40%和75%，乡镇和建制村通硬化路率分别达99.6%和99.4%。四川88个贫困县中有64

---

① 《四川：全面推动"四好农村路"高质量发展》，中国交通网，2019年12月9日。

个已提前实现所有乡镇和建制村通硬化路，11501 个贫困村通硬化路率达 97.4%。[1]

（三）推进农村卫生厕所改造

农村改厕看似小事，实则是涉及农民生活质量提升、生活习惯改变的大事。习近平总书记指出，厕所问题不是小事情，是城乡文明建设的重要方面，要把“厕所革命”作为乡村振兴战略的一项具体工作来推进，努力补齐影响群众生活品质的短板。[2] 推进“厕所革命”是一场关系到农民切身利益的大事，是对传统观念和生活方式的一场深刻革命。“厕所革命”重点在农村，难点也在农村，各地要从实际出发，认真谋划农村“厕所革命”工作，既要符合实际情况，又要符合客观规律，坚定农村“厕所革命”的信心和决心，不断满足农民群众对美好生活的向往。

在资金方面，财政部、农业农村部下达 2019 年农村“厕所革命”中央财政奖补资金 70 亿元，其中四川省中央财政奖补资金为 9.1777 亿元，居全国第二，占中央财政奖补资金总量的近 1/7，该项资金主要用于推进四川全省 3000 个农村“厕所革命”整村推进示范村建设，惠及约 114 万农户。

（1）平原地区“厕所革命”。彭州市地处成都平原，采取多种方式来推进平原地区“厕所革命”。一是发动群众到位，充分利用各类媒体宣传、入户宣传等形式，普及粪便无害化处理原理、处理后的肥效以及卫生厕所的使用规范等相关知识，发放了宣传资料。二是奖补资金到位，市财政采取以奖代补形式，按照每户 1200 元的标准补助农户，按照每户 300 元的标准补助镇（街道），按照“谁受益，谁负担”的原则，农户室内改厕资金由农户自筹。三是示范带动到位，在市级和镇（街道）设置示范点，并由村（社区）组织农户开展现场参观。

---

① 《四川新改建农村公路 14.4 万公里 明年实现乡乡通油路村村通硬化路》，央广网，2018 年 10 月 31 日。

② 《习近平：坚持不懈推进“厕所革命” 努力补齐影响群众生活品质短板》，新华网，2017 年 11 月 27 日。

（2）丘陵地区“厕所革命”。德阳市罗江区也积极探索推进丘陵地区三种厕污共治新模式。一是分散单户治理模式。采用新（改）建三格式化粪池处理，对未建化粪池的进行新建，对建有沼气池的进行沼改厕功能提升。二是小院散居治理模式。采取直接利用农户现有沼气池、化粪池、厕所坑等收集池，收集污水进入微动力小型净化槽分散式处理设备进行处理。三是院落集居区治理模式。15 户以上的大中型院落，修建大型三格式化粪池进行处理，处理后再进入小型湿地，经过湿地生态处理后作为农业灌溉用水。

（3）其他地区“厕所革命”。遂宁市通过加大资金投入重点推进“厕所革命”。一是提前整合下达建设资金。二是提高对县（区）配套资金比例。

（四）推进农村污水治理

四川省推进农村污水治理，围绕“水安全有保障、水资源有保证、水生态有保护、水文化有底蕴、水景观有特色”的农村污水治理目标，根据生态环境部对于黑臭水体治理的要求积极开展农村黑臭水体整治相关工作。

（1）川东地区农村污水治理。武胜县“三聚焦”（即聚焦散户生活污水，聚焦院落生活污水，聚焦村民聚居点生活污水）推进农村生活污水治理。聚焦散户生活污水，通过建沼气池、改水、改厕、改圈，建设密闭式排污沟和污水收集管道，进行集中处理；聚焦院落生活污水，依托规模养殖场的粪污处理利用设施和大型、中型沼气池进行集中处理；聚焦村民聚居点生活污水，依托现有乡镇污水处理厂和新建污水处理设施两种方式进行处理，实现生活污水源头减量和尾水回收利用。

（2）川南地区农村污水治理。自贡市富顺县按照“分类处置”原则来处理农村污水。一是对 24 个乡镇现有污水处理厂进行提标改造，纳入自贡市水环境综合治理 PPP 项目统一实施，提标改造后出水水质可达到《岷江、沱江流域污染物排放标准》。二是对农村聚居点通过发行政府债券和整合涉农项目等方式筹集资金，建设小型一体化污水处理设施、建设管网就近接入乡镇污水处理厂，或采用“化粪池 + 田间池 + 农灌”处理工艺。全县 65 个行政村生活污水得到治理。三是对散居农户采取村民自建、以奖代补、以工代赈等多种方式，建设化粪池、厌氧生物膜池及沼气池等设施，推进户用厕所改造和生活污水预处理后还田综合利用。

（3）川北地区农村污水治理。广元市围绕重点工作推广经验，利用专题会议和行业会议认真传达学习全省农村人居环境整治现场推进会会议精神，安排部署重点工作，总结推广农村污水治理“3+6”工作法。按照三类村庄类型，因地制宜推广六种生活污水处理方式。大型聚居点建小型污水处理站、分散户建小型沼气池（化粪池）、小型聚居点或农家乐建人工湿地稳定塘、大型种植养殖业建大型沼气池、景区附近建污水处理罐。

（五）推进农村垃圾治理

四川省建立健全收运处置体系推进农村生活垃圾治理。一是制定落实《四川省城乡垃圾处理设施建设三年推进方案》，实施城乡垃圾处理设施建设项目461个，推动乡镇垃圾中转站提标升级和非正规垃圾治理。二是印发《关于建立健全农村生活垃圾收集、转运和处置体系的指导意见》，督导各地因地制宜确定农村生活垃圾治理模式，巩固提升“户分类、村收集、镇运输、县处理”收运处理水平。三是研究开发四川省农村生活垃圾治理信息系统，加强技术指导和队伍建设，推动农村生活垃圾治理远程集中管理和线上线下联动管理。

（1）华蓥市创新建立“一元钱生活垃圾处理模式”。华蓥市红岩乡南湾村转变政府单一投入资金的生活垃圾处理方式，在村规民约中专设“一元钱”垃圾治理评比奖励基金，村民每月缴纳一元钱作为环境治理经费，由群众推举的退休教师专门管理，定期公布收支明细，接受广大群众的监督。村干部和党员带头缴纳环境治理经费并主动放弃评比资格，贫困户由村集体代出。每季度评选一次“环境优美示范户”，在村内进行公示，分等次奖励肥皂、洗衣粉、牙膏等生活用品，确保全部村民积极参与农村垃圾治理工作。

（2）广元市朝天区“四项治理”推进农村垃圾治理，加快村容村貌提升。广元市沙河镇白虎村通过全面清理道路、野外、农户周边的陈年垃圾和卫生死角，施行垃圾定点投放、定点收集、定时转运，实现治“脏”；通过开展“排乱去杂”和“清河护岸”行动，组织力量对严重影响环境的杂草、杂灌、废弃秸秆进行清理，创造整洁的村庄环境，实现治“乱”；通过新建污水集中处理点和山坪塘，开展沟渠河道水体综合治理，植树种草美化流域环境，实现治“污”；通过全面推进新村建设，实施“厕所革命”、房屋靓化、庭院美化、道路硬化等工程，整体打造村容村貌，实现治“差”。

五　四川推进村容村貌提升的经验

当前，四川正按照《“美丽四川·宜居乡村”推进方案（2018～2020年）》既定部署，一步步地在全省推进宜居乡村建设，推广村容村貌提升的经验，力争到2020年通过多种方式建成“美丽四川·宜居乡村”达标村2.5万个。

（一）结合民族特色推进村容村貌提升

四川是一个多民族省份，是全国最大的彝族聚居区、第二大藏族聚居区，在宜居乡村的建设过程中，四川省能够根据当地的地理条件，将川西林盘、彝家新寨、藏区新居、巴山新居、乌蒙新村等不同区域的乡土特色与民族地域特点相结合，突出山地生态，培育特色产业，着重改善生产生活条件，打造出一批宜居村落，继续推广“小规模、组团式、微田园、生态化”建设模式。

（二）从实际出发，选择适宜的模式

四川地貌比较复杂，山地是四川省的主要地貌，除此之外还有丘陵、平原和高原地貌等，不同的地貌形态形成了各具特色的村容村貌。四川省在推进村容村貌提升工作时，从各地区的具体情况出发，将民居新建、改造和保护性修缮与地貌形态相结合，通过宜建则建、宜改则改、宜保则保的方式，切实改善村容村貌。

（三）坚持以人为本的原则

村容村貌提升是为了人民群众的切身利益，需要坚持以人为本的原则。四川省在推进村容村貌提升过程中依据农村实际、农民意愿来进行工作，从实际需要出发，不搞华而不实的“面子工程”，而是真正更新了农村的“里子”，真正把幸福、美丽带给了人民群众，赢得了群众支持，是实实在在的民生工程、民心工程。

六　四川推进村容村貌提升存在的问题

党的十八大以来，在党和政府的带领下，农村生活基础设施不断完善，村容村貌显著提升，农村正朝着生活便利、村容整洁、生态文明、宜居宜业、规划科学的美丽新乡村前进，但是还存在一些比较突出的问题和困难。

（一）资金投入不足

四川作为农业大省和全国6个扶贫任务最重的省份之一，经济发展相对滞后，负担较重。同时由于地貌类型复杂多样，村容村貌提升的成本非常高。长期以来的“重城轻乡”，造成了城乡基础设施、人居环境条件等公共服务配套方面的巨大差距。目前，除成都、德阳、绵阳等经济发达地区外，各级财政投入较少，社会资本参与度不够，相关支持政策缺乏，资金投入不足。广大农村地区基础设施和公共服务设施整体依旧落后、欠账太多，环保设施建设滞后，运行效果差。许多乡镇农村生活垃圾收运设施缺乏，收集点和乡镇垃圾中转站等收运系统尚未建立。对生活垃圾回收利用缺乏奖补激励政策，加之回收成本高、经济效益差，导致回收加工企业和农民自觉回收的积极性不高。农业固体废弃物综合利用仍存在运行机制、补贴政策等方面的问题，尚未形成以绿色发展为导向的农业补贴政策。在村容村貌提升工作上，大部分县（市、区）整治费用是由政府全额拨付，想要优化工作机制，强化组织保障，需要采取各级财政补助、整合项目资金、农民投资投劳、部门帮扶、企业支持、社会捐资等多渠道多元化的筹资投入方式，加大投入，确保有钱干事。

（二）对群众的动员不足

提升村容村貌，群众参与才是关键。目前，村容村貌提升工作在国家和省政府层面得到较大关注，但是群众对于村容村貌提升的重要性认识不足，对农村环境整治工作积极性低、参与度不高，有时还出现乱扔垃圾的现象，健康卫生意识有待提高。一些地方工作方法还比较单一，还没有充分把群众动员、组织起来，群众只知道上级有要求，不知自己有责任，不知道自己参与其中应该做些什么，存在政府“大包大揽”“干部干、群众看”等现象。

（三）“千村一面”现象突出

在村容村貌提升建设过程中，有的地区为了图省事，不用心，模仿城市社区建设，照搬城市社区的建设模式，这样的建设思路不仅脱离农村实际，而且建设中的农村风貌会日渐趋同，乡土特色消失。在新农村的规划建设过程中，不仅要注意房屋结构和立面特色，还要充分体现村落形态，尽量保持村庄的乡土风情，避免整齐划一、千村一面，要坚持少拆多改、不搞大拆大建的改造原则。在对城乡公路、铁路沿线开展绿化和环境整治的时候，也要注意加强规划建设管理，公路沿线绿化要因地制宜、分段设计。有的地方把行道树种得过密，形成了密不透风的“两堵墙”，把宽宽的马路变成了一条“窄巷子”，既遮挡了视线、隔断了风景，又容易使司机和乘客产生视觉疲劳，形成安全隐患，利少弊多。

（四）机制体制有待完善

村容村貌提升工作任务重、覆盖范围广、涉及部门多，需要横向、纵向形成合力共同推进。但是，一些地方牵头抓总、统筹协调推进机制还不完善，部门之间主动配合、共同推进意识还相对较差，各自为政的现象还比较普遍。

七　对四川村容村貌提升的建议

从四川推进村容村貌提升的实践来看，四川省在村容村貌提升上进行了有效的探索，但是仍然面临着一些问题和短板，想要建设生活便利、村容整洁、生态文明、宜居宜业、规划科学的宜居乡村，还需要从以下几个方面进行提升和完善。

（一）统筹资金投入，积极动员社会力量

要统筹资金投入，需要进一步加强财政资金对村容村貌提升的支持。四川省财政要积极统筹整合村容村貌提升专项资金，调整资金的分配方式，在一定程度上也可以通过以奖代补、先建后补等方式来支持“美丽四川·宜居乡村”的建设。

首先，加大专项投入。农村“厕所革命”和畜禽粪污资源化利用是各级政府的共同责任，要构建“目标约束、任务到县、共同分担、绩效挂钩”的财政投入保障机制。中央明确2020年计划安排70亿元，支持推动全国3万个村庄“厕所革命”，安排全国200个以上畜牧大县，按每县3000万~6000万元的标准，支持畜禽粪污资源化利用。省里将加大资金投入，专项用于农村“厕所革命”。省直有关部门要积极争取国家倾斜支持，用好省级财政资金，做好规划、任务、资金的对接平衡，尽快将2020年的项目资金下达到县。市、县也要加大投入力度，形成资金合力，特别要强化绩效评价和结果运用，对绩效好的地方优先保障，对绩效较差的地方予以调减或取消补助。

其次，统筹整合资金。四川省各地区要按照渠道不乱、用途不变、集中投入、各负其责的原则，统筹使用好农村垃圾治理、污水治理、厕所改建、粪污治理等项目资金，打好“组合拳”，集中补“短板”，坚决防止“撒胡椒面”。省直有关部门要大力推进“放管服”改革，实行资金、任务、权力、责任“四到县”，赋予县级统筹整合最大自主权。对于那些已经脱贫摘

帽县，要用好用活贫困县涉农资金统筹整合试点政策，统筹整合部分农业生产发展和农村基础设施建设资金，用于村容村貌提升项目，积极推进农村户用厕所和公共厕所建设。

最后，用好用活资金。资金投入是重要，管好用好更重要，要杜绝出现“跑冒滴漏”等违规违纪违法现象。要发挥好财政资金的引导作用，吸引金融资本、社会资本投入农村“厕所革命”和畜禽粪污资源化利用。农村户用厕所建设要突出农民主体，鼓励农民群众投劳投资，坚决防止政府包办、大包大揽。同时，要鼓励各地利用地方政府债券资金，建设改造农村公共厕所和户用厕所，省级财政给予部分贴息。

（二）坚持以村民为主体，积极参与建设和管理

村容村貌提升关乎四川全省4000万农民的切身利益，不管是美丽家园建设、农村道路建设，还是农村垃圾治理、污水治理、“厕所革命”，都与农民群众的幸福感、获得感息息相关，必须发动农民参与、接受农民监督、得到农民认可。要充分发挥农民群众主体作用，对房前屋后净化绿化、院落环境干净整洁等任务，可以引导农民自己动手干；对农民群众积极性高、愿意干、干得了的建设项目，可以通过“一事一议”、事前竞争、事后奖补等方式引导农民参与建设；对厕所改造、污水治理、垃圾治理等管护机制建设，要充分引导农民参与，主动监督和维护。

（三）因地制宜，推广适宜治理模式

村容村貌提升工作要与各地农村经济发展水平相适应，因地制宜，久久为功。条件较好的成都平原地区，如成都、德阳、绵阳等地，标准可以适当定得高一点，既要注重提升村容村貌整体质量，也要考虑乡村旅游发展；条件一般的川东北和川南等地区，要聚焦农民群众反映最为强烈的问题，集中整治垃圾污水和改厕改圈等突出短板；大小凉山及高原藏区等深度贫困地区，要以干净整洁为基本要求，不要脱离了脱贫攻坚这个中心任务，注重稳妥推进，不要急功近利。全省不同地区、不同乡村的经济条件和发展水平不

一样，开展“美丽四川·宜居乡村”建设需要因地制宜、实事求是，“钱多有钱多的方式，钱少有钱少的做法”，最起码要给农民群众提供一个干净整洁的生活环境。各地要结合实际，全面摸排，科学论证，既完成统一的“规定动作”，也创造性地开展一些“自选动作”，确保工作举措科学、管用、接地气，让良好的生态环境成为乡村振兴的支撑点。

（四）完善协同机制

四川省各级各部门需要横向加强沟通联系，纵向加强指导汇报，这样的话就可以实现全省上下联动，统筹推动农村人居环境治理工作取得实效，在一定程度上防止把传导压力变为推卸责任，要明确清楚地界定省直部门责任、市级责任、县级责任，不能层层推诿。

B.10 四川农村闲置宅基地和农房利用模式及优化

胡懋 曾旭晖*

摘　要： 农村宅基地和农房是农民的基本生活资料和重要财产，也是农村发展的重要资源。近年来，随着城镇化快速推进，农业转移人口数量不断增加，农村宅基地和农房闲置浪费问题日益突出。盘活利用好闲置农房资源，是增加农民财产性收入的重要途径。开展农村闲置宅基地和闲置农房盘活利用工作，对于保护农民权益、增加农民收入、推进美丽乡村建设和实施乡村振兴战略具有十分重要的意义。在宅基地“三权分置”背景下，四川省紧紧围绕实施乡村振兴战略，着眼乡村产业发展需求，推动美丽乡村建设。通过政府引导供需和市场化运作，在摸清农村闲置农房现状的基础上，探索制定政策措施推动农村闲置农房资本化，引导社会力量投入宜居乡村建设，增加农村集体经济组织和农民财产性收入。四川省在推进“美丽四川·宜居乡村”建设的过程中累积了一定的实践经验，取得了初步成效，同时也面临一些亟待解决的问题。

关键词： “三权分置”　农村宅基地　闲置农房

* 胡懋，四川省社会科学院社会学所硕士研究生，主要研究方向为社区发展；曾旭晖，四川省社会科学院农村发展研究所副研究员，主要研究方向为农村社会学。

改革开放以来，中国工业化、城镇化以及农业产业化快速发展，大量农村人口向城镇转移。国家统计局公布的数据显示，2018 年，我国农民工总量达到2.88 亿人，过去5 年共有8100 多万农民进城成为城镇居民。2018 年末，我国城镇常住人口8.31 亿人，常住人口城镇化率达到59.58%。[①] 根据国家卫计委2013 年的预测，到2030 年我国常住人口城镇化率将在70%左右，户籍人口城镇化率将在60%左右，其间仍会有大量农村人口进城。[②] 一般来说，大量农民进城务工、定居，成为城镇居民，会导致农村宅基地和农房大量闲置。根据调查，目前全国大约有10%的农村宅基地和农房是闲置的，与此同时，越来越多的城市居民追求乡村田园生活，渴望融入大自然，鉴于此，相关部门应出台相应政策，有效引导供需，盘活农村闲置宅基地和农房资源，这不仅有利于促进消费拉动经济，还能促进农民增收，对推动乡村振兴和解决“三农”问题都具有重要意义。在乡村振兴战略中，土地扮演着至关重要的角色。农村宅基地面积约占农村建设用地面积的70%，面积庞大，但其闲置率高、使用效率低，与当前城市建设用地紧张的局面形成鲜明对比。

一　农村宅基地和农房管理制度变革

（一）宅基地和农房管理制度的演进

宅基地作为我国农村土地的重要类型，是农户依据其集体成员身份所享有的用于建筑住宅及其他有关附属物的、无使用期限限制的集体土地建设用地。农村宅基地制度包含农村宅基地管理制度和农村宅基地产权制度。前者主要指农村宅基地的规划和计划管理、审批管理、超占多占管理等；后者主要用于阐释农村宅基地归谁所有、由谁使用、有何权利等。

---

① 《2018 年国民经济和社会发展统计公报》，国家统计局网站，2019 年2 月28 日。

② 《2030 年常住人口城镇化率将达70%》，《新京报》2013 年8 月27 日。

目前，我国尚未对农村宅基地专门立法，农村宅基地制度主要由相关的法律法规、国家政策以及各地传统习俗共同规范、调整。新中国成立初期，农村宅基地为个体所有，农民享有完整产权，农民的宅基地可以买卖、出租、继承等。其后，政府为了克服农民在分散经营中所产生的诸多困难，采用土地入股的合作社形式把农民组织起来，进行统一规划、统一管理、统一生产和分配。对农民而言，宅基地是政府给予的居住需求保障品，体现为一种社会福利。进入高级社和人民公社化时期后，农村土地集体所有制建立。在经济转轨时期，国家出台了一系列政策措施，主要是强调集约利用农村宅基地的用地方针，突出农村集体组织成员对农村宅基地使用的专属性“特权”，进一步强化农村宅基地的居住保障功能。在城乡统筹发展时期，各地在如何管理和使用宅基地方面进行了大量的探索，主要目的是拓展农村宅基地权能，释放农村宅基地潜在价值。

（二）宅基地“三权分置”的顶层设计

党的十八届三中全会的召开拉开了本轮宅基地制度改革的序幕。党的十八届三中全会以来关于宅基地改革的文件有十余项。通过分析这些文件，可以得出一些结论：①2018 年中央一号文件提出了“完善落实”的改革思路，深化土地制度改革，表述中调整了宅基地用益物权，增加了“宅基地农户资格权”，其实质为，宅基地所有权、资格权、使用权“三权分置”，宅基地集体所有权和使用权未发生变动。②所有文件的共同点和政策目标都是保障农民宅基地权益和改革宅基地使用权，通过保障宅基地农户资格权来实现农村宅基地社会保障功能。③农村集体建设用地和宅基地使用权确权登记颁证，为农村宅基地的“三权分置”改革提供了地籍产权方面的保障。④文件多次提及“农民住房财产权抵押、担保、转让”，适度放活宅基地和农民农房使用权，也就是可以实现农民房屋连同宅基地的抵押、担保和转让。综上所述，农村宅基地制度改革的方向即探索宅基地所有权、资格权、使用权“三权分置”。

随着城乡社会结构不断变化、城乡发展一体化和市场经济体制改革的深化，宅基地制度存在的问题和面临的挑战也日益突出，主要包括城乡二元结构封闭、闲置宅基地和农房增多且利用率低、城乡土地要素流动存在壁垒等。促进农村土地要素市场化、让乡村发展引进外来活水、使城乡要素资源同权同利、赋予农民更多的财产权利、推动农村宅基地制度改革已是大势所趋、共识所在。

（三）四川宅基地和农房管理制度改革的现实需求

宅基地闲置不仅影响土地资源的配置效率，而且不利于保障农民的财产权利。调查显示，当前四川部分农户宅基地拥有量超出了法定数量。同时四川农村人口基数大、户数多，受农民外出务工等因素的影响，四川农村地区闲置宅基地和农房数量非常庞大，农村宅基地闲置问题较为突出。

四川农村地区闲置宅基地和农房现状主要包括以下几个方面。一是“一户一宅”现象突出。虽然四川省农村宅基地登记发证工作已经持续了一段时间，但是“一户多宅”现象仍然存在。由于“一户多宅”现象比较普遍，实际上农村宅基地登记发证工作比较棘手。二是农村宅基地普遍闲置。随着城乡一体化的推进，多数农民进城务工，选择在城市购置房屋，造成了农村宅基地的大量闲置。就闲置宅基地的规模来讲，中国土地勘测规划院地政研究中心于2004年对四川省双流县中和镇新民、朝阳、化龙三个村进行调查，发现闲置宅基地面积占宅基地总面积的14%。还有学者对成都市部分区县展开实地调查，发现所调查区域宅基地闲置比例约为18%。三是四川农村地区宅基地和农房的闲置程度存在差异，整体闲置和部分闲置并存。农村闲置房屋的分布与区位因素有关，大量的闲置宅基地和农房分布于交通不便的偏远地区。另外，闲置房屋的分布也比较分散，布局不合理，很少出现集中闲置的现象。

截至2019年底，四川省已基本完成农村土地承包经营权确权颁证，颁证率达到94.3%，承包地流转率超过40%，183个县（市、区）基本完成集体资产清产核资。在这个基础上，重点就是要落实农用地、宅基地、集体资产资源“三权分置”要求，盘活农村资产资源。[①] 为促进农村宅基地和农房的盘活利用，四川省提出了“探索农村宅基地‘三权分置’办法，培育农村房屋（含宅基地）租赁市场”的重大改革命题。随着改革试点推进，四川省逐步形成了闲置农房及传统院落改造利用、宅基地联建共享、住房财产权抵押等“三权分置”做法。

2015 年 2 月，四川省泸县和郫都区被确定为全国宅基地改革试点中的集体经营性建设用地入市改革试点。郫都区以此为契机，大力推动美丽新村建设和乡村旅游业发展。在宅基地制度改革上，泸县形成了新的宅基地使用制度和管理制度。根据 2018 年中央一号文件中“三权分置”的改革思路，四川省农村宅基地改革趋向也逐渐清晰，即按照渐进式赋权的思路，持续强化农民的宅基地用益物权。

二　四川盘活利用宅基地和农房的模式

四川省以《四川省乡村振兴战略规划（2018～2022 年）》和《“美丽四川·宜居乡村”推进方案（2018～2020 年）》为引领，在实施乡村振兴战略的大背景下，四川省多地对如何盘活闲置宅基地和农房资源进行了探索，总结出三个有代表性的模式。

（一）泸县模式：宅改试点 + 共建共享[②]

四川省泸州市泸县是传统农业大县，2015 年 3 月，泸县被确定为全国农村土地制度改革 33 个试点县之一，承担宅基地制度改革试点工作。泸州市泸县探索形成宅基地“法定无偿、节约有奖、超占有偿、退出补偿”使用制度和“规划引领、总量管控、有偿调剂、村民自治”管理制度。这些

① 《四川着力推进农村改革再深入》，人民网，2019 年 12 月 6 日。

② 《土地财产活起来 三农权益显出来——四川探索宅基地“三权分置”典型样本分析》，中国国土整治网，2018 年 3 月 21 日。

改革为乡村振兴增强了土地要素保障。[①] 根据统计局数据，2016 年，泸县户籍人口 107.28 万人，其中农业人口 94.60 万人；年末常住人口 86.89 万人，其中，城镇常住人口 33.16 万人，乡村常住人口 53.73 万人，城镇化率 38.16%，农村居民人均纯收入 13805 元，农业从业人员 29.33 万人，到 2016 年底，全县耕地面积 127.28 万亩，人均耕地 1.37 亩。[②]

总体上看，泸县在农村宅基地利用中的问题和挑战极具代表性，其推进宅基地制度改革的典型经验具有重要的借鉴和推广价值。四川省泸县在推进宅基地试点改革时十分注重因地制宜，立足本地实际选择改革路径，其推进改革主要采取以下几点做法。

1. 完善宅基地权益保障和取得方式

（1）明确宅基地取得资格

宅基地管理上的主要问题是存在恶意分户以获取更多的宅基地。要保证"一户一宅"得到公平公正的实施，必须对"户"的概念进行界定。为此，泸县制定了相应的管理办法和操作细则，明确了户的界定、分户条件、集体经济组织成员资格认定等。泸县在"一户一宅"认定方式上的制度创新是把分配单位由"户"直接改为"人"，采用定人定面积的办法，在村民申请使用宅基地时，以人口核定面积。对于分户的情况，若因人口减少而形成超占面积，需要缴纳有偿使用费。由于宅基地分配按人不按户，这在一定程度上抑制了恶意分户取得宅基地的动机。

（2）明确宅基地取得方式

在实行总量和规划管控下，泸县以人定面积，实行法定无偿、跨区有偿、节约有奖的宅基地分配制度。农民既可以在本村、本组无偿取得合法宅基地，也可跨村、跨镇有偿取得合法宅基地。泸县规定，每人可以无偿取得的法定面积为 50 平方米，其中包括 30 平方米的居住面积和 20 平方米的其他用地面积，如晒坝、院落等。对属于分户的情况，分户家庭仍然分别以人

---

① 《四川：深化农村改革 助推乡村振兴》，泸县人民政府网站，2019 年 8 月 8 日。

② 《泸县 2016 年国民经济和社会发展统计公报》，泸县人民政府网站，2017 年 3 月 2 日。

为单位核算面积，超出部分属于有偿取得。

（3）对宅基地和房屋确权颁证

泸县开展了宅基地的确权颁证工作，明确宅基地权属。综合办理了宅基地使用权证、农村房屋所有权证，并办理了不动产登记。泸县积极推进住房财产权抵押融资贷款试点，建立了农村产权流转平台，设立了风险保障基金，构建了风险分摊机制。

2. 探索宅基地有偿使用制度

泸县建立了一定条件下的宅基地有偿使用制度。在宅基地使用制度设计上，突出两个“有偿”。一是“跨区有偿”，即在城镇规划区外的，按照对应的面积收取有偿使用费，在城镇规划区内的上浮 20%。二是“超占有偿”，即以集体经济组织为主体，以农户实有人口为基数，以法定面积为基准，确认超占面积，划分三个档次区分超占程度，按梯度收取有偿使用费，遏制违法占地。此外，泸县还探索了宅基地节约奖励机制，提高农民节约集约利用土地意识，规定新建房屋不足法定面积的，每节约 1 平方米给予 100 元奖励。

3. 探索宅基地退出机制和安置方式

泸县的宅基地退出机制可以概括为“五条路径，两个套餐”。针对不同安置需求，设计进城购房、中心村建房、易地搬迁、新型社区、集中养老等多元化的宅基地退出“五条路径”。在退出补偿方面，制定了多元化补偿安置“套餐”，包括房屋残值补偿（根据房屋建筑结构和建筑面积分别给予对应的补偿补助）、宅基地补偿、进城购房补助、社保补助、就业培训等。此外，针对建档立卡贫困户还专门制定了自愿退出宅基地的安置“套餐”。对住房困难的孤寡老人，没有劳动能力、没有子女的老年夫妻，通过整合宅基地退出节余指标资金、D 级危房资金、社会救济、低保等相关政策，由政府兜底建房进行安置，农民免费居住（房屋产权归集体所有），并通过转为城镇户口让符合条件的农民享受城镇低保。通过整合生态搬迁、地灾避险搬迁等政策，对居住在山区或林区等基础设施落后地区的农户，根据其意愿，安排其搬迁到邻近的聚居点，原来的宅基地则根据实际情况进行复垦整治。

对退出宅基地使用权的集体经济组织成员，泸县保留其土地承包经营权和收益分配权以及其他权利。

4. 完善宅基地管理制度

有效的管理制度是宅基地试点改革成功的关键。泸县在完善宅基地管理制度的探索中从以下几个方面开展工作。

一是从总量上控制宅基地规模。泸县专门发文对宅基地总量进行固化，以2016年“二调”变更数据为基准，结合城乡地籍信息整合成果，封顶固化宅基地使用权总量，在规定的使用面积条件下增加50%保障底线，禁止宅基地向外调剂与流转。县、镇、村、组层层下达年度管控责任，确保宅基地总量只减少不增加。

二是充分发挥村民自治组织作用，坚持健全村民自治机制。泸县以村为单位建立土地管理委员会、议事会、股份经济合作社、纠纷调解委员会，完善运行规则和章程，对农村的宅基地、集体经营性建设用地和农用地，实行村民自治管理。

三是实行“多规合一”，保障发展用地。泸县编制了“多规合一”的村级规划，以建设用地指标为约束，布局土地结构。泸县探索了在基本农田总量不减少、质量不降低的前提下，有限调整地块布局，确保集体建设用地指标能顺利实现转用，转用后符合实际发展需求。

5. 农房“共建共享”

泸县实行农房“共建共享”是放活宅基地使用权的一个创新。泸县允许农户以合法宅基地使用权与股份经济合作社等第三方合作，实时共建共享，出资方获得一定年限的集体建设用地使用权，农民获得住房，并采取分割登记方式确权登记发证。无疑，泸县探索的农房“共建共享”的新模式让向往田园生活的城镇居民不仅能够去农村宅基地上建造房屋，而且能够享有农村宅基地的有期限使用权。

【案例1：谭坝村开展“共建共享”】

泸县谭坝村村民利用自己的合法宅基地与“第三方”村集体股份经济

合作社共同建设，共同享有使用权。双方约定权利和义务，以及财产分割和使用年限等，以协议固定。村民先申请，经审批，自愿拆除破旧房屋复垦为耕地后，以法定的宅基地使用面积由村集体股份经济合作社统一修建，农村村民提供宅基地的合法使用权。整合宅基地退出补偿补助资金，不足部分由村集体股份经济合作社出资建设，按建筑面积均分使用，分割办理产权。通过实施共建共享，用土地指标换取资金，既满足了双方各自的需求，实现了农民与资本“共赢”，同时还提高了宅基地的利用率，节约了土地，对于助推乡村振兴具有重要的现实意义。

【案例2：山河社区探索“共建共享”】

泸县山河社区探索由村集体股份经济合作社统建商住一体的楼房，住房用于安置宅基地退出农户，经营性门面采用出租、出售的方式经营，收益由居住农户共享。通过编制规划，山河社区占地面积26.4亩，修建住房104套、门面64间。明确产权登记，住房登记为宅基地使用权，门市登记为商服用地。

（二）武胜模式：传统院落+现代农业[①]

武胜县地处四川盆地东部，嘉陵江中游，广安市西南部，四川、重庆两省市接合部。武胜县通过盘活农村传统院落，以田园综合体为标准，示范打造集观光、休闲、体验、度假、康养于一体的乡村旅游示范区，赋予了乡村新的产业内涵。如白坪—飞龙乡村振兴示范区通过入股、租赁等方式，盘活利用了已有的传统院落等闲置资产，结合当地民间艺术，在示范区发展了多家农家乐、农家客栈和康养中心，同时还配建了乡村规划馆、乡村咖啡馆、乡村酒店等。该示范区通过一二三产业融合发展，构建“三园一基地”和

① 《土地财产活起来 三农权益显出来——四川探索宅基地“三权分置”典型样本分析》，中国国土整治网，2018年3月21日。

“一城一镇多新村”的发展格局。

近年来，武胜县严守耕地红线，创新思路，大胆实践，走出了一条节约集约用地的新路子。在推进土地节约集约利用的总体部署要求下，武胜县先后展开了对闲置宅基地、低效用地的专项清查工作，并建立了闲置土地档案，采取用地转让、等价置换、政府收回等有效措施重新利用。同时，严格执行出让合同和房地产用地开竣工申报制度，对已供地利用情况进行动态监测，严禁土地闲置和擅自改变土地使用条件。实行批前介入、供前预审、供后监督……近年来，该县始终坚持做到寸土必尽其用，截至 2018 年末，武胜县共盘活存量建设用地 173 亩，其中低效工业用地 1 宗面积 53.06 亩。

武胜县从政策上找出路，严守资源消耗上限，充分发挥国土资源保障、引领、调控作用，用活“增减挂钩”和“工矿废弃地复垦利用”两项政策，试点开展宅基地使用权流转和闲置宅基地盘活再利用，服务保障新产业、新业态，助力乡村振兴发展。

以增减挂钩为杠杆，示范区在土地利用上重点对布局分散的农村居民点、废弃宅基地等进行科学整治、复垦。通过合理规划，引导农民迁村并点、退宅还地等，实现了农村建设用地和城镇建设用地项目区内建设用地总量不增加、耕地面积不减少、用地结构和布局更加合理，有效破解了土地资源瓶颈。

近年来，该县累计建成新村聚居点 14 个、新农村综合体 3 个，改造传统院落 43 个，闲置宅基地流转 124 宗 18.67 亩；通过增减挂钩项目实施，共获取周转指标 1065 亩，其中城镇新区建设可使用指标 795 亩。①

（三）蒲江模式：农房利用 + 艺术下乡②

蒲江县甘溪镇明月村辖区面积 6.78 平方公里，辖 15 个村民小组 723 户 2218 人，雷竹基地 7000 多亩。近年来，明月村依托松林、竹海、茶园等良好的生态资源和四口古窑历史文化资源，按照新老村民共创共享幸福美丽新

---

① 《广安市武胜“三张牌”探索用地新路》，四川新闻网，2018 年 5 月 14 日。

② 《土地财产活起来 三农权益显出来——四川探索宅基地“三权分置”典型样本分析》，中国国土整治网，2018 年 3 月 21 日。

村的定位，采取统筹城乡改革发展的办法和思路，集成运用各类政策措施，把明月村新农村综合体作为一个整体来规划，产业定位为“竹海、茶山、明月窑”，总体布局为“一核四区一环线”，发展乡村文创产业，着力打造文化新村、产业新村、创业新村。经历了“明确发展定位—引进新村民—新老村民创业—形成产业集群—自然生长”的发展阶段，走出了一条农商文旅融合发展乡村振兴之路。这个在2009年人均收入仅有4772元的市级贫困村，逐渐变身为文创陶艺新圣地和安居乐业理想村。2019年2月24日，农民日报社授予明月村“2018年度中国三农创新十大榜样”；2019年3月6日，农业农村部授予明月村“2018年国家农民合作社示范社”。此外，明月村获评全国文明村、中国乡村旅游创客示范基地、国家级西部乡村旅游人才实训基地、四川省文化产业示范园区、四川省“四好村”等。

目前蒲江县明月村村民把十余个闲置川西林盘民居院落租用给了各类艺术家，实现了闲置宅基地和农房的保值增值，形成了各具特色的文创院落和乡村博物馆，乡村风貌更美了，带动了旅游发展。2018年，明月村共接待游客23万人次，文创及乡村旅游总收入1亿元。同时，村民通过出租闲置院落、入股乡村旅游合作社、创业就业等途径拓宽了增收渠道，2018年全村人均可支配收入21876元，同比增长7.6%。①

建设明月新村。利用集体建设用地增减挂钩政策，采取市场化手段，以资源换资本，发挥群众主体作用，引进成都锐和土地开发整理有限公司建设新村。新村占地面积85亩，遵循“小组微生”和“四态合一”理念，依林盘高低错落布局，山水相连，家家户户有微田园，公共服务设施实现“1+9+N”配套，现已入住190户665人。

改造旧村落。按照“三建四改五通”标准，建立“双承诺”共建共管机制，突出川西民居特色和农耕文化底蕴，完成谌塝塝微村落建设；通过流转闲置农房和旧院落，引进多个艺术家发展文创院落项目，带动农户改造旧院落，发展特色餐饮、民宿、茶社等创业项目。

---

① 《明月村凭什么入选“中国美丽休闲乡村”?》，腾讯网，2020年1月8日。

开展保护利用。完成林盘民居普查，建立保护名录，开展4个林盘院落保护；实施古窑保护，明月窑窑龄300多年，烧制完整沿用唐代工艺，被称为“活着的邛窑”，“5·12”地震后采取政企合作的方式，开展抢救性修缮保护。

发展文创产业。配套187亩建设用地，引进“蜀山窑”“远远的阳光房”“明月莲花”“曼陀罗茶人生活”等文创项目30余个，发展家庭旅舍50余家、特色餐饮9家等，吸引百余名工艺美术师、陶艺家成为“新村民”。创新旅游合作社运行模式，鼓励25户社员入股，整合资金30万元，镇政府和村集体按照农户入股资金总额等比例配备入股资金，组成合作社运营资本，形成镇、村、农户相结合的投入运行机制。

【案例3：明月食堂】

明月食堂是按照重生的理念改造闲置旧院落而成，保留了原有的泥砖、门窗、旧瓦等建筑元素，既还原了老房屋形态，又被赋予了新的功能。食堂房主是甘溪镇龙泉社区居民吴明英，通过租用的方式流转给成都今是乡村文化传播有限公司，2016年2月10日投入运营，每天接待人数在40人左右。明月食堂定位为“大家的食堂”，致力于用当地最好的乡土食材、最好的邛窑器皿，招待最好的朋友，希望为新老村民及游客提供一个可以用餐、品茶、聊天、看书的去处，寻找记忆里的味道。

【案例4：谌塝塝微村落】

谌塝塝是明月村一个小村组，在政府部门的引导下，谌塝塝开始进行微村落项目改造。明月村村委会作为项目主体实施者，根据政府引导修复、陶艺家提档升级、村民互动参与的基本思路，建立完善镇、村实施公共基础设施建设与农户负责生活设施改造的“双承诺”共建共管机制，改造10个林盘院落。通过旧村落改造，引导农户改造原住房发展民宿、餐饮、茶社等项目，引进艺术家和明月乡村旅游专业合作社参与经营，打造乡村文化创意产业，形成产村一体、共创共享发展新模式。

（四）小结

综上所述，四川省盘活利用闲置宅基地和农房的模式主要具有以下特点。第一，自愿拆迁，以土地指标换楼房和资金，实现“农民－资本”共赢。放活农村宅基地和农房使用权，提高闲置土地利用率，节约集约利用土地。第二，因地制宜，鼓励各地结合乡村振兴战略，发展生态文化旅游服务业、康养服务业、现代绿色农业等产业，探索经济效益和社会效益双丰收的途径，建设美丽乡村。第三，推动闲置宅基地和农房利用与乡村治理体系相适应，引入社会资本，构建多主体参与、企业化运营的发展模式，其中政府部门提供政策支持和基础设施的配套建设，企业投入资金、技术和劳动力。第四，充分发挥金融服务配套功能，畅通贷款渠道、创新金融产品、完善担保体系，为农民盘活闲置宅基地和农房免除后顾之忧。

三　四川农村宅基地和农房利用面临的挑战

当前四川省的宅基地试点改革已经取得了显著成效，基本解决了违章建筑问题，引导农民自愿退出闲置宅基地，优化了村庄空间布局，宅基地财产权得到了显化。宅基地的集体所有权、农户资格权和宅基地使用权均得到了有效的体现。但是随着改革的深化，“三权分置”的实现形式会与现行的规章制度或约定俗成的习惯相冲突，面临下述亟待解决的现实问题。

（一）实现集体所有权面临的问题

一是村自治组织法律地位不明确，在宅基地管理等村级事务中难以长久性地发挥作用。比如，四川省试点泸县成立了村土地管理委员会。这类农村自治组织在宅基地制度改革中发挥了十分关键的作用，但其既不同于行政村层面的村党支部和村委会，也不是村组集体经济组织，法律地位不明确，与村组相关基层组织关系不清晰，可能存在法律风险。如何处理好新型自治组织与农村基层党组织、村“两委”及集体经济组织之间的关系是一个重要课题。

二是每年持续收取有偿使用费缺乏法律政策依据。宅基地有偿使用对宅基地改革和管理具有较好的促进作用，但要每年对一户多宅和一宅超占面积的村民收取有偿使用费，没有法律支撑，由村集体持续性收取的难度会趋于加大。

三是在土地增值收益分配中，多元主体的利益平衡机制欠缺。由于宅基地归村集体所有，不同村集体因所在区位的不同以及节余宅基地用途上的差别，土地增值空间存在潜在的差别。政府如何公平合理地确定调节金收取比例，实现对集体所有权多元主体的有效激励，以及如何分配国家与集体之间宅基地节余指标入市产生的增值收益，是一个需要关注的问题。

（二）实现农户资格权面临的问题

一是村集体成员资格认定难。现实中，集体成员资格不明引发的矛盾纠纷大量存在，特别是外嫁女及其子女、退伍军人、大中专院校学生毕业回原籍、农转非等特殊群体的切身利益容易受到忽视。

二是宅基地彻底退出或放弃难。由于农村村民在建房、缴纳社会抚养费等方面与城镇居民相比享有优惠政策，同时又普遍存在落叶归根情结，所以造成农村村民在城市和农村两头占地的现象。为了引导鼓励在城镇有稳定工作的农村村民退出宅基地或放弃申请在农村建房而进城落户，试行保留原有农村待遇不变，享受政府住房、教育等系列优惠政策，允许进城村民 15 年后自愿选择是否回村建房。这一承诺的实际效果还有待观察。此外，宅基地退出是不是资格权的退出，如果还是集体成员身份，能否再次取得宅基地资格权，这也需要在后续试点改革中予以考虑。

（三）放活宅基地使用权面临的问题

一是宅基地使用权流转难。宅基地流转范围仅限于农村集体经济组织成员，农户也不习惯到别村居住生活，造成宅基地使用权流转困难。即使把流转范围扩大到整个县域，仍然存在县域内的宅基地需求市场小，宅基地使用权的价值难以得到充分体现的问题。

二是农房“共建共享”方式难以形成规模效应。由于“共建共享”只能在自有宅基地上进行原拆原建，受原有宅基地分布格局和区位条件的约束。虽然在建设方式和权属界定上有一定的灵活性，但也存在零散分布、缺乏规划的问题。

三是宅基地节余指标的使用方式和收益分配方式还存在不确定因素。从试点区县的经验来看，宅基地节余指标必须转换为经营性建设用地指标，才能获得最大的收益。但是目前这类指标的转换还存在一定的政策风险。同时，宅基地节余指标交易所获得的收益在政府、村集体和农户之间如何分配，也是一个有待进一步探索的课题。

四 优化农村闲置宅基地和农房利用的思考

针对当前闲置宅基地和农房盘活利用问题，结合乡村振兴战略和宅基地“三权分置”要求，四川省遵循落实集体所有权、确保农户资格权和放活宅基地使用权的改革路径，对“三权分置”的实现形式进行了有益的探索。提升了土地利用效率，让闲置农房的价值得以显现，返乡创业人才增多，推动了产业发展，增加了农民福祉，这是当前和今后推进乡村振兴的有效抓手，应尽早谋划。

（一）努力确保宅基地资格权长期稳定

宅基地资格权设置初衷就是保障农民进城后仍然具备集体经济组织成员资格，享有宅基地取得、分配和使用的权利，从而让农民吃上“定心丸”，能够放心地退出现有闲置宅基地和农房，进而实现使用权放活。从这个角度来看，为消除农民退地的心理顾虑，应确保宅基地资格权长期稳定，现在需要重点考虑的问题就是资格权认定、流转与实现方式问题。有研究者认为，关于资格权的认定应交由集体经济组织依据是否具备集体经济组织成员身份、有房与无房不同情形、本集体经济组织宅基地存量情况等制定差别化的认定办法，一经认定便不予流转。同时，为便于宅基地规模管控和土地节约集约利用，宅基地资格权的实现需要设定一定的成本和时间，即资格权的实现不应是无偿的，而是需要重点满足两方面条件：一方面是不得突破现有耕地保护红线、生态保护红线等；另一方面，所在集体经济组织要有一定的宅基地节余指标。此外，村集体经济组织还应建立资格权动态管理台账，资格权虽可保持长期稳定，但一旦回村建房实现了资格权，即取消现有资格权。

（二）着力放活闲置宅基地和农房使用权

宅基地“三权分置”政策设置在一定程度上打破了地随房走的惯例，应适度放活宅基地和农房使用权。一方面，通过分割，宅基地可通过出租、互换、入股等方式进行流转；另一方面，由于农房所有权归属农民，农房使用权可在更大范围、更多主体间进行流转。从这个角度来看，为促进闲置宅基地和闲置农房盘活利用，需要重点在以下三方面予以放活。一是在利用主体上予以放活。要允许农民自身、农宅合作社、市场主体、政府等多主体共同参与闲置农房开发利用，在利用主体确定上，本集体经济组织成员应具有使用优先权。二是在流转方式上予以放活。要允许以土地征收、租赁、互换、入股联营等多种方式实现使用权流转。三是在流转用途上予以放活。要在杜绝用于小产权开发、修建别墅大院和私人会馆前提下，允许适度转变用途，用于支持农村新产业新业态发展，助力乡村振兴。

（三）建立农村宅基地有偿使用机制

农村宅基地由无偿获得到有偿使用是我国农村土地利用的发展趋势，是在兼顾宅基地住房保障功能的基础上引入市场机制，有利于农村建设用地资源的有效配置，是一个重大的制度突破。明确宅基地有偿使用也是集体所有权的重要体现。一是明确宅基地集体所有的性质，明确申请资格。在农户申请建房时，就要明确农户和村集体在宅基地使用上的权限，村集体有权核实农户申请资格，并确保宅基地的使用依照村庄规划。农户申请资格应与村集体经济组织成员资格认定相衔接，同时应明确界定“一户一宅”适用条件。

二是分类制定有偿使用的标准。对新申请的宅基地根据宅基地的土地性质确定不同的有偿使用收费标准，明确有偿使用费的计算依据。对历史原因造成超占超标的宅基地面积，实施分类型、阶梯性收费，通过利益约束鼓励腾退多出部分，实现宅基地节约利用。

（四）构建农村宅基地自愿有偿退出机制

农村宅基地自愿有偿退出是一项浩大的工程，改革试点想要取得预期成效和经验就必须建立健全宅基地有偿退出机制。

一是以产权明晰为退出基础。通过确权颁证工作，在认定集体经济组织成员身份和明确退出基本条件的基础上开展自愿有偿退出，对于产权归属有争议的一律不得进行有偿退出。

二是以多样性补偿为利益引导。通过充分协商，制定合理的补偿标准，采用多样化的方式实现宅基地自愿退出补偿。第一种方式是经济补偿，对于农户退出的宅基地（包括地上建筑物、附着物），根据补偿标准给予补贴。可以一次性货币支付，也可以年化支付；以多种方式筹集资金为试点自愿有偿退出宅基地的农户垫资补偿，退出宅基地整理利用获得收益后归还；可以从项目资金中按照节余的建设用地指标给予补偿，还可以发动村集体内部和乡贤力量进行筹资。第二种方式是促进宅基地资产化，鼓励金融机构和社会资本参与，探索宅基地自愿有偿退出的市场化运作机制。第三种方式是宅基地换社保，对定居在城镇或在城镇拥有稳定住所且自愿退出宅基地的农民，政府与村集体给予一定社会保障等相应政策优惠，解决农民的后顾之忧。可根据实际情况提供多种方式的社保组合方案。

三是以科学流程为实施支撑。农村宅基地自愿有偿退出至少需要以下流程：①退出宅基地的农民向村集体经济组织提交自愿申请书和相关佐证材料；②村集体经济组织通过会议进行资格审查；③审查通过后报镇政府；④公示，接受大众监督；⑤签署宅基地使用权自愿有偿退回协议，注销原有土地使用权证；⑥按照协议对宅基地（包括地上建筑物和附着物）进行处置并兑现补偿。

（五）探索农村宅基地退地多元利用机制

在宅基地自愿有偿退出的基础上通过多种形式提高退出宅基地的利用率，确保土地资源得到充分利用和有效配置。

一是满足本村无房户的建房需求。在符合村庄规划的前提下，遵循有偿使用的宅基地分配原则，首先满足符合宅基地申请条件的农户的建房需求。同时，按照村集体人口未来发展的趋势，预留至少10年的宅基地资源，确保其住房保障功能。

二是对房屋进行改造利用。对于退出宅基地上可以居住的房屋，可由政府收购后以廉租房形式或定期免费方式安置无房户、危房户、地质灾害搬迁户等农村住房困难群体。

三是整理转化为建设用地。对于有条件整理利用的退出宅基地，可根据实际情况将其整理转化为农村集体建设用地，经批准可作为村内规划的公共设施、公益事业和集体经济发展用地。同时，也可以由村集体用于集中发展乡村旅游业和休闲农业等来增加农民收入，或者通过流转、合作经营等多种经营模式进行开发利用。在宅基地综合整治的同时，实现土地资产变现，既保障了农民的生计又推动了城乡融合发展。

四是闲置宅基地复垦。目前农村的“空心化”现象愈加严重，导致宅基地的综合利用率低，退出的宅基地开展复垦能够更好地打通宅基地与耕地之间的转换途径，对宅基地复垦形成的耕地，原宅基地农户拥有使用权或者把使用权转让给集体。闲置宅基地复垦可以大大提高宅基地的利用效率，为乡村产业发展和生态宜居乡村建设奠定重要基础。

（六）强化农村宅基地有偿退出潜在风险防范机制

农村宅基地的自愿有偿退出具有实用性和创新性，一方面有利于提高农村闲置土地的利用率，但另一方面现实存在多种复杂因素制约导致了农村宅基地有偿退出的改革进程可能产生一些潜在的风险，对此需要注意并防范以下三大风险。一是补偿资金不能有效运转导致宅基地自愿有偿退出缺乏资金保障的风险。二是外部要素进入导致管理上的真空或者加剧乡村治理矛盾的风险。三是地方强势力量强制干预导致部分农户利益难以有效保障的风险。在改革试点中需要高度重视上述风险，并且有预见性地制定防范风险的对策措施，确保能够平稳推进农村宅基地自愿有偿退出的改革探索并达到预期目标。

参考文献

《四川省乡村振兴战略规划（2018～2022年）》，四川省人民政府网站，2018年9月9日。

《四川省委办公厅、省政府办公厅印发〈“美丽四川·宜居乡村”推进方案（2018～2020年）〉》，人民网，2018年11月16日。

祁全明：《我国农村闲置宅基地的现状、原因及其治理措施》，《农村经济》2015年第8期。

董新辉：《新中国70年宅基地使用权流转：制度变迁、现实困境、改革方向》，《中国农村经济》2019年第7期。

邵恒心、宇德良、宋德义：《宅基地“三权分置”背景下重庆市闲置农房盘活利用思路探讨》，《农村经济与科技》2019年第14期。

曾旭晖、郭晓鸣：《传统农区宅基地“三权分置”路径研究——基于江西省余江区和四川省泸县宅基地制度改革案例》，《农业经济问题》2019年第6期。

郭晓鸣、虞洪：《建立农村宅基地自愿有偿退出机制的现实分析与政策构想——基于四川省的实证研究》，《农村经济》2016年第5期。

贺雪峰：《建设用地制度改革的逻辑——以成都市城乡统筹实验中的土地制度改革为例》，《贵州社会科学》2013年第4期。

叶剑锋、吴宇哲：《宅基地制度改革的风险与规避——义乌市“三权分置”的实践》，《浙江工商大学学报》2018年第6期。

孔祥智：《宅基地改革：政策沿革和发展方向》，《农村金融研究》2018年第11期。

B.11
四川以农村人居环境整治推动旅游业发展的制约因素及对策

胡俊波　熊若希　唐张雨青*

摘　要： 将农村人居环境整治行动与推动乡村旅游业发展结合起来，具有非常重要的意义。四川省具有丰富的旅游资源，但是在旅游业发展过程中还存在诸多不足和短板。从理论上看，农村人居环境整治与改善提升景区景点的品质具有很高的契合度，通过农村人居环境整治，可以匹配游客对旅游产品质量的要求，也可以完善旅游业，扩充旅游人才后备队伍。本文对部分试点地区的经验做法进行了归纳和总结，也在研究中发现了试点过程中暴露出来的相关问题，并提出了进一步将农村人居环境整治与推动旅游业发展相结合的相关政策建议。

关键词： 人居环境整治　旅游业　乡村振兴

改善农村人居环境，建设美丽宜居乡村，是实现党的十九大提出的乡村振兴战略的一项重要任务。乡村振兴战略提出了“产业兴旺、生态宜居、乡风文明、治理有效、生活富裕”五项总要求，“生态宜居”与其他四项要求之间是相互联系、相互补充的关系。从产业培育的角度看，发展

* 胡俊波，博士，四川省社会科学院农村发展研究所副研究员，主要研究方向为农村经济；熊若希，四川省社会科学院农村发展研究所硕士研究生，主要研究方向为农村发展；唐张雨青，四川省社会科学院农村发展研究所硕士研究生，主要研究方向为发展经济学。

旅游业与农村人居环境整治之间具有很高的契合度。四川省的旅游资源非常丰富，但是在旅游业发展的过程中仍然存在诸如“对农户的带动力还不足，景点建设与未来旅游业个性化需求匹配度不够”等问题。通过推进农村人居环境整治行动，将村容村貌提升、基础设施建设与独具区域特色的景点景区打造结合起来，在提升农村生态环境品质的同时推动农村的产业振兴、促进农村居民增收，无疑具有非常重要的现实意义。基于上述目的，本文将首先介绍四川省旅游资源的基本情况，从旅游业自身发展的现状出发，梳理目前旅游业发展面临的一些短板。然后，针对这些短板，从理论层面分析通过农村人居环境整治推进旅游业发展的可能性。之后，再介绍前期四川各地通过农村人居环境整治推进旅游业发展的经验做法，挖掘试点地区在实践过程中面临的现实问题，并提出相应的对策建议，以期在更大的范围内更好地实现农村人居环境整治与旅游业新发展的相互协调。

一　四川旅游资源的基本情况与短板

（一）四川旅游资源的基本情况

四川位于我国西南地区内陆，东西地貌差异极大，山势地况复杂多样，悬殊的海拔高度使得旅游资源遍地开花。川北秦巴山区、川南乌蒙山区、攀西大小凉山、川西北高原，这些地区的自然条件千差万别，[①] 景观资源得天独厚。截至 2019 年，四川一共拥有 6 处世界遗产、7 处国家级遗产、230 余处全国重点文物保护单位。

四川旅游资源极其丰富。一是自然地理资源多样。四川拥有多种植物资源、动物资源、矿产资源和地文景观。植被类型多，拥有 1 万余种高等植物；动物种类多，包含国宝大熊猫在内的珍稀保护动物 100 余种；矿产资源

① 王思铁、娄汝壮：《因地制宜持续发展》，《农村经济与技术》1997 年第 9 期。

种类丰富，天然气、钒、钛等共 14 种矿产在全国查明资源储量中位居第一；[①] 地文景观丰富，拥有高山峡谷、冰川草原、湿地溶洞，涵盖丹霞地貌与喀斯特地貌，亚洲第一瀑布、国内唯一保护完整的高原湿地丰富了四川盆地的旅游资源。二是历史人文旅游资源充实。四川作为华夏文明发源地之一，悠久的历史沉淀出多样的文化。古蜀文化、三国文化和红色文化的深厚底蕴与适应时代的发展吸引着来自全球的游客。四川作为多民族聚居地，各民族独特的风情风貌推动旅游业进一步发展。截至 2018 年末，被评为四川省级传统村落的有 869 个，发挥着多样民俗文化的集群优势。三是规划了众多精品旅游线路。畅游四川，感受古蜀文化，游览名人故居，体验民族风情，亲近自然，探寻群山幽谷，加入大熊猫生态园之旅，亲临雪山、高原、牧场，还可以重走长征路，多样的旅游资源与旅游方式使四川闻名世界。

（二）旅游业对农户的带动力还不足

在经济新常态与乡村振兴的宏观背景下，由传统农民向新型农民转变是大趋势，应保证农民是村庄、社区的主人这一点不变，帮助农民积极参与新农村的建设，推动乡村旅游健康、持续、稳定发展。农旅一体化是乡村旅游和休闲农业发展的新模式，农旅一体化的发展需要大量高素质的职业农民，[②] 提高农民参与度、提升农民知识素养迫在眉睫。在少数景区，当地农民既要被迫转变传统农耕生活方式，又要牺牲对土地的权利，配合景区开发，却被排除在景区建设与运营之外，无法获得利益补偿，最终导致当地农民不愿意参与景区基础设施维护与生态环境保护，景区生态建设受阻；同时，由于当地农民的参与度不高，当地农耕特色与民俗文化无法得到充分展现，导致旅游体验较差，不利于景区发展。

---

① 寇敏芳：《14 种矿产全国第一保障房用地供应增加》，《四川日报》2018 年 6 月 14 日。

② 王德召、梁成艾、黄玖琴：《农旅一体化背景下职业农民教育途径探析》，《职教论坛》2018 年第 6 期。

（三）景点建设不匹配游客个性化需求

从旅游业发展的规律看，各景区的建设应突出特色，精准定位目标人群。例如，针对家庭出游与个人出游的配套公共服务要有所区别。针对不同年龄段的出游人群，其景点基础设施的建设应体现差异，最终目的是给游客带来更多元的体验。然而，四川现有的部分景点过于同质化，差异性表现不鲜明；很多一步一景的自然风光掩盖在群山幽谷之中，难以开发，资源的转化率较低；[①]“门票经济”占据了极大比例，难以吸引游客，不能很好地促进经济增长；景区建设过于商业化，缺乏人文内涵，无法留住游客，更无法赢得回头客；景区自身的承载能力弱，基础设施不完善，交通不便，无法应对旅游旺季的庞大需求；此外，四川部分景区在开发建设过程中存在原有乡村风貌被破坏等情况。

（四）资源开发与绿色发展的要求尚有差距

旅游资源本属于公共产品，但是一旦被开发成景区，就具有了排他性。所以资源的开发需注重社会效益、环境效益、生态效益。虽然旅游业是“无烟工业”，但是以往经验表明，其对资源和环境的损耗仍是不可忽视的。

现有的一些景区以牺牲环境为代价大兴土木，对当地的生态圈造成不可修复的破坏；部分旅游区远离城市，大量污水直接渗入地下或排入河沟，因未进行分类而难以将其无害化处理的垃圾所造成的二次污染对生态环境的破坏同样不可逆；对位于高山湖泊、原始森林的景区资源的掠夺性开发可能招致水土流失、山体滑坡，对脆弱的生态系统造成致命打击。

① 杜松源：《当前四川旅游业发展中存在的问题及对策研究——基于墨西哥尤卡坦地区经验的视角》，《经济研究导刊》2014 年第 34 期。

二　四川人居环境整治推动旅游业发展的可行性分析

（一）生态环境优化可以匹配旅游者对环境质量的要求

伴随经济良好发展，国民素质快速提高，游客对旅游景区的质量更加注重。人居环境整治可以对接乡村旅游，对乡村生活垃圾、污水、厕所粪污提出治理要求，展现景区绿色新面貌。

在乡村景区实行垃圾分类，实现资源化利用，避免二次污染，创新“党组织＋爱心超市＋垃圾积分站”等模式，引导村民实施垃圾分类，做到既能专业化回收生产生活垃圾，又能提供便利服务；开展全域水环境治理，因地制宜对生活污水进行统一或分散化处理，控制排放源头，消除水源不净的致病隐患；景区配套复合型公厕，外观上融入景区设计，兼具主题化、科技化，能承载一定客流量，采取净化槽或者生态湿地池的方法处理粪污与生活污水，维护好环境卫生。

对于高山偏远地区，借助科技力量，依托科技创新，推行生物菌床生化处理，使用泡沫微生物环保厕所解决缺水、低温的问题，在使用结束后作为肥料还田使用，优化服务体验的同时兼具生物功能。针对村落中的历史文化景观群、古镇文化景观群、湿地景观群或森林景观群，鼓励通过专业化保护方式优化村容村貌，借助舆情力量，在保护生态景观的同时加大宣传力度。对于靠近保护动物聚居地开发的村落，景区内可以开设生态保育区，维护动物原始野生生态环境，尽量不干扰物种的延续路径；规划游客生活区域时要远离拥有重要种子植物与多样植被类型的地区，尽量不破坏自然带谱的丰富性，在发展旅游经济的同时实现生物经济。景区环境质量的提升会促进良性发展，提高景区吸引力与景区辨识度，实现新型乡村旅游业的再次升级，良好的田园风光会让美丽乡村成为最值得光顾的地方。

（二）通过规范民宿建设可以完善旅游产业链

乡村民宿是指经营者依法利用自有住宅或者租赁本地居民住宅，结合当地人文景观、自然景观、生态环境及乡村资源，以旅游服务的方式，提供乡村住宿、餐饮等旅游接待的经营场所。富有人情味和乡土风情的民宿体验是乡村旅游的重要组成。民宿的规范化建设能提升游客住宿品质，扩大游客容量，展示地方特色。作为发扬乡土文化、拉动乡村经济的重要载体，民宿发挥着推动乡村振兴的重要作用。民宿的开发与建设应依托资源禀赋与当地产业特色，建设生态宜居环境，培养专业管理团队，向服务个性化、外观规范化、管理专业化靠拢。

开展农村人居环境整治能推动民宿进一步规范化。首先，应遵循整个村落在村容村貌上统一管理、整体塑造的原则，清理断壁残垣，整治院坝环境，绿化美化休闲式庭院，建成成本经济、保留乡土风貌、建筑结构安全的住房。其次，深挖历史与文化特色，推动形成整洁、富有当地文化气息的民宿，为传统乡村注入新活力。最后，规范民宿建设还能为乡村增添文化符号，紧跟科技发展，推进共享经济，提高村民素养，加块城乡融合进程；通过推动乡村旅游住宿的供给侧改革，把握消费偏好，硬件与软件设施合理配套，结合乡旅特色，建设主题民宿，形成一批功能合理、使用具有可持续性、能源用材环保节约的民宿，完善旅游产业链。构建民宿新业态，实现旧貌换新颜，与新型消费相互适应，让旅游不单是简单的游乐，更具度假体验，不仅能让旅游者得到精神上的放松、心灵上的享乐，还能拓宽村民收入来源、助力乡村实现二次蜕变。

（三）当地农民可以充当旅游业市场人才后备军

当地农民不仅是农村人居环境整治的主体，还是为旅游业市场提供服务与特色产品的中坚力量。由于景区景点的建设就在农民身边，农村剩余劳动力的转移难度小、转移成本低，当地农民可以大量参与到旅游业的发展之中。导游服务、交通服务、民宿旅游服务、特色餐饮服务给农村剩余劳动力带来大量就业机会；特色农业副产品可以转型为典型消费品，传统农耕生活方式将实现转型升级。年轻一代有机会留乡创业，或填补职位空缺，促进农村剩余劳动力的自我消化；城市居民也能找到新的消费方式，拉动乡村经济，有助于消除城乡二元结构。

（四）人居环境整治将突出区域民俗文化的个性

四川巴蜀文化源远流长，南方丝绸之路始于成都平原，“天下诗人皆入蜀”等奇观成就了四川丰厚的历史底蕴与人文精神内涵，使四川成为文化旅游资源的聚宝盆。开展农村人居环境整治，不仅可以赋予文化新的时代含义，还可助力面临失传危机的民俗文化进入非物质文化遗产保护行列。四川全省通过开展“三清两改一提升”（即清理垃圾、清理水源水体、清理畜禽粪便，改变不良习惯、改建厕所，实现村容村貌进一步提升），提升乡村建筑风貌和环境品质，塑造美丽乡村新格局。按照城镇化进程，科学化保留或缩减村庄规模，完善维修名镇古居、古戏台古戏坝、民族村寨、传统院落等，延续其生命。另外，四川作为彝族、藏族和羌族等 14 个少数民族的世居地，应在人居环境整治的过程中，建立民俗文化博物馆，大力宣传特色节庆，积极传播民俗文化，激发文化旅游发展潜力，延续民俗文化生命力。将民俗文化与自然风光、现代产业相结合，探索新的发展模式，利用好四川地区特有的民间艺术、饮食文化、红色文化，开设精品旅游线路，开展多样体验活动，在保护的同时进行有限度的开发利用，展现民俗文化的进步意义，结合消费类型的转变发挥产品优势，避免重复规划建设，突出区域民俗文化个性，使传统民俗文化适应新时代，实现新发展。

三　四川人居环境整治推动旅游业发展的举措

（一）完善交通设施，优化乡村旅游出行条件

交通基础设施是否完善在一定程度上影响着乡村旅游业的成功与否，游

客在旅游的过程中对于体验舒心的要求尤其明显。四川省旅游资源比较分散，川西地区地形地势较为复杂，乡村旅游资源的经济价值能否被挖掘与交通基础设施的完善程度密切相关。

比如，光雾山和诺水河是四川省巴中市重要的旅游景区，是国家级风景名胜区、国家4A级旅游景区和国家地质公园。但是，景区内道路弯多路窄，行驶的车型复杂，存在严重的交通安全隐患，极易发生交通拥堵和交通安全事故，影响了旅游业的健康发展。在近几年巴中市农村人居环境整治过程中，四川省交通运输厅积极支持巴中市加快区域交通基础设施方面的建设，服务于光雾山、诺水河景区旅游开发。经过近几年努力，巴陕高速公路一期（巴中至南江段）已建成通车，南江至川陕界段于2018年建成通车，镇巴至广安高速公路（通江至广安段）前期工作进展顺利；G244、S408、S301等普通国省干线公路的建设也取得了长足发展，通行能力和服务水平得到有效提高，极大地改善了区域交通条件；农村公路覆盖水平和延伸深度得到进一步提高，基本实现所有乡镇和建制村通硬化路。交通基础设施的完善对光雾山和诺水河景区旅游开发起到了巨大的积极作用。

（二）利用自然景观，发展生态旅游

四川省复杂多样的自然条件孕育出丰富多彩的自然景观，与其他省份相比，四川省在生态方面的旅游资源具有数量多、品质高、原生性好、类型众多、富集度高等特点。四川省是最早通过改造自然景观来发展生态旅游的省份之一，四川省在人居环境整治过程中，通过政府间合作、多边国际合作、国内外非政府组织合作和交流等多种形式，在发展生态旅游方面取得了较大进展。从20世纪80年代在九寨沟、卧龙国家级自然保护区、王朗国家级自然保护区等四川省西部地区采取生态旅游试点以来，生态旅游经历了20多年的探索与实践，形成了一种新型旅游业态，其中以世界自然遗产、“世界人与生物圈保护区网络成员”、自然保护区和国家森林公园等为主要载体，以森林观光、休闲、度假、野

生动植物观赏、生态考察、科学研究和教育培训、环境保护为主要内容。①

（三）改善村容村貌，发展特色民宿

近年来，伴随着“看得见山、望得见水、记得住乡愁”的美丽乡村打造，对乡村自然景观的审美向往使民宿产业进入了新一轮发展时期。为努力建设发展美丽新农村，增加农民收入，四川乡村旅游的民宿产业发展得如火如荼。

彭州市具有独特的地理位置，拥有丰富的自然资源和文化底蕴，近年来，彭州市积极发展民宿产业，将生态优势转化为发展优势，在人居环境整治过程中推动特色民宿的发展。在“绿水青山就是金山银山”发展理念的指引下，彭州市创新提出了构建“两山理念样板区”的发展目标，着力发展生态绿色产业，集中整治村庄内生活垃圾，使村容村貌得到了极大的改善，并借鉴浙江省一些地区发展乡村旅游的经验，把民宿产业作为彭州旅游业升级转型、提质增效以及实现旅游业快速发展和推动乡村振兴的重要抓手，提出了“以民宿点亮乡村，用艺术对话世界”的民宿集群发展思路，开办了多家特色精品民宿，形成了“东有莫干山，西有龙门山”的新格局。

（四）垃圾集中处理，推动休闲农庄二次发展

郫都区农科村是“中国农家乐发源地”“中国盆景之乡”，也是“扬雄故里”。依托良好的自然生态本底和历史文化底蕴，友爱街道农科村在乡村旅游发展方面走在了全国前列，全国第一家农家乐在这里诞生，开启了中国农家乐时代，农科村的乡村旅游业也从无到有到强大，极大促进了当地经济社会发展。近年来，为了打造以农科村为核心景点的乡村休闲旅游业，当地政府在人居环境整治的各个方面都大力给予了农科村技术指导和物质支持。40多户农家乐经营者更是劲头十足，争相将苗木收益投向旅游设施建设，让每家每户都形成了景观特色和旅游文化主题，并且经过多次改造升级，硬

① 张雁鸿：《四川省生态旅游发展问题研究》，硕士学位论文，西南财经大学，2007。

件设施整体来说达到了星级标准，基本上具备了乡村度假酒店接待条件。村庄内部实现垃圾集中处理，营造了优美的景区环境，农家乐环境得到全方位的整治，促进了农家乐的持续发展。

四　四川通过人居环境整治推动旅游业发展面临的制约因素

（一）旅游资源整合不足，乡土特色不明显

在推进乡村旅游业发展的过程中，有些地区的旅游项目并没有和乡村特色结合起来。比如，四川的国家级名镇和传统村落数量分别位居全国第 2 和第 7，数量庞大、历史悠久，它们既是四川宝贵的历史文化遗产，更是留住“乡愁”的重要载体。但是，在农村人居环境整治的过程中，乡村古镇古村落的保护与发展仍然存在着一系列的问题。一是保护发展古镇古村落所需要的资源尚未得到合理有效地满足，引进资金的渠道有限，导致当地资源在开发过程中没能得到有效利用，大众对古镇古村落的了解需要进一步加深。二是外来文化的冲击，乡土文化是古镇古村落发展旅游业的独有特色，但是，在对当地旅游资源进行开发的过程中，由于受到外来文化的冲击，当地独有的乡土文化的内涵与价值常常被忽视了。三是当地政府针对古镇古村落制定的发展规划体系还不够完善，缺乏长效机制，技术和政策等都还有很大的进步空间。

（二）基础设施不完善，缺乏公共服务

各地虽然一直把乡村旅游交通设施建设看作发展乡村旅游的重要内容，但因为乡村旅游空间分布较广，至今许多乡村旅游景点的交通设施仍然不够完善，景点可进入性差。除此之外，在乡村环境卫生方面，除了少数几个品牌景点外，大多数乡村旅游景点位于较为偏远的地区，公共卫生设施不足，尤其是饮水和厕所的卫生条件差，让游客望而却步。

另外，四川省乡村旅游资源多数集中在偏远山区，然而，偏远山区工资待遇低、生活条件差，不太容易吸引到旅游管理专业人才前来就业，高素质专业人才的缺乏成为四川省乡村旅游可持续发展的制约因素。而且，在现有的乡村旅游从业人员中，多数是当地农民，虽然他们吃苦耐劳，但是文化素质不高，缺乏必要的专业技能，造成服务水平较低，从而影响了乡村旅游业的可持续发展。

（三）资金投入渠道不畅，财政支持力度不够

乡村旅游业的正常发展需要充足的资金作为保障。由于四川部分农村地区的经济实力较为薄弱，筹资渠道较少，融资难、融资贵的问题比较突出，在开展人居环境整治的同时，短期内难以满足发展乡村旅游业的资金需求。

而且，从目前来看，发展乡村旅游业的资金主要还是来源于政府，但政府投入的资金有限，财政支持力度不够，因此乡村旅游业不能得到真正发展。从乡村旅游业的经营模式来看，自主经营仍旧占较大比例，由于规模不大，外部的资金引入渠道不畅，没有足够的资金来进行扩大再生产。由此看来，资金问题仍然是乡村旅游业发展的重要制约因素，四川省乡村旅游业的未来发展面临极大挑战。

（四）部门衔接不畅，利益联结机制有待优化

目前，虽然四川农村地区正在大力开展人居环境整治，但是存在部门之间衔接不畅的问题，部分地区一味追求乡村旅游资源的景区化和产业化，往往会导致旅游资源的掠夺性、破坏性开发和旅游资源经营权的高度垄断，在获取更多旅游收入的同时却降低了当地农民对乡村旅游活动的参与度，未能创造吸收农村剩余劳动力的就业机会，而且削弱了对于农民经济收入的辐射带动作用，甚至影响了当地农民的正常生产生活。乡村旅游资源开发与人居环境整治关联度的降低和农民在乡村旅游活动中主体地位的丧失不利于当地农业和旅游业的融合与共生，也不利于城乡资源的深度整合以及“以旅促农、以城带乡”长效机制的进一步完善。

五　对策建议

（一）合理保护利用古村落，完善旅游产业链

一是充分尊重乡村发展规律。要坚持尊重乡村发展自然规律，实现原有村落有机整治更新，合理保护古村落整体样貌、格局和建筑特色。将保护古镇古村落与建设幸福美丽新村、产业发展有机结合，维护乡村传统风貌，改善农村人居环境，不断彰显出独立于城市的田园风光和农村生产生活特色。

二是坚持原本性和整体性原则。古镇古村落是完整复杂的有机体，保护和发展都必须是动态的，保护和发展其文化生态必须坚持原本性和整体性原则。必须坚持古镇古村落的自然环境保护与社会经济发展相结合，引导和激发当地居民传承历史文化及发展经济的活力。

三是坚持以农民为主体实现共同发展。乡村发展的本质是人的发展，唯有充分调动农民的积极性、主动性和创造性，才能有效推进乡村的可持续发展。要调动农民积极参与古镇古村落的保护与发展，决不能让他们只成为旁观者，要做到共同保护、共谋发展、共同管理、成果共享。①

（二）深入挖掘乡村传统文化，促进旅游业优化升级

一是构建有效的互动发展机制，通过将传统文化与乡村旅游发展相结合，带动区域经济的发展。依靠传统文化吸引旅游者的目光，在形成初步的规模之后，再根据旅游者的消费需求来对旅游产品进行有针对性的升级。促进传统文化挖掘与乡村旅游业升级的良性互动。

二是促进乡村旅游产品创新。创新乡村旅游产品，应加强传统文化的创新。四川省在设计乡村旅游产品时，应考虑将多个方面因素相结合，创新产

---

① 薛学轩、张明建：《“乡愁”是乡村振兴的最靓名片——访四川省住房和城乡建设厅厅长张正红》，《城乡建设》2019 年第 12 期。

品既要体现当地传统文化特色，也要深入挖掘传统文化的内涵。通过创新旅游产品来促使产业优化升级，打造当地知名旅游品牌并且持续推广，是四川省以传统文化为基础的乡村旅游地区想要获得可持续发展的重要途径。

（三）完善基础设施，提升公共服务水平

一是完善旅游交通标识系统。协调并规范四川省旅游交通指引标识的制作和设置，重点完善机场、火车站、汽车站、乡镇入口和景区等重要节点交通指引标识引导服务功能，做到统一、规范、美观。将游客集散中心、旅游咨询中心、旅游指示标识、旅游停车场等纳入旅游公共服务设施建设范畴，并给予重点扶持。

二是要大力推进乡村旅游厕所建设。全面开展乡村旅游“厕所革命”，深化文化和旅游部的“厕所革命”工作部署，推进“地域鲜明、数量充足、干净环保、实用免费、管理有效”的旅游厕所体系建设。

三是加强专业人才培养和引进，提高服务的质量水平。一方面可以对当地农民开展专业技能培训和服务水平培训，另一方面可以引进高素质的专业人才，提升整体的服务水平，使游客获得舒心的服务体验。①

（四）拓宽资金投入渠道，增加政府财政投入

要使旅游业可持续发展，始终保持生机与活力，就必须不断开发出新的旅游项目来吸引游客。由于目前资金来源不畅且较为单一，为了旅游业的持续发展与壮大，必须做到以下两点。

其一，政府要加强财政支持，加大旅游项目开发的投资力度，需要制定综合的发展规划，尤其要对那些发展不充分、较为弱质的地区和景点大力给予资金和政策扶持，并形成稳定高效的扶持机制，这样有利于地区的基础设施建设，促进当地旅游业的发展。

其二，当地在开发新的旅游景点和旅游项目时，可以向社会上的公司企

---

① 杨焰君：《四川省西充县乡村旅游发展对策研究》，硕士学位论文，昆明理工大学，2017。

业以及银行招商引资，或是吸引他们参与入股。同时，银行可以放宽贷款条件或是直接发放小额贷款，企业可以参与进来合力开发旅游景点或项目。

（五）突出农民主体地位，共享发展成果

一是要增加农民就业机会，发挥好乡村旅游在吸纳劳动力就业方面的作用，在离土不离乡的情况下解决更多农村剩余劳动力的就业问题，更好地带动广大农民参与旅游资源的开发；另外，应创造良好的就业环境，间接增加农民的就业机会，可以鼓励农民依托当地乡村旅游业开展多种经营活动。

二是要增加农民收入。让农民通过资金入股、资源参股取得的合法收入以及参与乡村旅游开发和管理挣得的劳动报酬都得到保障。让农民在共同开发和管理乡村旅游的同时享受发展成果，从而提高农民的经济收入。

三是要将旅游开发与农民自身发展相结合。重视农民文化水平的提高，开展劳动技能培训，提升农民素质，争取在农民中培养出专业旅游人才。

四是要将旅游业发展与农村的精神文明建设相结合。帮助农民丰富业余文化生活，使农民的精神生活不断得到充实，提升农民的精神境界。[①]

参考文献

王思铁、娄汝壮：《因地制宜 持续发展》，《农村经济与技术》1997 年第 9 期。

寇敏芳：《14 种矿产全国第一保障房用地供应增加》，《四川日报》2018 年 6 月 14 日。

王德召、梁成艾、黄玖琴：《农旅一体化背景下职业农民教育途径探析》，《职教论坛》2018 年第 6 期。

杜松源：《当前四川旅游业发展中存在的问题及对策研究——基于墨西哥尤卡坦地区经验的视角》，《经济研究导刊》2014 年第 34 期。

张雁鸿：《四川省生态旅游发展问题研究》，硕士学位论文，西南财经大学，2007。

① 诸丹、唐建兵：《四川省乡村生态旅游开发探析》，《西南民族大学学报》（人文社科版）2009 年第 7 期。

薛学轩、张明建：《“乡愁”是乡村振兴的最靓名片——访四川省住房和城乡建设厅厅长张正红》，《城乡建设》2019 年第 12 期。

杨焰君：《四川省西充县乡村旅游发展对策研究》，硕士学位论文，昆明理工大学，2017。

诸丹、唐建兵：《四川省乡村生态旅游开发探析》，《西南民族大学学报》（人文社科版）2009 年第 7 期。

B.12

四川河湖长制的实施状况、存在问题及对策建议

王森培　郭晓鸣*

摘　要： 河湖长制是实施河湖治理和维护河湖健康的一项重大制度创新。全面推动河湖长制是构建河湖健康的关键举措和重要抓手，进一步完善农村河湖体系对改善农村人居环境和提升农民幸福感具有重要作用。自河湖长制实施以来，四川省河湖水环境质量明显改善，但是农村地区的河湖管护仍然存在治理盲区。本文通过分析四川河湖长制的实施情况，重点总结四川实施河湖长制的成效，探讨现阶段河湖长制实施中存在的主要问题，提出相应对策建议。

关键词： 河湖长制　农村水环境治理　生态环境保护

全面推行河湖长制是以习近平同志为核心的党中央做出的一项重大决策部署，既是推进生态文明建设的重要内容、完善水治理体系的重要任务，也是推动经济高质量发展的重大历史机遇。四川位于西南腹地，水系发达、河湖众多，作为“千河之省”，四川仅流域面积在50平方公里以上的河流就有2816条，各河流岸线总长度超20万公里，是长江、黄河的重要水源发源地、重要水源涵养区和主要集水区，保护改善水环境质量任重

* 王森培，四川省社会科学院农村发展研究所硕士研究生，主要研究方向为农村发展；郭晓鸣，四川省社会科学院原副院长，研究员，主要研究方向为农村经济理论与政策。

道远。自 2017 年四川先后启动河长制、湖长制以来，通过持续开展实施河湖治理水资源保护、水域岸线管理保护、水污染防治、水环境治理、水生态修复和执法监管等，全省水环境质量明显改善，但一些农村地区的河湖、水库、塘坝、沟渠等仍然存在治理盲区。为扫除河湖管护死角，自 2019 年起，四川把农村水环境治理通盘纳入河湖长制治理体系，全面启动农村水环境治理，改善农村河湖“脏乱差”面貌，推进美丽宜居乡村建设。

一 四川河湖长制的实施情况

四川省高度重视深化河湖治理，实现“一盘棋”管理，推动河湖长制从“有名”向“有实”转变，引导河湖长的工作职责由管护河湖向系统治理转变，河湖治理由部门治理上升为全社会广泛参与，统筹河湖流域横纵关系，协同推进水污染防治工作深入开展，逐步形成由“九龙治水”到“一拳发力”的河湖管护总体工作新布局。①

一是加强落实河湖长制。2017 年以来，四川省先后印发了《四川省贯彻落实〈关于全面推行河长制的意见〉实施方案》和《关于全面落实湖长制的实施意见》，指出要全面建立河湖长制，省委书记担任组长、省长担任总河长。在此要求下，目前 20 位省领导任 10 条主干河流省级河长，先后巡查河湖 30 次，召开调研现场会 30 余次，全面落实河湖治理任务；基本确立了省、市、县、乡、村五级河湖长体系，共计 10 万余个岗位，全部深入河湖管护第一线。同时，积极推动河道保洁员、网格员、基层河长三支队伍融合：保洁员当前哨，发现问题及时处理；网格员当触角，查找原因及时报告；村（社区）及街道河长负总责，协调落实并兜底解决各类问题。通过网格化管理，基本实现了各类水域河湖长之间的有效衔接，全省各级河湖长

① 吴志广、庄超、许继军：《河湖长制从“有名”向“有实”转变的现实挑战与法律对策》，《中国水利》2019 年第 14 期。

年度巡查河湖 44 万余次，发现河湖问题 46 万余个，其中 40 万余个河湖问题已得到督促落实整改。

二是建立健全河湖治理工作机制，划分河湖长制管理范围。2020 年 3 月，四川省印发《2020 年四川省全面深化河长制湖长制工作要点》，把大型的自然湿地、水库、渠道等水域纳入管理范围，统一推进河湖长制工作的深入开展；指导各地继续推进河湖管理范围划定，基本完成第一次全国水利普查名录内河湖（无人区除外）划界技术性、基础性工作，在此基础上，由县级以上人民政府公告划界成果，利用全国“水利一张图”及河湖遥感本底数据库，推进划界成果上图，并对流域内河湖划界成果进行抽查检查。

三是深入推进“清四乱”常态化。针对“清四乱”中的难点问题、共性问题，四川省水利厅印发了《关于加强河道管理范围内有关活动管理的通知》，持续开展“四乱”清理整治，坚决遏制增量、清理存量，将清理整治重点由大江大河向中小河流、农村河湖延伸，实现河湖全覆盖，重点整治非法建设、非法围河围湖、非法采砂以及农村河湖“脏乱差”、非法种植养殖等问题，对重点区域、重要河湖开展进驻式专项督查，坚决依法整治涉河涉湖违法违规行为，不断建立健全河道管理保护长效机制，营造优良的水生态环境。

四是加强农村水环境治理。2019 年 3 月，四川省总河长办公室针对河湖治理盲区，印发了《加强农村水环境治理助力乡村振兴战略实施工作的方案》，将农村水环境治理纳入河湖长制管理，着力解决农村水环境治理中存在的突出问题。从县级、村级层面对农村生活污水乱排乱放现象进行彻底清查，全面掌握当地生活污水现状。继续推动实施“千村示范工程”，优先选择临近水域、农户聚集、水污染严重的地区建立示范点。试点县和示范村根据自身实际情况，走污染治理与资源化利用相结合的道路，在从源头上大力整治污水乱排乱放等行为的同时，也要选择合理的污水处理模式，使处理后的农村生活污水达到排放标准。鼓励社会资本参与污水处理设施建设，推动污水处理设施的建设和升级。

二　四川实施河湖长制存在的主要问题

（一）思想认识有待提高

受限于先污染后治理、先破坏后修复的传统思维，各地区和相关部门还未将落实河湖长制摆到工作的重要地位，河湖治理的财政投入力度不大，存在重建设轻管护行为，河湖水体的污染问题不断加剧。城镇农村重视程度不平衡的现象不容忽视，根据巡河检查的实际情况，无论是从治理、保护力度，还是从人员、资金投入来看，农村相较于城镇明显落后。此外，一些地区存在“部门化”思想，认为河湖治理应归水利部门管理，由“水务一家挑大梁”，对于河湖长所应承担的职责认识模糊，河湖长只“挂衔”，不“出征”，工作处于被动状态，缺乏主动作为，出现问题相互推诿，导致部分河湖治理工作行动缓、见效慢，且各成员单位的工作成果和信息报送不及时。

（二）农村河湖管理权责不够明晰

四川自全面推行河湖长制以来，农村水环境质量明显改善，但河湖长体系的建立大多停留在乡级及以上层面，部分农村地区对河湖、小水库、塘坝、小沟渠的治理仍然存在空白和盲区。由于多方治理主体团结治水的体制机制不畅，管理权责不明晰，职能交叉、力量分散、多头管理等现象普遍存在，部分地区整改工作推进受阻。这种情况在硬件设施落后、经费不足的基层更为常见，基层河湖长在负责原有较为繁重的工作基础上兼顾河湖管理重任，时间和精力不足，导致河湖长制形同虚设，治水管水工作处于混乱状态。

（三）跨界河流管理机制不协调

河湖保护管理是涉及上下游、左右岸的一项复杂工程，需要有关方面相互沟通协调，形成治水合力，实现共管共治。目前河湖统筹治理格局尚未形成，河湖治理大多被视为由水利部负责，部门之间未能形成有效衔接，各单位被动接受上级任务，对于任务对象及其目标的认识不明晰，彼此之间不能形成有效沟通，导致工作任务完成效率低下。由于“上游责任”意识不强，乡镇生活污水乱排、企业污水直排、养殖场粪污偷排等现象频发，四川河湖水质状况堪忧，如沱江流域是四川省水污染问题最为突出的区域，其污染沿线距离长、波及范围广。因此，针对河湖综合治理需要各地区、各部门间的相互衔接和沟通，一旦某一环节出现脱节或真空，水污染问题就无法得到根治。

（四）经费投入和技术保障不足

河湖水环境治理项目繁多，对资金投入和技术要求较高，特别是在对于农村河湖污染水域治理方面，由于数量多、情况复杂，需要投入大量的物力、劳力和财力，农村河湖水环境治理过程中在资金和技术方面均面临较大压力。一方面，2019 年四川省全面启动农村河湖治理，资金瓶颈一直都是河湖治理的突出问题之一，因此河湖长制的有效推进迫切需要财政收入和社会资本相结合。另一方面，解决资源环境面临的问题，要依靠科技进步，提供技术保障，不断提高资源利用效率、污染物排放的控制能力和废弃物的资源化利用能力。河湖治理信息是否精确有效关系到相关部门能否准确监测河湖水质状况并及时下达整改措施，而当前高效率、高质量、高水平的水环境监测信息服务体系尚未建成，河湖污染信息获取难度较大，河道治理后水质好转程度仅凭肉眼难以判断，也就不能为相关部门提供及时有效的信息支持，限制了河湖治理效益的提升空间。[①]

（五）河湖管理范围划定模糊

河道湖泊空间及其水域岸线的确定，对强化河湖管护、维护河湖健康至

① 王吉泉、廖姣、林柯、张辉、李春蝶：《建立岷江沱江流域水生态环境保护横向补偿机制对策建议》，《现代经济信息》2019 年第 15 期。

关重要，不同地区的河道的保护范围应由河道管理部门拟定。四川自 2017 年先后实行河长制和湖长制，已完成主要河湖的管控范围划定工作，设计岸线 2.6 万公里，长度超过 4 个长江，但是部分区域河湖划界工作进度整体缓慢。目前四川省在河湖空间管控上仍存在诸多薄弱环节，例如划定河湖管理范围责任主体不明确、部分农村河湖和水利工程划界确权任务滞后、已划定的范围线尚未落到实处、河湖管理和保护范围边界不清以及产权不明等问题普遍存在，河湖受人为扰动侵害严重，与水争地、侵害水域空间等严重威胁河湖生态健康的现象难以杜绝。

三　完善河湖长体系的对策建议

（一）进一步提高对实施河湖长制的思想认识

河湖保护管理与人民福祉息息相关，通过学习和培训等方式，深化对习近平生态文明思想的理解，并以此为指引，让各级各部门将河湖长制与河湖保护在认识上统一起来，坚持“节水优先、空间均衡、系统治理、两手发力”的治水方针，遵循“不简单以 GDP 论英雄”的绿色发展原则，进一步落实“不简单以生态达标论英雄”的考核标准，[①] 完善河湖长制度体系，从而不断满足人民日益增长的优美生态环境需要。与此同时，保护河湖生态健康需要多方社会主体共同参与，应鼓励各地积极开展村庄清洁行动，推进“厕所革命”，争创卫生县城，改善农村面貌。充分利用电视、广播、宣传册等多种方式，大力开展农村生活污水治理宣传和教育，加大惩罚力度，引导社会共管共治，使广大人民群众的环保意识得到加强，从而自觉、自愿和自发成为河湖保护管理实践活动中的一员。此外，要积极完善村规民约，倡导节约用水，杜绝乱泼乱倒现象，发动群众共同改善农村河湖生态环境。

① 彭东华、何绍辉：《河湖长制实践面临的新课题及思考——以江西省新余市为例》，《长江技术经济》2019 年第 3 期。

（二）加强落实河湖长制责任

进一步扩大河湖长体系范围，完善和夯实省、市、县、乡四级河湖长体制基础，尤其注重村级河湖长的设立，可从农村贫困人员中挑选精兵强将，并将农村河湖巡逻、管理、保洁等工作的责任明确到个人，保证有人做事，做得成事。构建责任明确、协调有序、监管严格、保护有力的农村河湖管理保护制度，加强落实河湖管护责任。进一步压实压紧各相关部门职责，一级抓一级，层层抓落实，定期开展巡查督导活动，对没有完成巡查任务的河湖长进行约谈并追究相应责任，推动整改工作有序进行。一方面，河湖长巡查督导要善于倾听群众呼声，了解群众的真实需求，发现现实问题，下达合理的整改措施。另一方面，河长制办公室要履行监督权，保证落实解决问题的政策措施，并将落实过程中存在的不足和最终结果及时准确上报。

（三）建立流域协调管理机制

建立健全完善的流域水环境跨区域治理协调管理机制，通过定期与利益相关方进行沟通、合作、协商的方式，探讨流域水环境治理内容和有效措施，实现上下联动、水岸统筹，改善农村河湖“脏乱差”面貌，共同推进碧水保卫战系列行动，推进美丽宜居乡村建设。[①] 加强“上游责任”意识，着重解决乡镇生活污水乱排、企业污水直排、养殖场粪污偷排等突出问题。强化源头治理，各部门联手进一步加大问题排查力度，全面摸清污水排放和水体污染现状，以县级为单位建立问题台账，边查边改，边改边查，严格进行每一处的整改销号，对违法问题依法依规严格处置。严格控制城镇生活污水直排，优化产业结构以减少企业排污量。引导企业适当集聚，完善工业园区污水集中处理设施。加大农村工业企业污染排放监管和治理力度，防止农村黑臭水体治理范围内的工业企业废水直排，形成上下

① 张德萍：《践行绿色发展理念 助力水乡田园建设——为全面推行河湖长制支招建言》，《湖北政协》2018 年第 4 期。

游齐抓共管局面。[①] 建立流域水环境跨区域质量监测与监管体系，对监管发现的问题，及时通报地方政府和行业主管部门，并作为绩效考核和责任追究的重要依据。

（四）强化河湖治理经费和技术支撑

一方面，各级政府需重视河湖长制在生态保护中的地位，增加河湖长制专项经费投入，并加强对资金使用的管理监督，提高资金使用效率，以保障日常工作正常运转和治水措施全面实施。从主要发达国家流域治理经验来看，除政府的财政投入外，发达国家在进行流域治理时更多是利用了社会资本。要依据国家对 PPP 模式的规范，合理推广运用 PPP 模式，确定合理的社会资本回报率，实现多方共赢。另一方面，有效维护河湖健康，离不开制度和治水技术措施的升级。要完善农村河湖生态环境监测评估机制和预警机制，定期实行监测评估，并采取措施弥补监管盲区；联合水利、生态环境、农业农村、气象等相关部门，建立统一的监测方法和监测标准，提高农村河湖监测和数据采集的标准化程度。此外，充分利用卫星遥感、大数据、人工智能等现代技术，建立河湖水质状况实时监控平台和信息交流中心，对河湖生态环境进行网络实时监测，引入专业水质检测机构对监测活动进行考核评价，保证河湖信息的可靠性，并及时收集、汇总、分析、处理跨行业信息，结合考核结果与各相关部门进行反馈交流。要合理选择技术模式，积极推广低成本、低能耗、易维护、高效率的污水处理技术，鼓励具备条件的地区采用以渔净水、人工湿地、氧化塘等生态处理模式。开展典型示范，培育一批农村生活污水治理示范县、示范村，总结推广一批适合不同村庄规模、不同经济条件、不同地理位置的典型模式。

（五）加快河湖管理范围划定

河湖和水利工程划界确权工作的完成是河湖长制成功推行的基础环节之

---

① 焦泰文：《全面推动湖北河湖长制提档升级》，《政策》2019 年第 4 期。

一，划定河湖管理范围是作为推动河湖长制从“有名”向“有实”转变的重要抓手，因此必须加快省内河湖管理范围划定工作进程。① 一是要明确责任主体。按照省负总责，分级负责的原则开展河湖管理范围划定工作，县级以上地方人民政府先负责明确河湖管理范围，再由县级以上地方水行政主管部门和相关部门开展具体划定工作，将工作任务层层分解，保证落实到各级各段河长湖长。二是依法依规。结合当地实际，依法依规、科学合理划定河湖管理范围，区分乡镇和村庄、无人区，有堤防的河湖和无堤防的河湖等不同情况，合理划定农村河湖管理范围，按照全国河湖管理范围划定工作总体安排，全面完成划定任务并由县级以上地方人民政府向社会公告。三是加强培训与考核。省级水行政主管部门对本行政区域河湖管理范围划定工作进展情况应及时完全掌控，同时加大对市级、县级的技术指导和培训力度，将河湖管理范围划定工作纳入河长制湖长制考核，强化激励问责。四是加强信息化管理。将河湖管理范围坐标逐一标注在第一次全国水利普查“水利一张图”上，并通过信息化技术实现水域空间岸线实时管控和数据共享，为加大河湖生态空间管控力度提供信息化技术支撑，解决河湖管理范围边界模糊不清导致的人为侵占河湖、破坏河湖现象。②

参考文献

吴志广、庄超、许继军：《河湖长制从“有名”向“有实”转变的现实挑战与法律对策》，《中国水利》2019 年第 14 期。

王吉泉、廖姣、林柯、张辉、李春蝶：《建立岷江沱江流域水生态环境保护横向补偿机制对策建议》，《现代经济信息》2019 年第 15 期。

彭东华、何绍辉：《河湖长制实践面临的新课题及思考——以江西省新余市为例》，《长江技术经济》2019 年第 3 期。

① 黄剑雄：《全面打造河湖长制升级版》，《政策》2017 年第 9 期。

② 安徽省河长办：《加快推动河（湖）长制从全面建立到全面见效》，《党史纵览》2018 年第 11 期。

张德萍：《践行绿色发展理念 助力水乡田园建设——为全面推行河湖长制支招建言》，《湖北政协》2018 年第 4 期。

焦泰文：《全面推动湖北河湖长制提档升级》，《政策》2019 年第 4 期。

黄剑雄：《全面打造河湖长制升级版》，《政策》2017 年第 9 期。

安徽省河长办：《加快推动河（湖）长制从全面建立到全面见效》，《党史纵览》2018 年第 11 期。

“美丽四川·宜居乡村”案例篇

Case Studies of “Beautiful Sichuan · Livable Countryside”

B.13

以“融合”为支点放大整治功效

——新都区农村人居环境整治的经验案例*

胡俊波**

摘　要： 本文以成都市新都区农村人居环境整治为案例，回顾了新都区自2018年以来的标志性的两个阶段，发现新都区农村人居环境整治过程中最具有特色的经验就在于其以“融合”为支点，以农村人居环境整治行动为契机，推动经济、社会、环境协调发展，从而达到最大限度放大农村人居环境整治整体功效的目的。结合新都区的经验以及目前尚面临的问题，本

---

* 本文基础素材来自新都区相关部门。

** 胡俊波，博士，四川省社会科学院农村发展研究所副研究员，主要研究方向为农村经济。

文提出了“做好方案设计、强化政策支撑、积极发动群众、严格监督考核”等四个方面的政策建议，以进一步推广和完善新都区的实践经验。

关键词： 农村人居环境　规划融合　产业融合　要素融合　生活融合

新都区位于成都市行政区划内的第二圈层，地理位置优越，三次产业发展较为协调，经济社会基础较好。但是出于历史的原因，新都区农村垃圾处理、环境卫生、村容村貌等方面仍存在诸多需要改善提升的地方。2018 年，新都区响应国家号召，积极贯彻落实《农村人居环境整治三年行动方案》。在此过程中，新都区以农村人居环境整治为契机，将农村人居环境整治专项规划与其他各类经济社会规划相融合、将农村人居环境整治与产业发展相融合、将农村人居环境整治与农村居民的生产生活相融合，创新性地以“融合”为支点，推动经济、社会、环境协调发展，最大限度地放大农村人居环境整治的整体功效。

一　新都区农村人居环境整治概况

新都区地处成都市北部，位于成都城市发展北中轴线上，是成都、德阳、绵阳（以下简称“成德绵”）发展轴上的重要节点，距成都火车客运东站、北站和成都铁路集装箱中心站、双流国际机场都在 30 分钟车程内。截至 2019 年 12 月，下辖 7 个街道 2 个镇；区域面积 497 平方公里，常住人口约 90 万人，户籍人口约 77 万人。新都区土地肥沃，气候温和，属都江堰水系自流灌溉区，自然地理条件优越，特色资源富集，产业发展基础好。2018 年新都区 GDP 达到 799. 2 亿元，比上年增长 8. 9%。第一产业实现增加值 29. 8 亿元，第二产业实现增加值 462. 8 亿元，第三产业实现增加值 306. 6 亿元，三次产业增加值之比为 3. 7∶57. 9∶38. 4。优越的自然条件、良好的产业发展为新都区实施农村人居环境整治奠定了坚实的基础。自 2018 年 5 月至 2019 年底，新都区农村人居环境整治经历了两个阶段。

（一）以“百日攻坚行动”为标志启动农村人居环境整治行动

2018 年 5 月，新都区开展“农村人居环境整治百日攻坚行动”，对农村人居环境的“脏乱差”现象进行集中整治，打造了农村人居环境的诸多新亮点，提升了乡村风貌，构建了一套长效治理机制，取得了阶段性良好成效。在“农村人居环境整治百日攻坚行动”（以下简称“百日攻坚行动”）中，新都区城管局作为牵头单位，推行重组织领导、重宣传发动、重全域整治、重示范创建、重督促检查的“五重”举措，有力促进了“百日攻坚行动”的纵深推进。截至 2018 年 8 月，新都区共召开宣传动员会 161 次、现场办公会 65 次、走村入户动员会及坝坝会 1841 次，签订“门前三包”责任书 6000 户，成立院委会 102 个，形成了“人人参与整治，人人共享整治成果”的良好局面。同时，该区完成了 604 条交通道路沿线环境整治和 3561 个院落“四清”，开展清河行动 11917 次，清理镇管河道 1117 条，整治下河排污口 958 个，极大改善了农村人居环境。①

（二）以“三清四改一创建”为标志提升农村人居环境整治水平

经过 2018 年的实践探索，新都区农村人居环境整治取得了显著成效，到 2019 年 3 月进入查摆提升阶段。在这个阶段，新都区将农村人居环境整治的工作重点放到了“三清四改一创建”上。开展“三清”，对农村垃圾、污水塘沟、农业生产废弃物展开清理活动；实施“四改”，对农村户用厕所及公厕进行大力改造，对农村居民庭院居室实施改善工程，在强化农村村容村貌改善的同时，积极推进部分村民不良习惯的改变，为农村人居环境治理优化的可持续提供动力。推进“环境优美示范村”的创建活动，并以此为抓手，引导整个新都区农村人居环境整治行动的“比学赶超”。②

---

① 《新都区：“五重”治理大幅提升农村人居环境》，四川在线，2018 年 5 月 9 日。

② 《新都区农村人居环境整治工作领导小组 2019 年第一次会议召开》，新都区政务网，2019 年 3 月 15 日。

二　新都区农村人居环境整治的经验做法

经过接近两年时间的实践探索，新都区农村人居环境整治取得了显著的成效，这里的山更青了，水更美了，村容村貌整洁、卫生，农村生态环境质量不断提升。总结新都区的经验做法，有一点非常值得推广，那就是注重“融合”，以农村人居环境整治为着眼点，但是并不局限于农村人居环境整治，而是将农村产业、文化、人才、组织的振兴融合，推动经济社会环境的协调发展。

（一）狠抓规划融合，绘就乡村“美好蓝图”

一是坚持城乡空间结构一体塑造。按照“多规合一”“四态融合”理念，推动城乡规划全域覆盖、有机衔接，塑造“一城两翼”生活空间、“一带三圈”生产空间和“两楔六脉、多廊成网”生态空间，构建以新都城区为核心、组团特色镇为重点、特色小镇为支点、多个林盘聚落和田园综合体环绕分布的“1+3+N”新型城镇体系（1个中心城区，3个组团特色镇，N个特色小镇、特色林盘聚落和田园综合体），形成主体功能明确、区块有机联动、资源配置优化、整体效能提升的城乡融合发展格局。

二是坚持城乡发展载体一体构建。优化“一带两区多园”农业空间，规划建设北星都市现代农业示范带、西北农业生产功能区、东南农业生态保护区以及多个现代农业产业园。在新繁－龙桥－清流区域布局以“历史文化”为内涵的组团特色镇，在石板滩－木兰－泰兴区域布局以“先进制造”为核心的组团特色镇，在斑竹园－新民－军屯－马家区域布局以“乡村旅游”为方向的组团特色镇。示范打造“火锅”主题天府沸腾小镇、“音乐”主题乡村音乐小镇、“运动”主题尖峰运动小镇、“电商”主题蔬菜电商小镇。

三是坚持城乡功能设施一体布局。高标准编制乡村振兴规划，以及公服、交通等五大类19项专业专项规划，推动教育、医疗、养老、文体等公共资源向农村拓展延伸，构建“7 高 7 快 13 轨”全域交通格局，规划完善农村公交线路和站点配置，强化水电、通信、网络、商业、金融、物流、资源回收、污水处理等生产生活服务配套，着力补齐农村功能设施短板，形成覆盖城乡、优质均等的公共服务和基础设施体系。

（二）狠抓产业融合，筑牢乡村“物质基础”

第一，聚力发展精品高效农业。新都区在实施农村人居环境整治的过程中，高度重视环境整治与产业发展的相互融合，围绕“六优”“五品”（优土、优耕、优种、优品、优质、优效，品种、品质、品相、品味、品牌），积极开展农产品的质量追溯、优质品种示范、生产全流程绿色防控等现代精品高效农业“六大工程”。为了推进产学研相结合，新都区加大了与科研机构的合作，利用与省农科院的历史渊源，双方共同组建了现代农业“五大产业联盟”（绿色蔬菜、特色水果、优质粮油、循环农业和立体农业），通过合作，打造出具有现代农业科技示范意义的产业基地。加大新都柚、新繁泡菜等区域优质农产品的标准化建设和品牌建设。目前，新都区已经拥有“三品一标”认证 86 个，取得 HACCP、ISO22000 认证 5 项，全区农产品优良品种覆盖率在 95% 以上。

第二，加快推动农商文旅体融合发展。在开展农村人居环境整治的过程中，新都区坚持将基础设施改造与产业多元化发展相结合，以建设特色小镇为契机，实现农业的多元功能产业化发展，积极发展文创、电竞、动漫、特色民宿等新经济新业态，形成了一批具有超强人气效应的网红小镇。如构建“园区管委会 + 平台运营公司 + 龙头企业 + 专业合作社 + 家庭农场”的产业联合体，打造出 2.4 万亩新繁蔬菜电商小镇；与全国知名音乐学府四川音乐学院联合打造面积达到 15 平方公里的斑竹园乡村音乐小镇；以天府火锅文化为内涵的具有 4A 级景区标准的，辖区面积达到 1.9 平方公里天府沸腾小镇；利用承接国家残疾人高山滑雪队和单板滑雪队专项训练的契机，重点发展旱雪滑雪、管道潜水、飞伞等三类极限运动的马家尖峰运动小镇。

第三，着力构建都市现代农业生态圈。新都区在农村人居环境整治过程中，不仅注重单个点位上的产业融合发展，也非常重视全区范围的产业合理分工融合布局。建立起一个个能够整合产业链、绿色循环、协同联动的具有多元主体的高效农业生态圈。比如，以新繁泡菜（食品）产业园等园区为核心，垂直整合上下游产业链，以终端产品的提档升级为导向，通过产业链传导机制，引导上下游“尚作有机”“辰希缘”“优耕农业”等友商协同发展，推动传统农业向以研发、展示、营销为重点的总部经济农业转型；以龙头企业、专业合作社、家庭农场等新型农业经营主体为核心，整合优化相关农业产业链，推动农产品加工本地化，不断提高农业生产的附加值，建立起了番茄红素、苦瓜多肽、铁皮石斛等高端农产品系列生产线5条；通过扶持“云图生活”“菜易通”“农商帮”等农村电商，建设35亩供应链中心，带动产品展览、信息交易等协同发展。

（三）狠抓要素融合，释放“活力源泉”

一是建强农村人才队伍。促进城乡人才流通，实施“乡贤反哺”返乡人员创业行动计划，引导大学生、企业主、高端创业团队等参与农村建设，共同做好乡村振兴大文章。加强农村基层干部队伍建设，建立“区选镇管村用”村级后备干部三级联培机制，选拔储备村（社区）后备干部765名，培养农村发展带头人。加强农村本土人才培训，推进新型职业农民制度试点，已培养农业职业经理人340余人、新型职业农民500余人、实用技术人才2000余人。加强与省农科院等科研院所合作，共建乡村振兴讲习所，大力培养专家型农业人才。

二是激活农村土地资源。深化农村土地制度改革，探索农村零星分散存量建设用地利用和特色产业点状供地方式，开发农村废旧厂房、闲置农房和宅基地，实现农村土地资源节约集约高效利用。深化农村集体产权制度改革，建立健全农村土地流转准入联合审查制度，鼓励土地经营权向新型农业经营主体适度流转集中，全区累计土地规模流转率达80%；规范农村集体经济组织股份化改造程序，在新繁镇、马家镇试点组建村集体资产管理公司，盘活集体资源资产，在斑竹园镇三河村、新民镇天星村开展试点，探索以集体股权入股农业合作社或农业项目，实现集体资产增值。

三是引入资本源头活水。通过政策和市场化手段，发展壮大农村金融机构，更好地满足乡村振兴多样化金融需求。加大财政投入力度，推进财政涉农资金整合，建立1亿元乡村振兴专项资金，发挥好引导和杠杆作用，撬动社会资本投向农业农村。强化金融担保，建设“农贷通”融资综合服务平台，提升农业整体融资能力，已累计放款74笔共1.11亿元。强化保险兜底，深化9个传统农业保险和7个特色农业保险，引导保险机构开发新型特色保险，增强农业生产抗御自然灾害和市场风险能力，区内担保公司涉农担保余额达1230万元。

（四）狠抓生活融合，坚守乡村“目标追求”

一是着眼生态共享建设美丽乡村。新都区是全国农村污水治理示范区，在农村人居环境整治过程中，新都区充分利用前期形成的良好经验与做法，在继续抓好相关省市试点村镇建设项目的基础上，积极推广试点示范经验，推进全区全域农村生活污水集中处理，为此引入社会资金12亿元，实施农村生活污水治理工程，建成小型污水处理站36座、人工湿地7个。以2018年开展的“农村人居环境整治百日攻坚行动”为标志，在强化农村生态修复的过程中，着力实施大地景观再造。按照公园城市的建设标准，构建“一带三网六廊”绿道体系，打造连接城乡、覆盖全域的821公里生态“绿脉”。通过实施12个川西林盘保护修复项目，按照景区打造的理念和标准，推动农村传统民居、老旧院落的改造提升，同时加快农村垃圾分类处理、推进“厕所革命”，极大地改善了农村村容村貌，使农村人居环境得到全方位优化。

二是着眼文化共享建设魅力乡村。以社会主义核心价值观为引领，大力开展新时代、新农村、新生活、新风尚“四新”活动，引导农村群众增强文明意识，养成健康生活习惯。深度挖掘“三香”文化特别是杨升庵“家风家训”时代内涵，让传统美德在广大农村传承浸润。实施文化惠民工程，引入社会力量开展文化服务，经常性开展“快乐周末·百姓舞台”“音约香城·乐动新都”等文化活动，不断丰富群众精神文化生活。加快“三美四好”示范村建设，开展“道德模范”“最美新都人”等评选活动，2017年建成幸福美丽新村59个、省级“四好村”19个、市级“四好村”51个。

三是着眼品质共享建设宜居乡村。坚持“三小三大”工作理念（“小社区、大社会”“小平台、大服务”“小阵地、大党建”），深化“三联+”等党建引领工作机制，推进公共服务设施“三年攻坚”行动，强化社区亲民化改造和常态化营造，加快建设集服务管理、医疗卫生、文体休闲、农贸市场、银行网点、公交停靠于一体的“一站式”社区综合体，打造15分钟高品质生活服务圈。健全村（居）民议事会制度，推进院落居民自治，发挥村规民约作用，构建出入相友、守望相助的邻里生活圈。加强“大联动·微治理”和“雪亮工程”建设，完善矛盾纠纷多元化解机制，不断提升农村群众的安全感幸福感。

三　仍然面临的问题

（一）生态经济优势发挥不充分

由于国家对土地控制严格，区内乡镇和村庄的开发建设受到严格管控，通村道路、旅游设施建设都需要层层审批，对当地依托旅游业发展乡村经济形成了极大的制约。严格的保护规定使得生态与产业之间的矛盾突出，生态经济潜力未能得到充分挖掘。

（二）高素质专业人才短缺

乡村发展离不开人才，但随着工业化和新型城镇化的发展，大批农村青年不再满足于耕作渔收，农业从业人口大大减少，高素质专业人才更是大量短缺。要实现乡村振兴，就必须加强人才的培养、引进。加大政策力度，通过多种多样的方式，打造高素质的专业人才队伍，为乡村发展注入强劲的动力。

（三）农村基础设施建设维护难度大

农村基础设施是为农村各项事业的发展及农民生活的改善提供公共产品和公共服务的各种设施的总称，涉及农村经济、社会、文化等方方面面。当前，新都区农村基础设施建设已经取得了一定的成效，但也仍然存在很多问题与不足，农村基础设施规划设计、建设管理、使用维护、资金保障都还存在一些问题亟待解决。

四　对策建议

从新都区以农村人居环境整治为契机，将农村人居环境整治专项规划与其他各项经济社会规划相融合、将农村人居环境整治与产业发展相融合、将农村人居环境整治与农村居民的生产生活相融合，从而达到最大限度地放大农村人居环境整治功效的经验看，要想在更大的空间范围内推广借鉴这种模式，应从做好方案设计、强化政策支撑、积极发动群众、严格监督考核等方面着手开展工作。

（一）做好方案设计

从新都区的“融合”经验来看，要实现各种资源、要素的有效融合，就必须有科学的指导作引领，要有强力的组织机构来实现资源、要素的融合，否则难以达到使各相关部门劲往一处使的目的。

首先，要制订科学的实施方案。坚持规划先行、因地制宜的原则制订县（区）范围内各村的实施方案，不急功近利、不铺张浪费、不搞低水平建设。相关职能部门工作人员要不定期地对正在实施的工程进行技术指导，对关键环节进行监督，确保工程质量。

其次，要建立有力的组织机构。要在农村人居环境整治过程中达到节约成本、提高效率的目的，不仅要有科学的实施方案，还需要建立相应的组织协调机构。建议在县（区）范围内成立由主要领导任组长的农村人居环境整治工作小组，并下设农村人居环境整治办公室。以农村人居环境整治工作领导小组为总牵头、总负责，办公室做好日常协调和督促检查工作，建设、交通、财政、水务、农林、民政、卫健、商旅、房管、经信等相关职能部门要积极配合，在政策上倾斜、资金上扶持、项目上优先，各基层镇（街道）负责组织实施，确保扎实稳步推进、按期完成目标任务。

（二）强化政策支撑

推动农村人居环境整治、改变农村“脏乱差”的现象、实现村容村貌的改善和农村基础设施条件的完善，离不开各种人力、物力、财力的投入，建议要强化相关政策的支撑作用。

首先，各县（区）财政要建立稳定的财政投入机制，逐年加大对农村人居环境整治的投入力度，各有关职能部门也要简化审批手续、开辟绿色通道、优化服务质量，坚持落实惠农政策，主动减免相关涉农项目手续收费。其次，应充分利用各类上级财政的奖补政策，在项目的建设过程中要鼓励当地群众为了当地环境的优化改善积极投工投劳。最后，要鼓励社会知名人士捐资、捐助，并探索市场化融资方式，丰富投资主体，引导企业和个人投资基础设施和公共服务设施建设。同时，还要配套与农村人居环境整治行动相关的人才队伍建设政策，一方面加大引智引才力度，在相对短的时间内引进急需的管理人才、专业技术人才；另一方面要大力培养本土人才，依靠各级各类培训机构加大相关人才的培养力度，有效实现对农村人居环境整治后的环境管理和维护。

（三）积极发动群众

应该说农村人居环境整治的根本目的是通过改善农村生态、生产、生活的环境来满足农村居民不断增长的对美好生活的需要，故而农村人居环境整治必须以农村居民为主体，在这个过程中必须积极发动群众、依靠群众。

建议充分利用广播、电视、报纸杂志、政务微博等各类载体开展农村人居环境整治工程相关宣传，进一步提高群众文明卫生意识，使优美的生活环境、文明的生活方式成为群众内在自觉要求。为了充分发挥生态经济的功效，建议鼓励各类主体积极参与农村人居环境整治行动，引导有条件的地区将农村人居环境整治与建设特色乡镇和发展休闲农业、乡村旅游有机结合，将农业农村综合发展与人居环境整治统筹推进。组织发动村民投工投劳，出主意、想办法，依靠群众的力量和智慧建设美丽家园。

（四）严格监督考核

建议将农村人居环境整治工作纳入县（区）目标管理。定期开展考评，考评结果及时进行公示。对工作开展好、成效突出的乡镇（街道）给予表彰，对行动迟缓、措施不力、工作效果差的乡镇（街道）进行通报批评。县（区）农村人居环境整治办公室要采取不定期明察暗访的形式，加强工作动态检查，发现问题随时督促，限期整改，跟踪回访整改效果，推动各项任务整改落实到位。同时要积极发挥媒体监督作用，认真排查并大胆曝光整治中出现的问题，发动广大人民群众积极参与配合，营造和谐、文明的社会新风尚和良好的整治工作氛围。

参考文献

《新都区：“五重”治理大幅提升农村人居环境》，四川在线，2018 年 5 月 9 日。

《新都区农村人居环境整治工作领导小组 2019 年第一次会议召开》，新都区政务网，2019 年 3 月 15 日。

B.14
农村厕污处理及资源化利用的罗江实践

甘庭宇*

摘　要： 本文以地处四川浅丘区的德阳市罗江区为例，分析了其在农村厕所粪污处理及资源化利用过程中，结合自身的现实需求，探索出的基于农村用户分类以及区域差异的“厕污共治”罗江模式。

关键词： 厕污共治　资源化利用　分类实施

为了推动安全饮用水和基本卫生设施的建设，使人人享有清洁舒适及卫生的环境，2013 年 7 月 24 日第 67 届联合国大会通过决议，将每年的 11 月 19 日设立为“世界厕所日”。[①] 党的十八大以来，习近平总书记对“厕所革命”这项基础性民生工作高度重视，并强调，“厕所问题不是小事情，是城乡文明建设的重要方面，不但景区、城市要抓，农村也要抓，要把这项工作作为乡村振兴战略的一项具体工作来推进，努力补齐这块影响群众生活品质的短板”。[②] 2019 年 1 月，中央农办、农业农村部、国家卫生健康委等 8 部门联合印发了《关于推进农村“厕所革命”专项行动的指导意见》，农村厕所粪污资源化利用被列入 7 项重点任务之中。推进“厕所革命”，实现粪污资源化利用，不仅涉及农村千家万户生活生产的巨大变化，更是减少二次污染、推动农村生态发展的重要举措。同时，“厕所革命”既需要更新观念，

---

* 甘庭宇，四川省社会科学院农村发展研究所研究员，主要研究方向为乡村治理和农村发展。

① 《世界厕所日，经开在行动》，中国日报网，2019 年 11 月 21 日。

② 《“厕所革命”是一项系统工程》，《人民日报》2020 年 1 月 6 日。

又需要根据农村的具体情况进行组织和技术创新。四川各地农村在自然地理、气候条件、民族文化、社会经济的等方面存在较大区域差异，如何根据各地的具体情况，形成适合不同农村地区特征的农村厕所粪污处理及资源化利用解决方案成为推进“厕所革命”的关键点。地处四川浅丘区的德阳市罗江区在农村厕所粪污处理及资源化利用过程中，按照国家的相关部署，结合自身的现实需求，开展了多种模式和类型的适合本区农村“厕污共治”的罗江实践。

一 “厕所革命”与污水处理相结合的“厕污共治”

罗江区是四川省德阳市所辖区，位于四川盆地西北边缘地区，属于浅丘地貌，全区土地面积448平方公里，总人口25万，辖10个镇98个行政村29个社区。罗江区是省级历史文化名城、省级生态县、省级乡村旅游示范县、省级森林城市、省级卫生县城、“五十百千”环境优美示范县。2017年被住建部纳入首批农村垃圾分类和资源化利用示范县，2018年被省住建厅推荐为全国农村人居环境整治示范县并被纳入四川省农村污水整治“千村示范”工程试点县。2019年被省农业农村厅确定为农村人居环境整治重点县。

罗江区把农村“厕所革命”作为建设“中国幸福家园”和实施乡村振兴战略的一项重大民生工程，作为推进全域旅游发展的重要举措。从2008年开始，罗江区即在一些镇开展农村卫生厕所的改造工作，引导农户将旱厕改造为冲水式卫生厕所，并结合“农能项目”全面推进户用沼气池建设，实现粪污的资源化利用。在实践中，充分发挥全区农村卫生厕所普及率高和沼气池覆盖率高的优势，将“厕所革命”与农村生活污水的有效治理进行有机结合，探索出了“厕污共治”的罗江模式，即引导农户将旱厕改造为冲水式卫生厕所，将粪污和厨房、卫生间污水全面收集进入三格式化粪池、沼气池处理，基本实现污水的无害化处理和资源化利用，实现废渣堆肥或还田、废水达标排放。

二 粪污处理及资源化利用的主要做法

罗江区根据本区居民的居住形态和生活习惯，在“厕污共治”的推进中，坚持因地制宜、因户施策的原则，选择适宜的治理方式，不搞“一刀切”，注重围绕农村“厕所革命”推进过程中的关键难点和问题，根据农房实际情况、农村的区域差异，以“高效资源化”为核心，探索出了粪污处理及资源化利用的治理模式。一是对单户、3～5户、15户以上三种类型治理主体进行严格的统筹规划。二是根据区域差异制定分类实施的技术路径，即在乡村旅游景点、重点流域建立污水一体化处理设备，在一般区域，针对集中居住15户以上的治理主体采取“三格式化粪池+人工湿地”的办法，在偏远的居住分散地区，则实行单户处理的模式，采取将沼气池改建（增加）三格式化粪池方式处理（见图1）。

（一）治理模式

1. 单户的治理模式

罗江区约有5.5万户农户，采用单户式污水处理模式的农户占比约为70%，该模式主要采取了以下两种方式。

第一种，对于地处偏远、对排放要求不高的地区，采用新（改）建三格式化粪池处理。对未建有化粪池的进行增补，对部分不能充分发挥作用的沼气池进行功能提升，改造为化粪池，综合处理生活污水和厕所粪污。三格式化粪池的作用包括以下几个方面。厌氧截流池：截留新鲜粪块、粪皮和粪渣进行厌氧发酵，粪渣还田；深度厌氧池：阻留沉淀寄生虫卵，深度厌氧发酵，杀菌杀卵；沉淀储存池：污水进一步沉淀，储存用于农业灌溉。户均投入约0.4万元，后期基本不需要运行维护费用。

第二种，在景区、水源保护地等重点区域采用一体化处理设备进行处理，设备由缺氧池、厌氧池、好氧池和沉淀回流池4个区域构成。缺氧池利用反硝化细菌对硝化氮进行脱氮；厌氧池降解污水中的COD（化学需氧量），

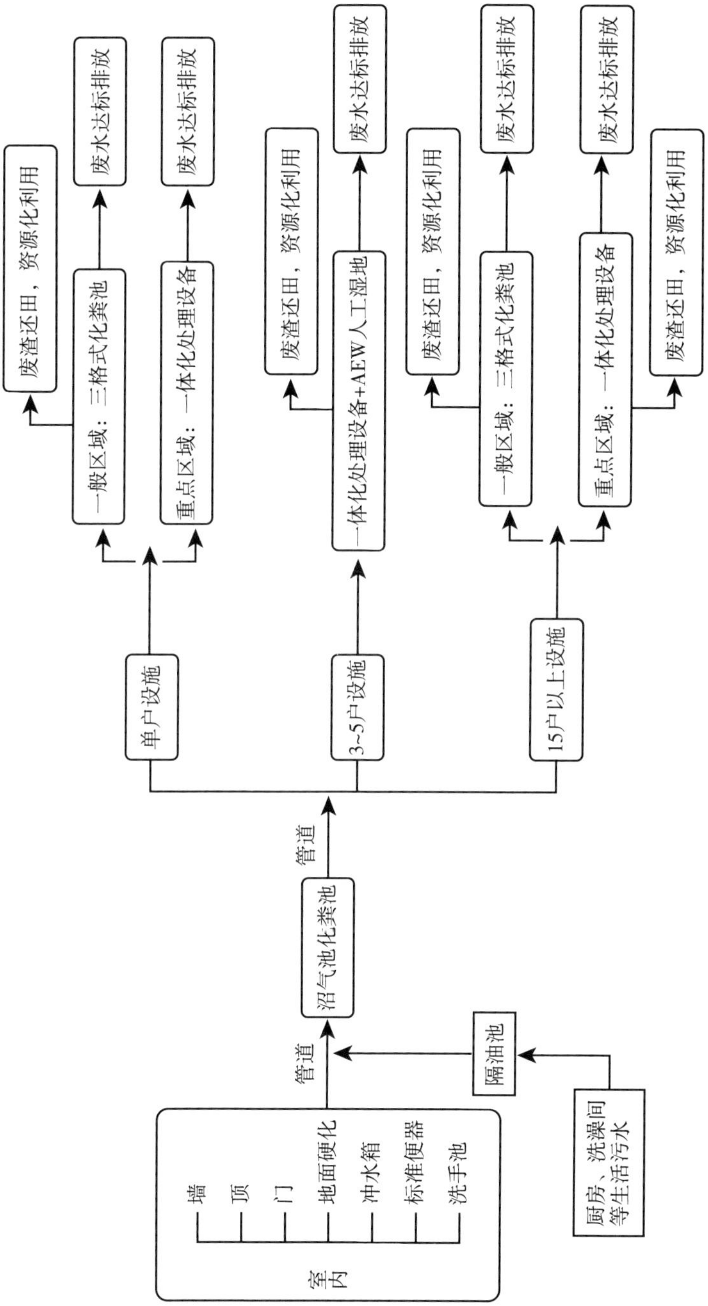

图 1　罗江：浅丘区“厕污共治”模式流程

利于下一步好氧硝化反应；好氧池由硝化细菌进行硝化反应，形成硝化液；沉淀回流池使底部硝化液回流至缺氧区继续脱氮，上部处理后的液体流入蓄水桶进行资源化利用或直接达标排放。户均投入约为 0.7 万元，运行维护费用约为 0.5 元/吨。该类型的处理工艺和效果是，在倒置 A2/O工艺和接触氧化法工艺的基础上，通过在降解反应器内添加一定优化配置的生物强化菌剂，实现污染物的高效降解，达到污水净化和循环再利用的目的。

2. 3~5户的治理模式

采用该模式的农户占比约为 20%，主要是分布在丘陵地区的农户，由于丘陵地区地形复杂，集中配套设施设备施工难度大、成本高，宜采用小规模的相对集中处理方式，直接利用农户现有沼气池（化粪池），用管道连接农户沼气池（化粪池），收集污水进入微动力小型净化槽分散式处理设施，可以有效降低成本。一个小规模的污水处理站总体的建设成本只需 10 万元左右，户均投入约 1.5 万元，运行维护费用约为 1 元/吨。该类型的处理工艺和效果是，用管道直接收集农户沼气池污水进入集中修建的大型三格式化粪池处理后，再进入小型湿地，通过淤泥吸附、植物吸收、微生物降解等实现生态处理。

3. 15户以上的治理模式

采用该模式的农户占比约为 10%，主要是针对聚居程度较高的乡村院落或近年来新修建的农村集中聚居点。该模式主要采用了以下两种方式。

第一种方式，用管道直接收集农户沼气池污水，通过污水处理站（点）集中处理，在污水处理站（点）中先后经过厌氧反应、缺氧反应、好氧反应、MBR 膜过滤吸附、紫外线消毒等作用，出水达一级 A 标准。户均投入约 2 万元，运行维护费用约为 1.5 元/吨。

第二种方式，用管道直接收集农户沼气池污水，进入集中修建的大型三格式化粪池处理后，再进入小型湿地，通过淤泥吸附、植物吸收、微生物降解等实现生态处理，户均投入约 1.2 万元，后期基本不需要维护费用。

（二）资源化利用

1. 探索新模式实现化肥减量

厕所粪污的资源化利用实现了农户厕所和农地农田的有效连接。罗江根据丘陵地区的实际情况，推广“厕所粪污 + 专业清运 + 农业专合社种植基地”的生态循环农业，实现粪污资源的有效利用，走出一条变废为宝、推动农业产业绿色发展的新路子。通过沼渣、沼液还田，有效减少化肥使用量，粪污资源化利用产出的有机肥促进罗江青花椒、贵妃枣、蜜柚等特色农产品品质提升。2018 年全区化肥减量达到 17 千克/亩，比周边县市区减量高 10 千克/亩左右。

2. “农户 +种植大户”实现废渣全利用

户用污水处理设施中的废渣由农户自行清理，集中式污水处理设施由专业清渣队定期清理。废渣全部集中清运至每组建设的生态堆肥池后，按比例加入生物菌剂堆肥发酵形成有机肥，农户每月定期取用一定数量的有机肥用于自留地果蔬施肥，剩余部分全部由种植大户清运用于青花椒、贵妃枣、晚熟柑橘等特色优质农产品生产。

3. 废水再利用实现节能减排

单户污水经处理设施处理后，达到农灌标准，农户利用抽水泵将废水用于林地果树浇灌；经集中式污水处理设施处理的废水用于公共绿地、林地浇灌和农业专合社有机农业生产。经估算，每年可节约农业用水 57 万吨。

4. “分散 +集中”实现沼气利用最大化

一是利用好户用沼气池覆盖率高的优势，对原户用沼气工程进行维修改造，提高其发酵产气率；二是推进厕所粪污、畜禽养殖废弃物一并处理资源化利用。在全区建设大型畜禽粪污处理站，将农户无法自行处理的厕所粪污、畜禽养殖废弃物全面纳入，集中产气、积肥。

三　主要成效和影响

通过十余年的持续治理，目前罗江区已建单户三格式化粪池 2000 余个，

3～5户微动力小型净化槽分散式处理设施500余个，15户以上的集中式污水处理站75个。2018年，全区的农村污水收集率达到77%。全区农村户用卫生厕所普及率达89%，85%的农户实现了“厕污共治”。到2020年底，罗江区力争实现全区农村“厕污共治”的全覆盖，使农村厕污有效处理率在95%以上，农村黑臭水体得到根本性治理，农村面貌焕然一新，让“清洁”成为“罗江名片”、“干净”成为“罗江印象”。①

罗江的“厕污共治”给全区的生态环境和村民生活带来了可喜的变化。

一是减轻了对环境的污染。通过三种类型的分类处理后，废渣堆肥后变成有机肥还田，既降低了农民的生产成本，更重要的是实现了化肥的减量使用，有利于保护耕地资源。处理后的废水全部要求达到一级B标准以上才能排放。在水源保护区、重点流域、核心景区等重点区域要求更高，单户须在三格式化粪池基础上增加生态湿地；3～5户须在小型净化槽分散式处理设施上增加MBR膜；15户以上要求采取“三格式化粪池＋人工湿地”的方式以确保经过处理排放出来的水质达到一级A标准。通过这些措施，大大降低了污水对环境的危害。

二是村民的生活环境得到了极大的改善。过去很多农户家里的厕所连棚顶都没有，最多有一个蹲便器，自“厕污共治”实施后，农户家中的厕所成为有墙、有顶、有冲水器和蹲便器以及地面硬化的标准化厕所。改造以后，厕所粪污与生活污水通过管道被统一引入三格式化粪池中进行无害化处理。经三格式化粪池处理后，污水可以作为农用水使用，一改过去臭气熏天的现象，蚊蝇滋生问题也得到有效控制，老百姓的生活环境得到彻底改善。

四　主要经验

（一）注重村民参与

一是落实村民参与权。不断完善并全区推广“支部领导、定向代表、议行

① 《四川罗江乡村“厕所革命”新思路“厕污共治”整洁村庄》，四川新闻网，2019年5月22日。

合一、依法治村”的村民自治机制，每10～15户农户直接选举一名代表，向自己所代表的农户收集意见、参与村组议事、反馈议事结果、宣传政策、监督农户遵守村规民约、监督工程质量、参与工程验收等。通过卫生基金的设立和“卫生文明户”的评选，农户投工投劳、主动参与“厕所革命”的积极性大增。

二是尊重村民的决策权。按照“村民自建，以奖代补”的方式，由村民自行选取本土施工队伍，依照治理方案按图施工，污水处理设备由专业公司调试完成后运行，验收合格后兑现补助。这一模式的推行，既调动了村民参与的积极性，也在一定程度上帮助村民实现就近就业。

三是强化村民的责任意识和主体意识。在项目后期运维阶段，除财政投入外，还按照谁污染谁付费的原则，村民投入一点解决一部分，农户每人每月缴纳一元钱污水处理费，既能弥补财政资金的不足，又使得群众主动关心污水治理，促进其养成节约用水、爱护环境、文明卫生的良好习惯，同时自觉履行监督权力。

（二）建立长效机制

1. 全区上下形成共识

罗江区高度重视农村人居环境整治，将“厕所革命”作为区委、区政府中心工作之一，对垃圾、污水、厕所、彩钢棚“四大改革”整治工作进行指导，对“厕所革命”各项工作进行了详细安排部署，全区上下形成了推进“厕所革命”的共识。

2. 形成五级联动机制

罗江区成立乡村振兴及全域旅游重点工作指挥部（以下简称“指挥部”），统一负责“厕所革命”各项工作，形成工作闭环。对涉及的重大事项，区委常委会会议、区政府常务会议、书记办公会等重要会议第一时间研究解决。与乡镇书记、部门负责人签订责任状，镇上统一村党支部书记思想，村组召集村民开坝坝会解决“我要做”的认识问题，区、镇、村、组、户五级联动，区、镇、村“三级书记”齐抓“厕污共治”，形成一级抓一级、层层抓落实的格局。指挥部统筹协调、定期召开联席会议，研究解决实施过程中的具体问题，出台统一的建设标准、建设方式。

3. 培育"乡村规划师"

区上成立了"乡村规划设计院"，制定《罗江区农村生活污水治理专项规划（2018～2030）》（以下简称《总规》），实施《罗江区农村生活污水治理三年目标（2018～2020）》（以下简称《目标》）。创新"乡村规划师"制度，按照"区聘乡用"原则，每个镇配备1名乡村规划师，负责按照《总规》和《目标》的要求，结合乡村规划，制订农户认可、以人为本、节约成本的厕污治理方案，严格按照"三类型"的规划要求进行项目实施，并对施工全程监督。目前，罗江在"厕污共治"中依托"乡村规划师"进行规划设计的经验已在全市推广。

4. 多渠道资金筹措

发挥财政资金"药引子"作用，在乡村振兴示范带试点建设农村厕所污水治理设施，全面提升村容村貌，并以此为示范，用财政资金撬动社会资金参与。通过"融资+EPC"、PPP、专项贷款等模式，多方筹集资金。目前，已经完成由德阳建投统一实施10个场镇污水处理厂（站）资金1亿元打包，完成通过美尚生态"融资+EPC"筹集的农村厕污治理资金2090万元，向上争取项目资金1500万元。

5. 建立长效运转机制

农村小型公共服务设施普遍存在建设容易、后续管理困难的问题，为此，罗江区整合村组环卫保洁队伍，通过培训组成污水设施巡查维护队伍，巡查设施的日常运行状况，确保设备正常运行。整合原有沼气池清渣队伍，通过购买服务、农户自聘、有偿使用等方式增加污水处理设施的管理和化粪池的日常清掏，定期清理废水、废渣。

五 启示

罗江区"厕污共治"模式带给我们以下几点启示。

一是因地制宜、分类施策。既避免了照搬城市污水处理模式，又因户施策深化了“厕所革命”的粪污无害化处理要求，破解了不同类型农户的需求难题。让各种类型的农户均能对应找到适合自身的“厕所革命”污水处理模式，实现了粪污、生活污水处理的全覆盖，使得生态环境得到极大改善，为广大群众的身体健康提供了外在环境保障，有效减少了传染性疾病的发生，改变了农村居住环境“脏乱差”的现象，让村民住得舒心。同时，通过有效治理农村生活污水，并形成资源化的利用，不仅提高了资金使用的效率，也有助于农村生态产业和循环经济的发展。

二是上下结合的治理机制。“厕污共治”既是一项复杂的系统性工程，又是一项涉及农村千家万户的民生工程。因此，不仅要有自上而下的有序组织，同时要有自下而上的广泛参与。基层政府的政策执行、组织动员对于工作的推动至关重要。罗江不仅出台文件、组建领导班子、落实具体负责的部门和人员，充分发挥乡村规划师的作用，同时，开展群众工作，使村民形成“我要建设而不是要我建设”的意识，让老百姓充分认识到这是他们自己的项目，激发他们参与的主动性和积极性。此外，进一步通过政策的落实、技术的下沉、社区组织的完善，将村民参与制度化和机制化，有序引导村民参与项目建设和监督全过程，实现共建共治共享。

三是责权利挂钩的运行机制。“厕污共治”作为农村的一项目民生工程，一方面，政府不断投入大量的财政资金体现政府的担当；另一方面，只有培养起村民的拥有感和责任心，才能将这项工程变成村民自己的事，实现可持续的利用。罗江“厕污共治”项目在后期运维阶段按照“谁污染，谁付费”的原则让村民也负担一定的费用，这样不仅能有效地将村民的利益与责任进行有效捆绑，同时增强了村民的拥有感，并促使村民主动关注项目后期的管护、运营情况，自觉行使监督权利，让“厕污共治”工程实现可持续运行。

B.15
实施村庄清洁行动的典型做法和模式总结
——以泸州市江阳区为例

蓝俊岳　庞　淼*

摘　要： 农村人居环境整治作为实施乡村振兴的第一仗，实施村庄清洁行动是推动农村人居环境整治的一项基础性工程。全国90%以上的村庄都开展了人居环境整治村庄清洁行动，有力地推动了农村人居环境整治工作，一大批村庄村容村貌得到明显改善。四川省泸州市江阳区开展的村庄清洁行动形成了诸多可资借鉴的典型做法和模式总结，其实施的村庄清洁行动为其积极融入成渝地区双城经济圈建设、加快推进城乡一体化、实现农业农村现代化、打造成渝双城经济圈农村人居环境整治先行区奠定了良好基础。

关键词： 人居环境　清洁行动　可持续管理

2018年12月，自中央农办、农业农村部等18个部门联合印发了《农村人居环境整治村庄清洁行动方案》以来，全国90%以上的村庄都开展了人居环境整治村庄清洁行动，有力地推动了农村人居环境整治工

---

* 蓝俊岳，四川省泸州市江阳区农业农村局宜居乡村建设与治理股股长；庞淼，四川省社会科学院农村发展研究所研究员，主要研究方向为农村经济与政策。

作，一大批村庄村容村貌得到明显改善。四川省泸州市江阳区把村庄清洁行动作为农村人居环境整治的重要工作，为积极融入成渝地区双城经济圈建设、加快推进城乡一体化、实现农业农村现代化，江阳区把农村人居环境整治作为实施乡村振兴的第一仗，探索开展村庄清洁行动的模式和做法。2020 年 3 月，农业农村部通报表扬了全国 106 个措施有力、成效突出、群众满意的村庄清洁行动先进县，江阳区是四川获此殊荣的 5 个区县之一。

一　基本情况

泸州市江阳区是泸州中心城区，地处川渝滇黔接合部、长沱两江交汇处，辖区面积 649 平方公里，辖 15 个镇街，总人口 68 万。其中涉农镇街 11 个，有行政村 88 个，农村常住户 74484 户。江阳区是国家现代农业示范区、全国村庄清洁行动先进县、全省实施乡村振兴战略工作先进区、省级“三农”工作先进区。

2019 年江阳区黄舣镇罗湾村被评为全国乡村治理示范村，全区创建省级宜居乡村 60 个、省级环境优美示范村 50 个、省级卫生村 55 个。实施村庄清洁行动是推动农村人居环境整治的一项基础性工程，江阳区坚持走生态优先、绿色发展之路，大力攻坚农村人居环境整治“五大行动”，推进“十个全域”惠民工程扎实开展。截至 2020 年初，全区农村卫生户厕普及率达 95.67%，生活垃圾得到有效处理的村占比在 95% 以上，生活污水得到有效处理的村占比大于 65%，“六网”基础设施建设水平均居于川南经济区类区前列。

二　江阳区村庄清洁行动的典型做法和成效

全国村庄清洁行动先进县的重要标准之一就是要求做好村庄内“三清一改”：清理农村生活垃圾、清理村内塘沟、清理畜禽养殖粪污等农业生产废弃物、改变影响农村人居环境的不良习惯。江阳区在“三清一改”方面有如下举措和成效。

（一）农村垃圾直运

随着经济社会的不断发展，群众对良好生活环境的期望越发提升，农村垃圾处理问题日益成为影响农村人居环境改善、农民生活质量提升的社会民生问题，也是村庄清洁行动中面临的最大难题。江阳区积极构建“快递式”农村垃圾直运体系，重点围绕垃圾如何收及谁来收、如何运及谁来运、如何处理及谁来处理等关键问题，探索采取“前端覆盖收集，中端一站运输，末端集中处理”的“快递式”垃圾直运方式，真正做到“垃圾不落地，一站直运到底”，减少农村垃圾运输二次污染，最大限度地保护绿水青山。主要有以下几个方面的措施。

1. 前端农村垃圾收集全覆盖

要建立“快递式”农村垃圾直运体系，根本在于如何实现前端农村垃圾收集全覆盖。江阳区通过前期试点运行，摸索出适合江阳区情的收集点位设置模式，全力破解前端垃圾“谁来收、如何收”的问题，提升农村垃圾收集率。一是聚居点位“一对一”。通过2017年6月在通滩镇、况场街道等4个镇街先行试点，在不断探索积累农村生活垃圾直运经验的基础上，以15个镇街88个行政村为基础，建设1586个农村生活垃圾收集点，投放4000个移动垃圾桶，实现行政村大型聚居点前端收集点位全覆盖。二是散户上门“一对一”。探索试点“入户收集，集中转运”的方式，解决零星散居群众垃圾收集“最后一公里”问题。通过免费向试点区域农户发放分类垃圾收集桶、垃圾袋，采取电动三轮车定时逐户收集的方式，基本实现散户收集全覆盖。三是车辆路线“一对一”。对比各条运输线路垃圾日均产量，结合现有直运车辆吨位和实际道路情况，将车辆固定到不同运输线路，方便错开道路高峰期和场镇“赶集日”，更加高效地进行收运工作。

2. 中端运输自动化

在中端运输上，江阳区着力全面更新环卫机具设备，充分挖掘现有垃圾处置资源，健全经费保障体系，打通运行梗阻。要畅通“快递式”农村垃圾直运体系，关键在于终端运输机具和处置方式的选择上。通过采购具备密闭和压缩功能的全自动垃圾清运车 19 台，实现农村生活垃圾“自动装卸，渣水分离，压缩回收，密闭运输”，避免了装车、运输过程中出现二次污染现象，同时减少了城南垃圾压缩中转站的中间环节，让农村生活垃圾收运更加高效。

3. 末端处理环保化

在末端处理上，江阳区为改变高污染、高成本的填埋处理方式，充分挖掘现有资源，与泸州市垃圾焚烧发电厂签订《垃圾处置协议》，将压缩后的垃圾通过焚烧发电二次利用，既解决了环境污染问题，又清零了后续治理成本，真正实现了农村生活垃圾日产日清。

4. 层级制度建设完善

要实现“快递式”农村垃圾直运体系长效运行，重点在于完善相关制度建设，用制度管住运行，促使江阳区农村垃圾直运项目操作更加规范、管理更加精细、运行更加高效。一是制定《江阳区农村生活垃圾收运考核办法（试行）》，对农村生活垃圾清运时间、清运过程、清运效果、清运标准进行全面考核，将考核结果与经费划拨挂钩，督促项目规范化运行。2017 年至今，江阳区农村生活垃圾收运量逐渐增长，农村垃圾收运点爆库、溢出等现象基本实现了零发生。二是建立清运应急机制。考虑到农村办酒席等导致垃圾陡然增多的情况，按照“人员等设备”的原则，根据超车辆数配备 2 组驾驶和操作人员，在保障从业人员正常休息的同时，储备应急力量，确保直运工作不间断。

（二）清理村内塘沟

发动群众常态化开展村内巡逻，对水库、河塘、渠道等实施综合治理，加强河道、沟渠疏浚，严格控制农业面源污染，全面消除黑臭水体。目前全区共清理村内水塘1833口，清理村内沟、渠、河道232.9千米，整治“散乱污”企业25家。大力提升农村生活污水处理能力，全区共修建一级和二级污水处理厂15座，农村聚居点污水处理小型设施31座，从源头控制黑臭水体产生。

（三）资源化利用清理畜禽粪污

江阳区通过全区统一规划，实现畜禽集中养殖，严格管控散养行为，加强畜禽养殖污染防治，投入项目资金255万元，通过PPP模式开展畜禽养殖废弃物资源化利用的试点示范和推广工作，建成年消纳利用1万头生猪固体粪污（约1万吨）、农作物秸秆1000吨的固体肥料厂和8.5万立方米沼液生产配送中心。同时，2019年全区投入5800万余元，新（改）建农村户厕28000余户、公厕20余座。同时结合畜禽粪污综合治理，对全区10000余口沼气池进行摸排整改，实施“沼改厕”项目建设，有效利用原有设施进行无害化卫生厕所改造。

（四）转变农户卫生观念

一是加强卫生观念宣传。由区农业农村局牵头，各部门和镇街配合，成立工作组驻村开展工作，利用晚上和周末空余时间深入农户家中进行交流谈心，了解农户基本情况和需求，并向农户讲解农村人居环境整治的意义。通过宣传讲解，解决了农户的思想问题，增强了农户参与积极性。二是改变农村不良习惯。广泛开展“好婆婆”“好儿媳”“好少年”等评选活动和群众性精神文明创建活动，评选“星级文明户”“党员中心户”4100户。以家庭为基础培树农村好风气，累计创成全国文明村镇3个、全国文明校园1个、全国文明家庭1个、全国最美志愿服务社区1个、全国最美家庭1个；建成马道子村、凤龙村、罗湾村等省级宜居乡村新村60个。三是建立农户分类评比制度，将垃圾分类管理纳入村民公约，签订“户分类责任书”，设立红黑榜定期公示，努力提升村民自主意识。组织驻村工作人员通过召开村民大会、进行入户宣传、发放宣传册和宣传单、设置宣传公益标语等多种形式，提高村民的知晓度和参与度。

三　江阳区开展村庄清洁行动模式总结

从江阳区在人居环境整治方面取得的突出成效来看，我们可以总结出以下一些模式。

（一）“政府引导 + 农民主体 + 社会参与”的组织模式

1. 强化政府引导

一是建立领导机制。成立以区委书记、区长为双组长的乡村振兴暨农村人居环境整治工作领导小组，镇街成立相应的领导和工作机构，构建起统一领导、协调推进、落实有力、责任明确的工作体系。二是完善政策制度。制定出台《江阳区农村人居环境整治三年行动方案》《江阳区推进“厕所革命”三年行动方案》《泸州市江阳区农村人居环境整治村庄清洁行动方案》等文件，进一步分解工作，落实任务。同时向农户分发《宜居乡村宣传手册》《农村人居环境整治倡议书》《垃圾分类宣传册》等宣传材料 30 万余份，为农户提供切实可行的操作方法。三是坚持会商考核。建立了联席会议制度、领导包镇干部包村制度、督查通报制度，形成“月月会商、月月督查、月月通报”。2019 年召开全区性的农村人居环境整治会议 20 余次，并成功承办了全市农村人居环境整治现场会，以有力的工作机制推动农村人居环境整治各项工作落地落实。

2. 坚持农民主体

一是转变农户思想。由区农业农村局牵头，各部门和镇街配合，成立工作组驻村开展工作，利用晚上和周末空余时间，深入农户家中进行交流谈心，了解农户基本情况和需求，并向农户讲解农村人居环境整治的意义。通过宣传讲解，解决了农户的思想问题，增强了农户参与积极性。二是发动农户出资。制订了各类工作方案，明确资金分摊比例。在卫生户厕改造中，对贫困户、低保户、散居特困人员由政府全额补助，对一般农户按照“政府出一点，农户出一点”的原则由政府补助 50%，鼓励农户积极参与改厕建设；针对村容村貌提升，聘请专业设计单位，结合农户的意愿共同进行设计，对房屋风貌、前庭后院等进行改造，并以政府和农户签订协议形式明确奖补比例（政府补助 40%，农户出资 60%）。三是提倡农户出力。大力实施“以奖代补”模式，鼓励有技术的农户自行建设，对部分不具备技术的农户也提倡自行完成基坑开挖、土石搬运等基础工程。同时提倡农户将废弃的木料、石料等交由专业公司进行利用，既保留了原有风貌也节约了投资成本。各镇街也积极引导农户自主开展垃圾分类、定点投放工作，方便了后续垃圾清运开展。四是推动农户参与建后管护工作。对新建的无害化卫生厕所推行“管护池长”制，单户建设的化粪池由建设农户担任池长，联户建设的化粪池指定建设农户中的农户代表、党员、村组干部或热心公益的群众担任池长，负责化粪池的管护。同时设立公益性岗位，聘请农户担任村庄保洁员、公厕管理员等，充分发挥农户主观能动性。

3. 调动社会参与

农村人居环境整治涉及面广，仅靠政府出力难以为继，江阳区给出的答案是广泛吸纳社会资本，将政府工程转变为可运营的商业项目，增强内生动力。一是购买第三方服务。通过购买服务的形式，既完成了原有工作任务，又减轻了政府压力。在垃圾清运过程中，由原来的政府出资调整为通过购买服务的方式聘请国资公司清运农村垃圾，基本运行经费由区、镇两级财政按照 7∶3 的标准进行分摊，调整后农村垃圾处置经费比上年同期减少近 400 万元。二是引进企业运营。在污水处理中，与企业签订“建—管—运”一体化服务合同，由企业先行垫资修建污水处理设施并运营管理，按照“居民适当征收、政府兜底补贴、公司合理利润”的思路确定污水处理费用和收取方式，污水处理设施正式投入使用后，将公司的运营收入和建设成本列入区财政年初预算，逐年补助解决企业后顾之忧。

（二）“财政投资 + 项目资金 + 农户自筹”的资金筹措模式

江阳区积极争取财政投资、统筹谋划项目资金、大力发动农户自筹，区财政 2019 年整合项目资金超过 10 亿元，区本级资金超过 3 亿元用于保障推进乡村振兴先进区创建、农村人居环境整治、宜居乡村建设等工作。

1. 加大财政投资

对于水、电、路、网等基础设施，主要以财政投入的方式进行建设，每年按财政预算划拨专项资金，着力解决民生问题，加速城乡一体化进程。自2012年起，大力实施“十个全域”惠民工程，不断完善乡村基础设施，提高公共服务水平，让乡村更加美好，让群众生活更有盼头。为解决农村群众“出行难、出行贵、出行不安全”的问题，采取“农村公路+旅游”“农村公路+现代农业”“农村公路+文体”等模式，累计投入17亿元，按照宽度不低于5.5米的标准，新（扩）建农村公路约196公里，开通农村公交线路51条，设立交通管理站14个，实现了村村通水泥（沥青）路、村村通公交、社社通公路的“三通”目标。

2. 统筹项目资金

按照“因地制宜，统筹推进”的原则推动项目实施，2019年整合项目资金约2亿元集中用于开展垃圾、污水、厕所“三大革命”。一是建立项目资源库。高度重视农村人居环境整治项目，建立项目库，相关项目由牵头部门编制方案，经区政府常务会、区委常委会审定后纳入区重点项目管理，每月按进度报送开展情况，加快项目落地落实。二是多渠道争取项目资金。积极对接上级各部门，向上争取中央、省、市人居环境整治相关项目资金，同时通过融资贷款、采取PPP等方式进一步充实项目资金，推动“三大革命”。三是整合项目资源。坚持全区“一盘棋”的思路，按照实际情况，对农业、环保、城管等项目进行整合，打捆包装，集中力量打造示范亮点，攻坚重点难点。

3. 发动农户自筹

坚持以“村民自筹为主、财政补助为辅、乡贤出资为助”的原则开展人居环境整治工作。通过以村“两委”名义向在外创业的优秀人士寄送家书、宣传碟片等形式，诚邀本土优秀人才积极参与家乡建设。同时政府组织召开成功人士座谈会，聚焦留住乡愁，大力推介家乡人居环境整治工作，全力争取资金支持，从根本上消除“政府大包大揽，群众漠不关心”的现象，最大限度发挥村民的主观能动性。

（三）“试点示范＋难点攻坚”的推进模式

1. 打造试点示范

江阳区按照“点面结合，统筹推进”的思路，集聚优势“点”上突破，集中打造人居环境整治试点示范。全区投入约2000万元，在石寨镇凤龙村、分水岭镇晏石坝聚居点、通滩镇开丰村、黄舣镇罗湾村高标准打造4个区级示范点，重点推进“三大革命”、村庄清洁行动等工作。此外，各镇街因地制宜再打造镇级示范点16个，优先开展农村无害化卫生厕所建设、农村生活垃圾清运点设置、雨污分流管网配套等试点工作。通过区、镇两级试点示范，总结经验，为统筹推进摸索有效路子。

2. 实施难点攻坚

以“全面布局、因地制宜、分类实施”为指导，推进“八镇一街”雨污分流管网建设，累计新（改）建雨污管网37.8公里，修建一级污水处理厂10座、二级场镇污水处理厂5座、农村聚居点污水处理设施31座，实现一级和二级污水处理设施全覆盖，解决20000余户农户生活污水处理问题，实现农村生活污水净化处理率达70%。针对聚居点住户，按照区域性布局、系统性收集、综合性处理要求，落实“一镇一策”模式，制订了雨污分流管网配套和站点建设专项方案。针对农村散户，大力推广农村卫生厕所建设，提升粪污处理能力，同时积极探索“四格式”生态处理模式，利用水生生物进行净化处理。针对水环境治理，结合垃圾清运及农业面源污染防治，有力治理农村水环境污染源头。针对污水处理率不高、进水浓度波动过大、水量多导致的设施运转不畅、处理效果不佳问题，率先在通滩、况场两镇启动雨污分流试点，提升场镇的二级、三级管网，实现进水浓度和水量持续均衡，设施运转高效有序。

（四）“责任落实＋制度建设＋网络监管”的可持续管理模式

1. 落实责任划分

明确镇街、部门的责任主体，全面落实网格化管理监管责任，各镇街根据属地管理原则，建立镇、村、组三级网格化体系，强化日常巡查管控，严厉打击企业和居民偷排乱排行为。强化运营公司的主体责任，按照“厂网一体运营”思路，加强运营单位对场镇整体管网和污水处理厂站的日常维修、监督管理。同时落实区级主管部门监管责任，加大环境执法力度，重点对污水处理厂运行效力、负荷，进、出水水质，污染治理设施运行情况等方面进行检查。

2. 强化制度建设

制定了《江阳区农村生活垃圾收运考核办法（试行）》《农村公共厕所管理制度》等，对镇街管理进行全面考核，将考核结果与经费划拨挂钩，督促项目规范化运行，同时建立农户评比制度，将垃圾分类、环境卫生、生活污水处理等管理纳入村民公约，与农户签订责任书，设立红黑榜定期公示，努力提升村民文明卫生意识。

3. 建立网络监管

在污水和垃圾治理过程中，建立了“重点厂站值守 + 远程视频监控”管理模式，以指定处理厂作为运维中心，辐射其他镇村污水、垃圾处理站点，形成覆盖全区的监管网络体系，针对全区的污水、垃圾日处理量和站点运行状态进行实时监管报告。开展常态化巡查监测，落实“双随机”监察制度，建立健全监管、考核、信息反馈机制，定期通报情况，形成监管合力。依托全省的入河排污口在线监控平台，投入 200 万元，在 2020 年内实施 10 个重点厂站的在线计量视频监控设备安装项目，进一步提升污水处理厂站的在线监管、预警、处置能力。

B.16
畜禽粪污资源化利用的蒲江实践与经验

邓亚玲　高　杰*

摘　要： 畜禽粪污资源化利用是农村环境治理的重要环节，事关美丽乡村建设成效。为解决畜禽粪污带来的面源污染问题，蒲江县坚持规划引领，通过大力发展种养循环产业、推进畜禽粪污治理PPP模式、构建耕地质量提升"5+1"模式，创新主体参与机制、资金投入机制、监管考核机制，探索形成了市场运作、多方协同的畜禽粪污资源化利用模式，全面推进农业废弃物资源化利用。

关键词： 蒲江县　畜禽粪污　资源化利用

蒲江县隶属于成都市，位于成都平原西南部，下辖12个乡镇132个村及村社，县域面积583平方公里，现有总人口约28万。畜牧业是蒲江农村经济发展的主导优势产业和农民现金收入的重要来源。作为全国生猪调出大县、四川省现代畜牧业发展重点培育县和成都市生猪产业牵头县，在畜牧业快速发展的同时，畜禽粪污给蒲江县带来的面源污染问题日益严峻。为破解这一难题，近年来蒲江县积极开展畜禽养殖污染专项治理，采取疏堵结合、种养循环利用等技术手段进行集中整治，鼓励农民专业合作组织、协会等专业化服务机构参与沼肥还田综合利用，探索形成了市场运作、多方协同、合

---

* 邓亚玲，四川省社会科学院硕士研究生，主要研究方向为农村发展；高杰，博士，四川省社会科学院农村发展研究所副研究员，主要研究方向为农村经济。

力决策的畜禽粪污资源化利用模式，为农村生态环境治理和绿色产业发展提供了重要经验。

一 蒲江县畜禽粪污资源化利用的主要做法及成效

（一）主要做法

1. 坚持规划引领，建立健全工作保障机制

为解决畜禽粪污带来的面源污染问题，实现对畜禽粪污的资源化利用，近年来，蒲江县编制完成《蒲江县有机事业发展规划（2013～2022）》，并制定了《蒲江县畜禽养殖污染防治管理办法》《蒲江县农用薄膜回收薄膜管理办法》《蒲江县畜禽养殖污染专项整治工作方案》《蒲江县秸秆综合利用和禁烧工作实施方案》等系列配套政策，确定以养殖粪污、枝条秸秆、农膜果袋等为主要利用目标，采取粪污干湿分离处理、雨水污水分流处理、高峰分离处理等手段，通过就地消纳、种养循环、综合利用等方式，提升全县农业废弃物综合利用率。[①] 修订《蒲江县畜禽养殖禁养区划定方案》，完善畜禽养殖场所区域布局，将蒲江县行政区划分为禁止养殖区域和适度养殖区域，增强畜禽养殖场所的科学性、合理性。在具体工作上，蒲江县成立工作领导小组，综合部署蒲江县畜禽粪污污染治理具体工作，保障畜禽粪污综合利用；在保障工作机制上，强化政府监督、行业自律、业主处置“三方责任”，落实政策引导、项目扶持、示范带动“三项措施”，实施畜禽废弃物收集工程、资源化利用社会服务工程和耕地质量提升工程“三项行动”，全面推进农业废弃物资源化利用。

2. 大力推进种养循环产业发展

蒲江县根据“以地定畜，种养结合”发展模式，调整畜禽养殖区域布

① 洪继东：《蒲江：探索农业循环经济模式 生态环境保护成效显著》，《成都日报》2013 年 11 月 7 日。

局，科学划定畜禽养殖禁养区范围。2018 年，全县完成调整畜禽养殖禁养区划定工作，完善并发布养殖水域滩涂规划，为有序转移规模养殖业、促进全县养殖业转型升级发展提供指导和依据。依靠特色种植产业发展优势，在畜禽粪污处置上，靠近种植业园区的采取就地循环模式；缺乏条件的采取转运异地循环方式进行处理，实现种养一体，促成全域平衡发展。在发展绿色高效种植业生产方面，加快培育新型经营主体，组建社会化服务组织，推进种植业标准化、规模化发展，促进种植业高效生产；发展专业化统防统治，融合绿色防治控制技术，为病虫防治提供专业化服务，着力解决绿色防治控制应用技术推广“最后一公里”问题。在推进生猪标准化绿色养殖方面，蒲江县通过“龙头企业+”形式，充分利用龙头企业（如华西希望·德康集团、成都远大中实猪业有限公司等）提供的资金、技术等优势，推进全县生猪标准化适度规模养殖发展，加快提升养殖产业现代化水平，从源头控制养殖粪污产生量。在养殖污染治理方面，蒲江县广泛配套沼气、沼液运输管网和实施农田消纳工程，大力发展商品有机肥生产；建立沼肥运输合作社，为异地转运循环提供社会化服务；搭建养殖户生产、合作社运输、种植户利用的三方合作平台，聚力推进种养循环产业发展。①

3. 推进畜禽粪污治理 PPP 模式

为破解资金约束，蒲江县引入市场机制，鼓励企业参与运作，创新探索了畜禽粪污治理 PPP 模式，农林局作为 PPP 粪污综合利用项目发起人，主要负责制度设计和监督考核，按照公平、透明原则，公开向全社会召集投资人，选择合适的社会投资人签署合同，明确企业工作职责与义务，进行伙伴式合作，协同推进畜禽粪污还田资源化综合利用。② 重点发展畜禽粪污处置实用技术，如干清粪、微生物发酵等技术，提高畜禽粪污治理效率；建设配套有机肥加工厂和堆肥场，促进畜牧业转型升级、绿色发展，推进畜禽粪污综合利用。蒲江县每年投入 200 万元，实施粪污转运利用购买服务项目，如

① 《成都每年将治理修复 9 万亩生态受损区》，《成都商报》2018 年 12 月 20 日。

② 《创新治理模式　突出综合利用　实现种养循环——蒲江县打响畜禽养殖污染治理攻坚战》，《中国畜牧业》2017 年第 12 期。

在2018年，公开遴选转运合作社26家，通过养殖户、种植户、政府按一定比例承担费用的均衡投入方式，累计实现13万立方米畜禽粪污还田沃土，有效破解了农村畜禽粪污转运处理难题。

4. 构建耕地质量提升“5+1”模式

蒲江县积极开展耕地质量保护与提升行动，与北京嘉博文生物科技有限公司合作，配套农业服务模式，组建服务联盟，从耕地地力、绿色防治控制、资源化、循环利用等方面提供系统性服务，旨在实现提升土壤增肥蓄水能力和耕地质量、构建生态屏障的发展目标。①

一是创新综合服务模式。建立耕地保护与土壤质量提升“5+1”综合平台，重点实施养土肥田、生物防控、农业机械化、有机质循环利用、土壤环境大数据平台等五大工程，以提升土壤肥力、整体控制农业生产、加速农业机械化进程、综合循环利用有机废弃物以及实时监测土壤环境大数据；建立一个后端综合服务体系，集销售、物流、金融、保险、监测检验等于一体，为蒲江县耕地质量提升提供综合服务。二是配套农业服务模式。依托公共服务机构，引入社会服务团体，推进政企合作，为畜禽粪污循环利用配套农业服务。在公共性方面，成立综合服务中心，监督促成耕地保护与土壤肥力提升；在市场化方面，引进北京嘉博文生物科技有限公司，盘活社会资源，提升畜禽粪污综合利用的专业化、市场化。三是创新资金投入机制。发起耕地质量提升产业基金项目，以蒲江县市级财政投入的5000万元作为项目扶持金，盘活社会资本，推动财政资金与社会资本融合，共同建立耕地质量提升产业基金，为畜禽粪污资源化综合利用提供资金保障。

（二）主要成效

1. 资源化利用已见成效，畜禽粪污污染问题得到缓解

沼气工程方面，沼气池（户用、大中型）、贮液池、干粪堆腐场等设施

---

① 陈泳、李萌：《生态与产业融合互促：绿色蒲江的“西控”实践道路》，《成都日报》2017年9月28日。

广泛竣工，覆盖全面。粪便处置设施方面，购进的抽粪机和抽粪泵设备配套率达100%，实现县域全方位覆盖。综合利用服务方面，组建服务队伍（26支）负责粪污运输工作，建设有机化肥厂（6家）以提高畜禽粪污有机化处理率，推动畜禽粪污综合利用。有效治理了畜禽养殖污染，从源头和尾端控制上减轻了广大养殖户产生的大量养殖粪污对环境的压力，实现畜禽粪污多方面的资源化综合利用，增强了畜牧业与人居环境、生态环境的协调性，为蒲江县优质环境资源新的增长极提供支撑基础。

2. 农业面源污染减少，农村环境日益改善

蒲江县全面推进畜禽粪污治理工作，从规范养殖场、生猪圈舍改造、粪污处理设施等方面着手，累计取缔和转产高污染养殖场1460家，按统一标准配备生猪圈舍，配套入户粪污处理设施，提升了畜禽粪污综合利用率，农业废弃物面源污染明显降低，农村环境日益改善。完善的粪污处理设施设备提升了畜禽粪污资源化处理的便捷度，增强了养殖户对畜禽粪污的资源化意识，杜绝了养殖粪污直排、露天堆放等现象，农业农村生态环境明显好转。

3. 种养共赢，经济、社会和生态共同发展

蒲江县种养平衡的发展模式实现了耕地质量提升和畜禽粪污综合利用的双重共赢。耕地质量提升“5+1”工程，通过养土肥田、生物防控、有机循环利用等措施，改善了耕地质量。畜禽粪污治理PPP模式的有效推进，破解了农村畜禽粪污转运处理难题，推动畜禽粪污治理工作更上新台阶。持续开展的农作物绿色增效行动实现了省工减耗，节约了用地、用水、用种、用肥、用膜、用能，在保障农产品生产品质、提升品牌效应的同时，带动劳动力就业，实现内生性增产增收，促进农业生产循环发展。通过对畜禽养殖区和养殖场所规划布局的调整，蒲江县95%以上的畜禽养殖场所都与茶、果、蔬等种植基地有效结合起来，在种养平衡基础上有效实现了产业经济增值、社会就业带动、生态环境利好三方互利共赢。例如，蒲江县柑橘等水果产业平均每亩实现增产约5%，加之农用化肥、药物使用量不断降低，每亩节本增收可达525元，按全县约15万亩的种植面积算，可实现增收约7800

万元。另外，估测通过全县 175 台抽施粪机可实现带动就业 525 人，年可获取服务收入约 1050 万元。

二　蒲江县畜禽粪污资源化利用的创新经验

蒲江县探索创新了市场运作、多方协同、合力决策的畜禽粪污资源化利用模式，有效破解了畜禽粪污治理的资金难题，缓解了养殖户群体产生的农业面源污染问题对环境的压力，促进了种、养、人居和生态环境协调发展，为乡村绿色发展提供了重要经验。

（一）创新主体参与机制

蒲江县创新多元主体参与机制，充分发挥政府领导、市场运作、社会服务、业主自律、群众监督 5 大群体作用，采取村社包户、乡镇包村、部门包片具体措施，推进畜禽粪污治理工作有序开展，扩大了农村面源污染综合治理覆盖面（覆盖率超过 90%）。

1. 明确政府服务与管理职能

为有效发挥政府的引导作用，同时避免政府对市场运行的过渡干预，蒲江县明确政府职能边界，将制度设计与监督考核作为政府部门的主要职责。政府编制完成《蒲江县有机事业发展规划（2013 ~ 2022）》，制定《蒲江县畜禽养殖污染防治管理办法》，制定种养循环、污染管控、资源化利用具体措施等，为现代农业发展与农村环境治理绘制出清晰的双赢路线图。组建工作领导小组，创新具体工作格局，强化组织对重难点工作的协调领导能力，增强主要领导、分管领导和乡镇干部之间配合的默契程度，提升了畜禽粪污资源化利用工作的系统性、整体性。建立信息共享渠道，县生态环境局与相关部门协同合作、共同会商、监督指导、评估改善，形成了行业部门抓治理、生态环境部门统一监管的工作格局，建立健全了农业农村污染防治工作机制。将畜禽粪污治理工作纳入政府工作绩效考核范围，对养殖粪污资源化综合利用工作进行监督考核，保障污染治理工作的贯彻落实。

2. 充分发挥企业主体作用

蒲江县坚持以市场化机制解决粪污资源化利用问题，为吸引市场主体积极参与，创新构建了畜禽粪污治理 PPP 模式，以农林局作为项目发起人，财政局参与监督考核，乡镇、街道具体执行，公开选择社会资本方，签署合同，明确权利与责任，进行伙伴式合作，协调推进市场主体参与畜禽粪污资源化利用，提升农业废弃物治理综合效率。明确企业工作职责，发挥其负责制订沼渣沼液还田利用方案的主体作用，积极促进沼渣沼液收集、运输和施用工作的开展，确保承运商完成沼肥配送量和服务面积，构建资源化利用长效机制，充分发挥企业主体作用。

3. 创新社会服务组织模式

按照“政府搭台、合作社牵头、业主自主经营”的模式，以及“谁受益、谁付款”的原则，开展服务外包工作，由乡镇政府公开招标组建，大力发展服务队伍。通过政府引导，社会组织广泛参与，培育粪液转运服务队，按需购置沼渣沼液抽渣车，推进畜禽粪污运输服务走向系统化、组织化。引进成都天星农业科技有限公司、蒲江绿地秸秆科技有限公司等企业，成立蒲江农业废弃物资源化利用服务联盟，深入实施耕地质量提升工程，带动畜禽粪污高效治理，实现农业服务方式由政府主导向社会化供给转变。

4. 构建社会监督机制

业主与群众作为农业农村环境治理工作的重要主体，具有天然在场性，要加强宣传，明确二者对于畜禽粪污治理的重要性，强化其参与农村环境保护的责任感和义务性。完善村规民约具体细则，增加畜禽养殖粪污治理内容，将其与耕保金等资金政策挂钩，建立村民参与农业农村环境治理的直接受益机制，督促农户养成遵章守纪的良好习惯。倡导绿色理念，打造绿色农村生活生产方式，加强环保教育宣传，营造环境保护良好氛围，促进村民形成积极参与、热情行动的良好习惯。加强培养群众环保意识，深化自我教育、自我管理，鼓励成立环保服务队伍，壮大生态环境改善的服务力量。贯彻执行《蒲江县环境违法行为有奖举报暂行办法》，村村设立违法排污有奖举报电话牌，激发群众的参与热情，促进群众广泛参与监督。

（二）创新资金投入机制

蒲江县畜禽粪污治理项目资金主要来源于市级财政资金、县级财政资金、项目乡村（镇、街道办）配套资金和种植、养殖业主自筹，政府财政资金与合作伙伴收益互为保障，为畜禽粪污治理常态化、综合利用资源化提供资金支撑。

1. 加大财政支持力度

为强化财政资金支持作用，蒲江县坚持以绿色生态为导向，落实农业补贴制度、补偿政策，强化统防统治，实现绿色防治控制，同时促进农业投入品减量，力求降投增产，实现废弃物资源化综合利用。稳定污染治理投入机制，保障财政资金有效投入，统筹监管各方资金投入农村污染治理的使用进程，监督资金流向。发挥融资贷款政策的激励作用，将政府财政资金作为产业引导基金，吸引社会资本投入。鼓励社会机构提供融资担保服务，引进金融贷款资金，降低融资压力，提高资金利用效率。

2. 引导社会资本投入

蒲江县积极探索财政资金“补”改“投”新模式，激励社会资本和金融资本投入农业发展。发起耕地质量提升产业基金项目，蒲江县市级财政投入 5000 万元作为项目扶持金，以股权形式投资养土肥田、废弃物循环利用等农业产业链关键优势项目，利用财政资金拉动社会资本投入，促进废弃物资源化利用市场化。

（三）创新监管考核机制

为实现畜禽养殖粪污循环综合利用常态化，蒲江县建立起村查、乡审、县指导的三级监管体系，严格按照监管程序加大监管力度。

1. 健全管理制度，加强资金管理

蒲江县建立健全项目资金审查审批程序和财务制度，实行县级报账制管理，对市级财政补助等资金实行专款专用、专人负责、专账核算，不断加强对畜禽粪污还田工作的监督和考核，规范资金管理和提高使用效率。项目资金实行台账管理和月报制度，与畜禽养殖业主签订粪污处理协议，与种植业主签订沼渣沼液、堆沤有机肥推广使用服务协议，建立粪污来源和去处的详细台账，并由相关方签字确认以明确资金流向，做到有据可查，资金使用透明化。

2. 提升监管能力，加强监管队伍建设

为实时监测农业农村环境问题，蒲江县利用网络化管理平台、卫星遥感等技术手段，实现多元化监管，建立健全了农业农村生态环境监测体系，监管能力大幅增强。贯彻落实农村环境监测执法工作，设立环保专兼职机构，发展农村环境保护专业化、组织化监管队伍，确保农村环境保护工作有人管。整合乡镇机构人员，壮大农业农村环境基层监管服务队伍力量，推进环境监管执法工作重心下移，保障农村环境保护工作有人干。

3. 强化监督考核

以乡镇为单位对畜禽粪污治理工作进行检查验收，县农林局、县财政局定期组织督导评估，问责养殖粪污污染严重、治理工作成效低的地区，并向社会公布监督考核结果。组织开展粪污还田综合利用的生态效益监测评估，对土壤理化指标、农产品品质和产量、沼液沼渣和堆沤有机肥使用经济性进行分析，开展事后绩效评估。

三　启示与建议

蒲江县坚持政府规划引导，大力推行市场运作，促进种养循环产业发展，推进畜禽粪污治理 PPP 模式，构建耕地质量提升“5 +1”模式，贯彻落实了畜禽废弃物收集工程、资源化利用社会服务工程和耕地质量提升工程，从主体参与、资金投入和监管考核三个方面为美丽乡村建设提供了创新经验，推进农业废弃物资源化综合利用。

借鉴蒲江县的做法和经验，本文就畜禽粪污资源化利用面临的现实问题提出以下两点建议。其一，财政补贴资金适当侧重于服务队伍建设和设施设备添置，降低运输环节费用补贴比例，提高运输设备、储存设施投资补助。

社会力量作为畜禽粪污治理的重要力量，是畜禽粪污实现常态化、资源化利用的关键，要求继续稳定和壮大服务队伍，鼓励社会力量参与畜禽粪污还田利用工作。其二，要加大对有机肥厂的技术革新支持，提高综合生产能力，加速推进畜禽粪污肥料化利用，减轻大中型养殖户产生的大量农业废弃物对环境的压力，实现畜禽粪污多方面的资源化综合利用，降低农业面源污染程度，促进畜牧业和生态环境协调发展。加速推广先进设施设备和生产工艺，提升畜牧业绿色发展能力，促进畜牧业转型升级发展，进一步带动农业节本增收，实现畜牧业与人居环境、生态环境的协调共赢。

B.17

乡村垃圾处理的实践探索与模式创新

——基于乐山市及自贡市富顺县的案例

杨 潇　李佳颖　李晓燕*

摘　要： 长期以来，“污水靠蒸发，垃圾靠风刮”等问题普遍存在于我国广大乡村地区，乡村垃圾处理中不作为或者方法不得当，致使“脏乱差臭”“垃圾围村”成为乡村人居环境的现实写照。改善乡村人居环境、建设美丽乡村是在乡村地区建设美丽中国的具体行动，是在乡村地区践行生态文明理念的重要举措。而乡村垃圾处理既是建设美丽乡村的核心内容，也是其亟须突破的难题之一。本文分析四川省乡村垃圾处理典型案例的主要做法、基本成效、困难风险和化解措施，总结提炼其可借鉴的模式，以期为其他省市乡村垃圾处理提供参考。

关键词： 乡村垃圾处理　美丽乡村　生态文明

一　引言

2019年中央一号文件指出，“扎实推进乡村建设，加快补齐农村人居环

* 杨潇，四川省社会科学院农村发展研究所硕士研究生，主要研究方向为农村发展；李佳颖，四川省社会科学院农村发展研究所硕士研究生，主要研究方向为农村发展；李晓燕，四川省社会科学院研究员，硕士生导师，主要研究方向为资源与环境经济、区域经济发展、农业农村经济发展。

境和公共服务短板”，“全面推开以农村垃圾污水治理、厕所革命和村容村貌提升为重点的农村人居环境整治”。建设美丽乡村是改善乡村人居环境、提升社会主义新农村建设水平的内在需要，而科学有效地解决以“垃圾围村”为代表的乡村环境问题，让乡村环境由“脏乱差”转变为“美加净”则是建设美丽乡村的核心内容。随着我国城镇化进程的不断加快以及农村生活水平的逐渐提高，农村生产生活垃圾产量不断增加，面源污染日趋严重。垃圾不仅侵占土地、有碍卫生、影响景观，还危害农作物的生长及人体健康，为实现可持续发展、改善生存环境，降低农村垃圾对环境的污染显得尤为重要。

从“垃圾围村”到“美丽乡村”，四川省大力推进农村垃圾综合治理。本文通过分析四川省乐山市和自贡市富顺县的垃圾处理案例，总结提炼出这两地农村垃圾处理的典型经验和创新模式，提出完善农村垃圾处理的相关措施，为全国其他地区农村垃圾处理提供一些借鉴。

二　农村生活垃圾环保发电——乐山市城市近郊案例①

（一）基本情况

乐山市目前共有垃圾处理设施 6 处，均位于城市近郊农村地区，总计垃圾处理规模为 748 吨/日。除五通桥区垃圾处理厂处理方式为焚烧外，其余 5 处垃圾处理方式均为卫生填埋。所有垃圾处理设施实际每日垃圾处理量均高于设计处理量，垃圾分解难度不断增加，填埋场地使用年限明显缩短，接近处理极限，环境污染超过预期，周边村民生活受到严重影响。根据服务范围内垃圾产量和人口总数，通过人均产生量法进行预测，近期（2020 年）服务范围内生活垃圾需处理总量为 1050 吨/日，远期（2030 年）为 1780 吨/日，垃圾产出量将远高于 748 吨/日的设计处理量。因此，

① 本案例基础资料来自《乐山市城市生活垃圾环保发电项目可行性研究报告》。

从提高垃圾处理量和保护生态环境两个方面来说，发展新型的垃圾处理模式迫在眉睫。

（二）主要做法

为改善乐山市农村人居环境，响应国家对美丽乡村建设的要求，并解决全市生活垃圾产量超出可处理范围且传统的垃圾处理方式严重影响周边生态及人居环境的问题，乐山市实施了生活垃圾环保发电项目。此项目采用焚烧的方式对近郊农村生活垃圾进行处理，通过选择适宜的建厂位置修建垃圾焚烧厂，采用先进的焚烧技术及烟气净化与炉渣处理工艺，采取“户分类、村收集、镇转运、县处理”的垃圾收运模式，以及优先安排村民进厂就业等方式，不仅最大限度地实现了城市以及近郊农村生活垃圾的“减量化、资源化、无害化”处理，还利用焚烧热能发电，节约了国家的不可再生资源，弥补了我国电力不足的问题，并且有利于改善全市农村人居环境、提高当地村民收入，为实现乡村振兴战略提供了助力。

1. 选择适宜的建厂位置修建垃圾焚烧厂

生活垃圾环保发电项目选址在迎阳乡迎阳村，该村位于乐山市中心城区东北方向，道路条件较好，垃圾运输便利。厂址距离岷江 10 公里，远离饮用水保护区，对饮用水源无影响，且该厂址周边 15 公里内有两个电网变电站。

因此，该地具有安全环保、交通方便、运距合理、用地合适、用水用电条件较好的优势，是一个较为理想的综合垃圾焚烧处理场场址，并且能便利地通过变电站进行输出，不仅满足了焚烧厂自身以及周边乡村的用电需求，还有多余电量可上网销售，实现了良好的经济效益。

2. 采用先进的焚烧技术及烟气净化与炉渣处理工艺

此工程选择的是机械炉排炉，该炉对垃圾的预处理要求不高，技术成熟可靠，且运行维护操作简便，是目前世界上最常用、处理量最大且适用性最好的生活垃圾焚烧炉型；并采用“机炉电”集中控制，对焚烧系统、烟气净化系统、热力系统和电气系统的监控运用一套集散控制系统（Distributed

Control System，DCS）。处理垃圾焚烧产生的各种烟气以及飞灰采取“选择性非催化还原法 + 半干法 + 干法 + 活性炭喷射 + 布袋除尘”的组合工艺，真正实现了整个处理过程中无废水、废气产生。

该项目利用焚烧余热发电，具有一定的节能效益与经济效益，一方面避免了原有单纯填埋模式不产生经济效益或仅产生较少经济效益的缺点；另一方面，有效地焚烧生活垃圾也大大缩短了垃圾在土壤中的分解时间，避免了垃圾分解过程中污水对土壤的污染，以及垃圾腐烂后所产生的气体对空气的污染。采用自动化控制系统，实现了整个垃圾处理过程安全可靠、技术先进、价格合理的目标。高效的烟气净化与炉渣处理工艺减少了对土壤与地下水的污染，降低了垃圾填埋压力，炉渣与沉积飞灰经过稳定化处理后，在当地焚烧炉条件允许的情况下，可建立炉渣资源化设施，用于制砖、道路建设等，既有效利用了资源，同时也可减少因填埋炉渣而占用宝贵的土地资源，实现了焚烧产物的综合利用。

3. 采用“户分类、村收集、镇转运、县处理”的垃圾收运模式

全市全面开展“垃圾革命”，鼓励社会企业和农户参与“垃圾革命”，扩大农村垃圾治理覆盖面，实施“户分类、村收集、镇转运、县处理”的垃圾收运模式，开展家居环境整治培训和示范引领，指导垃圾户分类。村民聚居点均设置可回收和不可回收“两分类”收集容器；按照“人口较多、垃圾产生量较大的乡镇建成并投用一座垃圾中转站，人口较少、垃圾产生量较小的乡镇按照片区共建共享”的原则，建设垃圾中转设施；按照建制镇每万人 1.5 辆、乡集镇每万人 1 辆的标准足额配置垃圾密闭清运车辆。

全域新建成投用乡镇垃圾压缩中转站 56 个，城镇及农村生活垃圾统一运送到迎阳村垃圾焚烧发电厂进行焚烧处理，农村生活垃圾得到有效处理的行政村占比为 97%，实现垃圾分类投放、分类收集、分类处置。农村人居环境“脏乱差”现象得以改善，村庄环境卫生得到有效整治，村容村貌焕然一新，村民清洁卫生文明意识有效提高、健康卫生的生活方式逐渐形成，助推“美丽四川 · 宜居乡村”建设。

4. 优先安排村民进厂就业

乐山市政府及负责生活垃圾环保发电厂的企业为维护当地村民的利益，对受影响的群众开展了相关职业技能培训，并优先安排村民进厂工作，解决其就业问题。该厂员工总数为100人，其中农业户口员工约占20%，一线员工年收入约10万元，普通员工年收入约4万元。所以，该垃圾环保发电厂的建设不仅实现了全市生活垃圾的“三化”处理，改善了农村人居环境，还在一定程度上解决了当地村民的就业问题，增加了农民收入，助推了乡村振兴战略的实施。

（三）基本成效

此项目一期总投资约6.53亿元，日处理生活垃圾1000吨，配套日处理渗滤液400吨；二期将扩建一条设计处理量为500吨/日的焚烧线，入炉生活垃圾总处理能力将达到1500吨/日；服务范围覆盖了乐山市6个区县，处理了全市117万农村人口和153万城镇人口的生活垃圾。传统的填埋和堆肥两种垃圾处理方式不仅会占用有限的土地资源，还会对生态环境造成严重的二次污染。该项目在垃圾处理效果、社会效益和环保效益上都取得了超预期的成效，不仅创新了垃圾处理模式，解决了全市生活垃圾处理难题，改善了农村环境，还将热能回收发电，取得了较好经济效益，实现了生活垃圾的无害化、减量化、资源化处理，社会各界对此均予以认可。

1. 垃圾处理效果超预期

该项目自进入运营以来，日进场生活垃圾量约1000吨，截至2019年11月已累计处理全市生活垃圾共24万吨。项目公司在废弃物处置上不计成本，严格管理，所有检测指标均大幅低于国家排放标准，并且烟气排放实际检测值中最高单项指标不足欧盟2010标准的1/2，公众关注度最高的二噁英排放指标仅占欧盟2010标准的1/100。除此之外，垃圾焚烧发电厂累计发电8000万余度，上网销售约7000万度，不仅实现了垃圾的无害化、资源化、减量化处理，还获得了良好的经济效益。

2. 社会效益超预期

本项目在建设过程中由多家省、市主要新闻媒体进行了多次报道，得到社会各界的高度关注，市民也积极参与并建言献策。自2019年5月建成后，累计接待政府各级部门考察、调研40余批，社会团体参观13批。该项目在对焚烧发电厂周边环境影响微小的基础上，解决了全市垃圾处理难题，改善了全市农村环境，提高了村民卫生意识，同时为农民提供了就业机会，促进了村容整洁、环境优美、乡风文明的“美丽乡村”建设，得到了中央和本省领导的高度肯定及全市人民的一致认可。

3. 环保效益超预期

本项目采用国内先进的垃圾焚烧工艺和污染控制技术，对焚烧过程中产生的水、气、渣、声等污染物采取了有效的控制措施，并且生活垃圾焚烧发电对污染物减排的促进作用明显，对温室气体减排也有显著效果。在项目建设和管理中坚持“四个经得起”，即经得起看（花园式环境）、经得起闻（没有异味）、经得起听（没有噪声）、经得起测（严格检测、达标排放）。①整个工程建设完成并投入使用后对环境影响较小，较好地解决了乐山市面临的垃圾处置难题，将原来大量用于堆放垃圾的土地资源释放出来，改善了农村环境，同时又将热能回收发电，取得了较好的经济效益，做到了生活垃圾处置的无害化、减量化、资源化，在环境保护方面是切实可行的。

（四）可能的风险与化解对策

1. 污染周边环境的风险

火力发电产生的烟气与炉渣会对环境造成较大的影响，因此在各个时期都备受关注。该项目是以焚烧垃圾的方式来进行火力发电，公众最为关注的是此项目对人居环境的影响程度，因此环境影响是该项目面临的主要问题之一。

为解决焚烧所产生的烟气、炉渣以及噪声的问题，该项目在设计、建

① 罗晓玲：《让垃圾变身绿色能源》，《乐山日报》2019年9月19日。

设、运营过程中，采用成熟先进的工艺技术，严格执行国家和地方的有关规定和标准，在生产过程中对影响环境的废气、废水、废渣、噪声等进行严格的治理和控制，达标后再排放。在垃圾焚烧处理过程中创新处理工艺，改善工艺流程，减少焚烧产物污染，真正做到了对环境的微污染，真正实现了环保发电。

2. 垃圾供应不足的风险

垃圾焚烧发电厂的主要燃料是垃圾，因此垃圾量决定了企业的基本生产情况。该项目在设计之初将生活垃圾焚烧工程规模设定为1000吨/日。长期来看，如果城市垃圾产量不足，那么该厂就无法进行稳定生产。

因此，乐山市对全市垃圾量进行了预估，近期（2020年）服务范围内生活垃圾需处理总量为1050吨/日，远期（2030年）为1780吨/日，可满足垃圾焚烧的垃圾产出要求，并且在未来还会加大对垃圾转运的建设力度，扩大垃圾转运的范围，保证各区县的垃圾供应量。

3. 运营管理是否有效的风险

该项目属于有环境影响的项目，同时又属于BOT项目，所以各政府部门能否在通力合作的基础上，积极地对该项目运行过程进行切实有效的监督，直接影响着乐山市的垃圾处理情况以及环境污染情况。

为促进当地的经济与环境协同发展，该项目选择适合的、先进的投资建设模式；组建优秀的项目管理团队，制定先进的管理制度；保证设备及物质供应及时到位。各部门在该项目的建设运营期间，明确了各自的监管职责。各政府部门坚持以环保建设为中心，精心组织，主动对接，严格监管项目的各项指标，真正地实现了各项工作的高效推进。

4. 社会舆论导向的风险

国家鼓励以垃圾焚烧发电的方式处理生活垃圾，使得此项目能顺利建设与发展。但是该项目的建设会导致当地居民的生活环境、生活习惯以及就业环境发生改变，会对社会公众利益造成一定程度的损害，由此产生的舆论会对群众心理起到一定的引导作用。

乐山市政府为切实维护当地村民的利益，解决社会舆论问题，实施了以下措施：第一，开展受影响群众的职业技能培训，优先安排其进厂工作，解决他们的就业问题；第二，保证当地居民在经历拆迁之后，能够有稳定的收入来源，保证当地居民的利益；第三，公开该项目建设信息，主动向公众公布项目建设进程，主动接受舆论的监督，积极回应并解决公众反映的问题，落实了社会公众的监督权；第四，开展相关主题教育，向公众普及垃圾处理的基础知识；第五，设置流动咨询点，了解当地居民的痛点问题与困难，打造积极、主动、负责的形象。

三　城乡生活垃圾收运一体化——自贡市富顺县案例①

（一）基本情况

自贡市富顺县是人口大县，有26个乡镇318个农业行政村40个农村社区4525个农业小组，农村（含乡镇场镇、社区）常住人口79.01万，人居环境治理压力大，任务重。2016年全县农村生活垃圾治理统计数据显示，全县农村生活垃圾年产量97461.1吨，日产垃圾267.02吨，年清扫保洁、收集转运、垃圾处理、基础设施建设和设备购置等费用共计2735.85万元，平均每个乡镇承担的费用每年约105.2万元，费用最高的乡镇在120万元以上。乡镇财政压力大，且有限财力用于农村垃圾治理的效果并不理想。目前，全国环保工作向纵深推进，环保督察力度逐渐加大，迫切要求当地加快推进农村生活垃圾收运体系建设和垃圾无害化处理，有效解决农村生活垃圾收集和运输成本高、污染重等根本问题。

（二）主要做法

富顺县为统筹解决农村生活垃圾收集和运输成本高，以及对环境造成污染等根本问题，开展了垃圾收运一体化项目，有效解决了农村生活垃圾收集

① 本案例基础资料来自《富顺县城乡生活垃圾收运一体化项目研究》。

和运输不集中的难题。

1. 开展深入的摸底调查并做好充分的前期准备

首先，全县开展深入摸底调查，对清理保洁面积、收集点数量和设备投入等相关数据进行全面调查统计，根据城乡生活垃圾收运一体化项目内容，从清扫保洁面积、收集点升级改造、压缩站运行维护、设施设备投入和人员经费等方面进行逐项预算，为制订实施方案打下了坚实基础，确保项目内每一项费用支出都有据可查、有据可依。其次，严格法定程序，确立项目实施原则。2017 年富顺县人民政府通过了《富顺县城乡生活垃圾收运一体化实施方案》，建议通过政府购买服务的方式，秉持“政府主导、部门协同、企业运作、群众参与”的原则。最后，开展硬件升级，优化管理服务。通过政府购买服务的方式，对原有的 5000 个垃圾收集点进行升级改造，将全县所有乡镇场镇及村级道路的清扫保洁、垃圾收集、压缩转运等环节的服务全部交由社会力量来承担，同步建设乡镇片区共享式生活垃圾压缩转运站后交由外包公司进行日常管理、运行和维护。

2. 重视垃圾处理硬件建设并不断加大投入力度

富顺县在乡村垃圾处理上特别重视硬件建设并不断加大投入。新建、改造和购置了必要的垃圾处理设施。在垃圾收集点位建设上，全县共新建和改造 5022 个生活垃圾收集点，其中主要公路沿线设置 851 个高标准收集点，村道沿线设置 4171 个一般标准收集点。高标准点位摆放 4 个脚踩式分类垃圾桶，以不同颜色予以区分。在醒目位置设置垃圾分类标志标识，设置公示牌，公示该收集点责任人、监督人姓名及联系电话。在运输车辆购置上，全县新投入垃圾收集压缩车 37 辆、洒水车 9 辆、扫地车 8 辆、路面养护车 4 辆、吸污车 1 辆，用于清扫、收运、冲洗、设施维护、渗漏液收集等全过程。新购置 8 台车厢可卸式垃圾车，负责生活垃圾压缩处理后的转运工作。在压缩站的建设上，全县新建 12 座生活垃圾压缩转运站，乡镇压缩站分片区对生活垃圾进行压缩处理工作。

3. 重视垃圾收运处理的程序完整和有序作业

富顺县城乡生活垃圾收运一体化项目包含多种程序环节，可确保垃圾收运工作的有序开展。首先，由保洁人员开展清扫工作，包括非机动车道清扫、人行道垃圾清理、商铺垃圾收集、杂草清理以及“门前三包”（包卫生、包绿化、包秩序）等工作，每天清扫两遍。其次，投入37台垃圾收集车进行前端收集，分片区负责全县5022个生活垃圾收集点的垃圾收集工作，并根据不同时段垃圾量大小进行调整和补充。最后，垃圾收集车开往各自片区压缩站后进行生活垃圾压缩处理工作，压缩后的生活垃圾通过车厢可卸式垃圾运载车运往垃圾场进行焚烧发电。整个运行程序都在智慧环境云系统的实时监控下有序完成。

（三）基本成效

富顺县开展的城乡生活垃圾收运一体化项目从设备投入到监督完善整个过程都取得了明显的成效，为继续开展垃圾收运工作、改善城乡生活环境和建设美丽乡村奠定了良好的基础。

1. 垃圾收集覆盖面扩大，实现集中快速处理

针对全县农村生活垃圾收集点散、乱、差及标准不统一的现状，富顺县新建和改造了垃圾收集点共5022个，并且加强了片区压缩站的建设，城区已建成4座、在建1座，永年、赵化、怀德等乡镇已建成8座生活垃圾压缩转运站，均已投入运行。收集点的增加和生活垃圾片区压缩站的建立有效扩大了垃圾收集的覆盖面，提高了生活垃圾转运效率，减轻了各个压缩站的作业压力，对生活垃圾集中快速处理起到了关键作用。此外，该项目加大了高级设备投入，共投入大型勾臂垃圾车、后挂压缩车、对接式垃圾车、大型洗扫车、吸污车等58台，用于垃圾收运、收集点维护、机械化清扫保洁和压缩站垃圾渗漏液的抽排工作。高级设备的投入能够实现垃圾收运的一体化和现代化，解决垃圾收运及处理过程中存在的设备不足问题，为建设美丽乡村提供了充分的设备条件和技术保证。

2. 责任明确无缝对接，保证垃圾收运的时效性和有序性

项目运行方案对垃圾处理公司的责任范围进行了明确规定：一是负责乡镇场镇、社区划定范围的清扫保洁；二是负责所有垃圾收集点的垃圾清运及

维护；三是负责片区压缩站的日常运行和维护。垃圾处理公司责任范围以外区域的环境卫生工作仍由辖区乡镇负责，各乡镇分级成立机动保洁队伍，重点保证路旁、沟旁、河旁、桥旁、屋旁等“五旁”卫生死角的清理。实现了垃圾处理公司和乡镇各负其责开展工作，提高了各部门合作的工作效率，体现了城乡生活垃圾收运的时效性和有序性。

3. 运行管理高效，实现人员管理、片区管理、应急机制建立和平台建立综合目标

富顺县城乡生活垃圾收运一体化项目管理高效，实现了在人员管理、片区管理、应急机制建立和平台建立方面的目标。其一，垃圾处理公司进场后，对各乡镇原有的清扫保洁人员，无特殊原因一律全盘接收，保障工人的合法权益和工作的连续性，为此实现了人员的平稳过渡。其二，整个富顺县分为四个片区进行管理，每个片区安排2～4名管理人员，每个乡镇落实1～2名管理人员，达到分级负责各自辖区范围内相关工作的目标，体现出分片管理的成效和成果。其三，在节假日特别是春节期间生活垃圾暴增的情况下，富顺县建立了应急机制，例如采取临时租车的方式提升整体转运能力，针对农村坝坝宴提前联系沟通并增放垃圾桶，以此来避免垃圾乱扔和爆桶等现象。应急机制的建立可以缓解不必要的垃圾收集点的压力，为有序开展活动提供了重要保障。其四，富顺县对所有环卫车辆都安装覆盖GPS定位系统，且对部分重点车辆安装视频监控系统。通过环境云系统全天候监控环卫车辆的行驶路线、作业状态和应急呼叫。智慧平台的建立使垃圾收运有序推进，为垃圾收运处理提供了安全保障。

4. 监督考核得力，保障垃圾收运的顺利开展

富顺县城乡生活垃圾收运一体化项目在考核标准、量化考核以及奖惩方面达到了有理可依、有据可依的要求。首先，针对清扫保洁、垃圾收运、站点维护、车辆运行等环节制定了详细的准则，确保考核有据可依。其次，县综合执法局和乡镇综合执法机构分别对公司按月进行各50%的量化考核，确保考核结果公平公正。最后，在奖惩方面，根据考核分值将考核结果分为优秀、良好、合格、基本合格、不合格五个等次，按照考核等次进行奖惩，

即奖励或扣除5% ~10%的当月服务外包费。同时，若是连续两个月的考核在基本合格以下且整改不达标，项目甲方有权中止合同。整个运行过程的考核监督实现了对各级人员公平公正的目标，实现了考核管理内容的充分性、客观性和时效性，为城乡生活垃圾收运一体化项目的开展提供了重要保证。

（四）面临的问题与解决措施

富顺县实施的城乡生活垃圾收运一体化项目取得了显著效果，在保障城乡生活环境和建设美丽乡村方面扮演关键角色。但是该项目在运行过程中依旧存在一些问题。

1. 农村群众主体意识不强

在整个垃圾收运一体化的过程中，农村群众的主体意识不强，群众缺乏参与感。由于该项目资金来源于政府购买，一方面给政府带来财政压力，另一方面群众没有参与资金付出，导致其缺乏对垃圾处理的责任感。所以，在垃圾收运一体化的起点上存在垃圾分类不完全的问题，导致处理垃圾成本的增加。

农村群众的主动参与和配合是推动农村垃圾处理的基础。[①] 针对主体意识不强的问题，应在垃圾产生的源头上对农村群众实行奖惩。对垃圾分类不积极和乱扔垃圾的农村群众实行罚款，对配合度高的农村群众实行季度性奖励，可采取表彰、金钱或者实物奖励等方式。另外，可以聘用农村群众担任环卫工人，按月发放工资补贴，以此来提升农村群众的参与感和责任感，加强其主体意识。

2. 农村群众环保意识淡薄

农村群众环保意识淡薄，对垃圾的分类标准和方法既不了解也不关心，在处理垃圾时无法实现垃圾的有效分类，导致收运工作量的增加。一方面，如果以城市的标准来收集农村垃圾，会出现垃圾的极端分类问题，如在农村

① 赵晶薇、赵蕊、何艳芬、王森、安勤勤：《基于“3R”原则的农村生活垃圾处理模式探讨》，《中国人口·资源与环境》2014年S2期。

极易出现某类垃圾产生不足、某类垃圾产生超量的极端情况，若设置四类垃圾桶回收垃圾，会导致某类垃圾桶装不满，而某类垃圾桶装不下。另一方面，由于农村群众环保意识淡薄，在收集垃圾时会出现垃圾随手乱扔和胡乱堆砌的现象。

为此，富顺县城乡生活垃圾收运一体化项目结合农村生活垃圾的特点，将垃圾分为四类，即可回收垃圾（纸类、塑料、玻璃、金属、布料等）、厨余垃圾（剩菜剩饭、菜根菜叶、骨头等食品类废弃物）、有毒有害垃圾（废电池、废日光灯管、废水银温度计、过期药品等）、其他垃圾（砖瓦陶瓷、渣土、卫生间废纸等难以回收的废弃物）。① 在环保意识问题上，政府要积极宣传乱扔垃圾的危害性和保护生态环境的重要性，不同片区的管理人员应当定时定期开展环保宣传活动，通过组织集体性活动和“裂变式”模式的宣传引导，提升农村群众的环保意识。此外，采用入户宣传指导的方法，做到精准宣传教育，将环保意识落实到每户每人，能够有效地增强农村群众的环保意识。

3. 收运过程存在二次污染

在收运垃圾的过程中，存在垃圾掉落和污水泄漏的现象，进而污染运输道路的环境，此外在收运垃圾的中转站里堆砌垃圾，其臭气会污染周边居民的生活环境。

对于垃圾收运中存在的二次污染问题，最为有效的解决途径是事前设计严谨的收运程序和污染预防方案，以及事中采用有针对性的污染处理技术，如此才能尽可能地避免二次污染的产生。其中，有针对性的污染处理技术是技术层面的难点亦是关键点。当前，我国农村垃圾处理技术正在不断提升，这为统筹城乡发展、建设美丽乡村、实现农村人居环境整洁舒适提供有力的科技支撑。此外，加大对垃圾转运设施设备的投资力度，做好垃圾中转站的选址规划，完善大面积垃圾中转站的基础建设，才能保证垃圾收运项目的正

① 贾亚娟、赵敏娟、夏显力、姚柳杨：《农村生活垃圾分类处理模式与建议》，《资源科学》2019 年第 2 期。

常运行，以此减少项目非正常运行导致的垃圾中转污染现象，实现道路运输干净整洁的目标。

四　四川乡村垃圾处理的模式创新

乐山市和自贡市富顺县的垃圾收运与处理方式有效地改善了当地生活垃圾污染状况，响应了建设美丽乡村的号召，在原有的垃圾收运与处理的基础上探索出了一条现代化、低污染的垃圾处理路径，也形成了一些符合当地实际的垃圾处理模式，主要包括以下几个方面。

（一）创建“互联网＋垃圾处理”模式，充分利用现代信息化技术

富顺县在实施城乡生活垃圾收运一体化项目过程中形成“互联网＋垃圾处理”模式，采用智慧环境云系统实时监控全县所有作业车辆的工作路线、状态等，实时掌控作业情况。该模式充分利用了智能化时代的数字科技，实现了对生活垃圾的收集、清运、中转、处置的全流程、全链条的透明、可视化的业务管理及监管考核，全面提升了城乡生活垃圾收运能力，助力智慧环卫建设。

（二）采用先进的垃圾焚烧发电模式，实现生活垃圾“三化”处理

传统的垃圾处理方式多为直接填埋或者直接焚烧。直接填埋生活垃圾所产生的废气会对环境造成危害，垃圾分解产生的废水会渗透到农田土壤中，对农田土壤造成难以处理的污染问题。同时，直接填埋垃圾的方式会浪费大量土地资源。而直接焚烧生活垃圾所产生的废气如果没有得到科学处理，会对大气造成巨大的污染。

采取科学环保的垃圾焚烧发电模式对农村生活垃圾进行焚烧处理，通过多道工艺对焚烧产生的烟气进行综合处理，解决了传统垃圾焚烧造成的大气污染问题，同时也避免了填埋处理垃圾所造成的土壤污染，实现了对生活垃圾处理的“减量化、资源化、无害化”目标。在这一过程中，利用垃圾焚

烧产生的余热进行发电也获得了一定的经济效益，初步实现了经济、社会和生态环境的综合效益。

（三）采用“户分类、村收集、镇转运、县处理”的垃圾收运模式，有效治理农村人居环境

垃圾无序处理很容易造成土壤污染、水体污染以及大气污染。乐山市采用“户分类、村收集、镇转运、县处理”的垃圾收运模式，首先从源头进行处理，每户按照可回收和不可回收两类进行垃圾分类。其次以村为单位进行收集，在乡镇一级按照“人口较多、垃圾产生量较大的乡镇建成并投用一座垃圾中转站，人口较少、垃圾产生量较小的乡镇按照片区共建共享”的原则，建立垃圾中转站设施。最后统一运输到附近的县焚烧发电厂进行处理。该处理模式适用于距离乡镇较近或城镇化水平较高的农村地区。[①] 自该模式实行以来，乐山市农村生活垃圾收运模式逐步完善，村民卫生、健康和环保意识逐渐提升，农村人居环境质量不断提高，乐山市在美丽乡村的建设道路上更进一步。

参考文献

赵晶薇、赵蕊、何艳芬、王森、安勤勤：《基于“3R”原则的农村生活垃圾处理模式探讨》，《中国人口·资源与环境》2014 年 S2 期。

贾亚娟、赵敏娟、夏显力、姚柳杨：《农村生活垃圾分类处理模式与建议》，《资源科学》2019 年第 2 期。

乐山市政府：《乐山市城市生活垃圾环保发电项目可行性研究报告》，2016。

罗晓玲：《让垃圾变身绿色能源》，《乐山日报》2019 年 9 月 19 日。

闫骏、王则武、周雨珺、张纯：《我国农村生活垃圾的产生现状及处理模式》，《中国环保产业》2014 年第 12 期。

---

① 闫骏、王则武、周雨珺、张纯：《我国农村生活垃圾的产生现状及处理模式》，《中国环保产业》2014 年第 12 期。

宋金波、宋丹荣、孙岩:《垃圾焚烧发电 BOT 项目的关键风险：多案例研究》,《管理评论》2012 年第 9 期。

张倩、徐海云:《生活垃圾焚烧处理技术现状及发展建议》,《环境工程》2012 年第 2 期。

B.18 攀枝花市农村人居环境整治做法、问题及对策

张泽梅*

摘　要： 攀枝花市是国家现代农业示范区和中国阳光康养产业发展试验区，建设美丽攀枝花，必须深刻认识农村人居环境整治的重要性。本文通过分析攀枝花市推进农村人居环境整治的主要做法、成效及存在的问题，提出了加强组织领导、强化宣传教育、打造试点示范、完善机制建设、强化要素保障的政策建议。

关键词： 攀枝花　农村人居环境整治　乡村振兴

攀枝花是长江上游重点国有林区和水源涵养区，是四川省构筑长江上游生态屏障的核心地带和长江流域生态环境保护的重点区域，也是生态环境相对脆弱的区域；作为四川省唯一的亚热带农业经济发展区域、四川省南向开放门户和长江上游川滇接合部区域中心城市，也是国家现代农业示范区和中国阳光康养产业发展试验区，守住绿水青山、建设美丽攀枝花，必须深刻认识农村人居环境整治的重要性。农村人居环境是广大农民群众赖以生产、生活的基础，深入推进农村人居环境整治，就是要把农村绿色发展摆在生态文明建设的突出位置，根本改变农业农村资源消耗的粗放经营方式，强化农业农村污染防治，全面建立以绿色发展为导向的制度体系，形成与资源环境承

* 张泽梅，博士，四川省社会科学院农村发展研究所副研究员，主要研究方向为农村经济。

载力相匹配、与生产生活生态相协调的乡村经济发展格局，加快实现农业可持续发展、农民更加富裕幸福、乡村更加美丽宜居。

一 攀枝花市农村人居环境整治基本情况

攀枝花市的农村人居环境建设工作分为四个阶段。第一阶段是从2008年开始的农村环境综合整治工作，实施重点流域污染治理和城乡垃圾、污水集中整治建设行动。主要开展的工作包括：对14个村庄环境综合整治，推进农业面源污染治理工程，建成农户户用沼气池9.33万口、大中型沼气工程4处、小型沼气工程47处，6处集中供气项目正在建设；全面取缔二滩网箱养鱼，实施网箱养鱼管控，建立长效监管机制；主要农作物绿色防控覆盖率达23.4%，主要农作物测土配方施肥技术推广覆盖率已超过90%；防治畜禽养殖污染，划定畜禽禁养区面积1475.67平方公里；加强秸秆禁烧和综合利用，实行网格化管理，强化各职能部门联动，积极推进农作物秸秆综合利用。第二阶段是2011~2013年，主要开展了新农村示范片建设和整县推进新农村示范县建设。第三阶段是2014~2018年，主要开展了幸福美丽新村建设，截至2018年，全市共建设各类新村点194个，占349个行政村的55.6%，基本辐射了全市70%的自然村落，对于分散居住的山区农房，主要开展了乡村风貌整治。第四阶段是从2019年开始，全省统一要求建设“美丽四川·宜居乡村”，攀枝花市加强农村人居环境整治的组织领导，加大农村人居环境整治的资金投入，积极开展农村垃圾、污水、厕所“三大革命”和畜禽粪污资源化利用、村容村貌提升五大行动，农村人居环境水平得到大幅提升。攀枝花市2019年在建的130个“美丽四川·宜居乡村”达标村，预计在2019年12月初建成验收。

二 攀枝花市人居环境整治主要做法

（一）高度重视，系统谋划美丽宜居乡村建设

2018年底，四川省委办公厅、省政府办公厅印发了《“美丽四川·宜居

乡村”推进方案（2018～2020年）》，攀枝花市委、市政府高度重视，由市建局牵头研究制定并以市委办公室、市政府办公室的名义于2019年1月8日正式印发了《攀枝花市农村人居环境整治工作方案（2019～2020年）》。牢固树立“绿水青山就是金山银山”的乡村建设理念，把农村生态文明建设和农村人居环境整治作为美丽宜居乡村建设的着力点，把美丽宜居乡村建设作为实施乡村振兴的有效抓手，明确了加强规划引领，坚持高站位谋划、系统性部署、大力度推进，科学编制规划，全面开展农村人居环境整治“五大行动”，大力实施美丽经济“五变”行动，扎实开展山水林田湖草系统治理等六项重点工作，确定了十项建设标准。

（二）聚焦重点，高位推进农村人居环境整治“五大行动”

一是制订了系列方案。攀枝花市编制出台了《攀枝花市农村人居环境整治工作方案（2019～2020年）》以及村庄清洁、农村厕所革命、农村生活垃圾治理、农村生活污水处理、畜禽粪污资源化利用等“五大行动”专项方案，明确了总体目标、年度目标、专项目标，确定了工作重点，细化了责任分工、时间安排。二是实施了一批项目。聚焦农村人居环境整治短板，实施了一批项目，将拟建设的130个“美丽四川·宜居乡村”达标村目标分解落实到五个县（区），并列为2019年农村人居环境整治的重点村来推进建设。将平地镇白拉古村、大龙潭乡混撒拉村和米易县湾丘彝族乡昔街新村、白马镇田坝村和马槟榔村、攀莲镇贤家村、草场乡龙华村、普威镇独树旅游新村等部分村列为乡村振兴先进创建对象，进行高标准建设。全市将米易县整县、盐边县红格镇、仁和区大龙潭乡以及13个村列为创建乡村振兴先进县、先进乡镇、示范村来建设，按照《四川省实施乡村振兴战略考评激励办法（试行）》，高标准推进产业发展和宜居乡村建设，示范带动全市各地“美丽四川·宜居乡村”建设。

（三）多渠道解决建设资金

省级未安排专项资金，攀枝花市通过项目包装，向上争取到了30个整村推进“厕所革命”的中央财政资金每村 30. 5 万元、省级财政资金每村 8. 5 万元，五个县（区）财政也在资金投入紧张的情况下，分别安排了财政资金用于支持宜居乡村建设（东区 25 万元、西区 124. 5 万元、米易县 800 万元、盐边县 175. 5 万元、仁和区 360 万元），同时，各县（区）还将垃圾和污水治理、高标准农田建设等各类项目资金整合投入用于支持宜居乡村建设。

（四）组织召开全市推进会议，分阶段部署落实工作

2019 年以来，攀枝花市分阶段部署落实工作，2 月集合召开市委农村工作会议，对全市“美丽四川 · 宜居乡村”建设进行了全市总动员和任务安排；5 月 23 日，召开乡村振兴先进创建和农村人居环境整治现场推进会，传达了全省现场会精神，再次对“美丽四川 · 宜居乡村”的任务进行了细化分解落实；7 月 24 日召开的乡村振兴先进创建和农村人居环境整治现场推进会，总结了 1 ~6 月的推进情况。

（五）开展现场督导服务

2019 年 1 ~7 月共到县（区）现场督导 5 次，其中与住建、生态环保、城管等部门联合开展督导服务 2 次；从 6 月开始，农业农村局每隔两周（有时隔 1 周）就要到县（区）了解建设进度，配合县（区）开展现场针对性指导。直接与县、乡镇、村组三级相关负责人面对面协商研究政策，协商厕所改造和粪污治理的模式，对县（区）制订实施方案、明确改厕技术指标、核定进度安排、灵活制定改造方式起到了很好的促进作用。

三　攀枝花市人居环境整治主要成效

近年来，攀枝花市认真贯彻落实省、市决策部署，把改善农村人居环境作为社会主义新农村建设的重要内容，大力推进农村基础设施建设和农村环境综合整治，农村人居环境建设取得一定成效。

（一）组织健全，齐抓共管的格局基本形成

一是组班子。成立了由市长任组长、分管副市长任副组长、市直各部门主要负责人为成员的农村环境整治工作领导小组，组建了工作专班，制定了实施方案，落实了人员经费，各县乡镇分别成立了领导小组，构筑了市、县、乡“三位一体”的工作格局。二是定目标。制定了《攀枝花市农村人居环境整治工作方案（2019～2020年）》《攀枝花市“厕所革命”实施方案（2018～2020年）》，明确了攀枝花市农村“厕所革命”目标任务，落实了农村人居环境整治工作责任。三是造氛围。科学编制技术手册和宣传明白纸，统一印制20000余份，下发到各乡镇。以诚邀专家办讲座、赴浙江培训、召开现场会等形式对乡镇主要领导、分管领导及工作人员进行宣传教育，激发广大干群参与农村人居环境整治工作的积极性和主动性。

（二）“五大行动”落到了实处

第一，在垃圾治理方面，开展了农村垃圾分类试点，按照“户分类、村收集、镇转运、县处理”的垃圾收储模式，在40个村开展了试点。全市共对28个非正规垃圾堆放点进行整改并完成销号。第二，在污水治理方面，制定了《攀枝花市农村生活污水治理工作方案》，通过建立“集镇建污水处理设施”（污水处理厂或人工湿地）、“新村聚居点建人工湿地”、“散户厕污共治”三种模式，推进全县农村污水有效治理，已建成的24台（套）污水处理设施的维护、翻新工作正在进行方案设计或恢复施工中。第三，在厕所改造方面，制定了《攀枝花市农村户用卫生厕所改造实施方案》，明确了改厕年度目标10023户、“四有一能”建设标准、3000元/户资金补助标准、厕所效果图、工作程序。目前，已开工建设8471户，开工率84.52%；完工4988户，完成率49.77%，已改造的厕所全部达到粪污共治目标。第四，在农业生产废弃物资源化利用方面，制订秸秆综合利用专项方案，以肥料化、饲料化、燃料化实现秸秆综合利用率达80%；废旧农膜、农药包装废弃物回收利用方面，以农药经营协会为回收主体，以农资经营点为回收网点，开展“谁生产，谁回

收”的生产者责任延伸制试点，目前收储中心安全防护设施设备、标识标牌已配备到位；畜禽粪污综合利用方面，新建或改造16家规模养殖场和79家专业养殖户粪污处理设施，争取到2019年非畜牧大县畜禽粪污资源化利用项目中央预算内资金2000万元，项目正在抓紧实施中。第五，在村容村貌提升方面，制定了《攀枝花市村容村貌提升实施方案》，突出乡土风情、民族特色和地域特点，已经编制经济、适用、美观的户型图2套，印发至乡镇，供群众选择；实施丙谷小河流域乡村振兴示范环线、创建省市乡村振兴示范村村容村貌提升和乡村道路黑化、绿化、美化等基础设施提档升级。

（三）建章立制，整治责任不断增强

一是建立会议制度，每月召开一次“厕所革命”现场会，彰优亮丑；推进办每周召开一次专题会议，总结推进过程中的典型经验，及时研究解决推进过程中出现的突出问题，有序、高效推进全县“厕污共治”（厕所革命）工作。二是建立督查制度，建立周督查、周通报、周排名、年考核的督查考评奖惩激励机制。三是建立约谈制度，每周对进度滞后的三名乡镇主要领导进行约谈，连续两次被约谈，将作为“慢作为”问题线索移交纪检监察机关。四是建立考核制度，将农村“厕所革命”工作纳入年终目标绩效考核范围，将督查考核结果与专项工作经费直接挂钩，将考核结果作为各级干部政绩考核的重要参考，以绩效考核倒逼工作落实。

（四）整治工作有了一定探索

一是探索出了“户分类、村收集、镇转运、县处理”的垃圾收储运输模式，即由村委会出资，统一为农户购买发放户用分类垃圾桶，配套垃圾清运车，强化垃圾分类宣传，落实专门收运人员，将农村生活垃圾清运到乡镇垃圾中转站，乡镇垃圾中转站对垃圾进行压缩后运输到县生活垃圾处理厂进行处理。二是米易县湾丘彝族乡热水村探索出了“村民出资＋集体补贴＋定期收储”的垃圾治理模式。三是米易县垭口镇垭口村实行了在村民聚居点选定合适场所设立环保超市，制定《环保超市垃圾回收兑换标准》，明确

回收种类、分类方式和兑换方式，采取“垃圾兑换积分、积分兑换生活用品”的方式，引导村民自觉养成垃圾分类和资源回收利用的良好习惯。四是探索厕污共治模式推进污水治理。农户按照“四有一能”的标准开展户用卫生厕所改造，利用沼气池实现人畜粪便无害化处理，生活污水通过三格式化粪池或生态湿地进行处理，实现粪污分离，厕污共治。

四 存在的主要问题

（一）认识存在偏差

一是个别部门及相关干部对农村人居环境整治认识不到位，没有从农村人居环境欠账多、需要补短板的角度去认识，没有把思想统一到市委、市政府的决策部署上来，认为三年行动目标太高、不合实际。二是有的村民虽然对农村人居环境整治认可度高，但参与度低，主体作用发挥不够。此外，攀枝花市辖三区两县，共有 44 个乡（镇）349 个村（中心村 72 个），42 个民族在此融合聚居，部分少数民族农民居住在偏远山区，受教育程度低，卫生健康意识有待提高。

（二）工作存在短板

一是技术规范不严格。虽然省级相关部门出台了美丽宜居乡村建设规范，明确了相关工作标准，但在具体推进中，大部分技术人员和施工人员对修建无害化卫生厕所的技术要领一知半解、似懂非懂，没有严格按标准改建，存在三格变两格、尺寸比例有出入、密封效果不好等问题，技术把关不严，达不到无害化处理的效果，改了等于没改。二是因地制宜有欠缺。大部分乡镇存在就改厕而改厕、就治污而治污等现象，没有结合实际开展工作，没有系统地、综合地整治农村人居环境。改厕后泥土乱堆，原有粪坑不利用、不处理；没有将原有的老厕所、猪圈等利用起来，而在室外单独修建厕屋，既不方便群众使用，也增加了成本费用。部分乡镇为了减轻自己的工作量，将改厕工作全部交由施工方负责，而一些施工队为达到利益最大化，对于可以沼改厕的农户不进行沼改厕，而是在原有厕所的基础上不按照容积比例直接改建。三是质量监督有漏洞。由于建设面积广、工作量大，懂技术、懂质量人才严重缺乏，监督人员严重不足，在施工管理上，存在监管不到位现象。

（三）整治存在难度

一是人居环境整治工作在推进过程中由于缺乏规划、建设方面专业人才，整治工作的规划方案没有与美丽乡村建设、乡村旅游建设等工作统筹考虑，只顾当前没有管长远，在开展建设工作时技术指导不到位。二是攀枝花地形地貌复杂多样，共划分为低山河谷区、中山区（二半山区）、高山区三个梯次。多数农民分散居住在二半山区，导致农村人居环境整治实施难度大。三是项目资金缺口大。攀枝花近年来由于煤炭、有色金属、钢铁等行业发展受阻，财政能力不足，目前攀枝花市财政资金除去保工资、保运转外，需要投入的地方还很多；此外，攀枝花农村人居环境整治体制机制创新不足，使得多元化社会投入不足，最终导致农村人居环境整治项目资金缺口大。以米易县为例，2019 年农村人居环境整治单项需投入项目资金 3.79 亿元，县级财政投入资金就达到 1.32 亿元，其中生活垃圾治理一项需投入项目资金 2141.4 万元，县级财政投入资金 2078.4 万元，县级财政保障比例高达 97%，保障压力很大。四是农民参与性不足。一方面，部分村民对农村人居环境整治认识不到位，参与的主动性不强；另一方面，地方财政收入低的政府对农村人居环境整治投入较少，农户投入占比较大，影响农民参与宜居乡村建设积极性。

（四）机制还不完善

一是牵头部门统筹力度欠缺，部门之间工作联动不够紧密，协作配合不到位。由于机构改革，部门职能转换不到位，存在工作推诿、断档等现象。二是农村人居环境长效管护机制尚未形成，主题不清、责任不明、问责力度不大。多数农村公厕形同虚设，只管建不管用，管理不到位。污水处理设施建管分离，管理主体较多，严重影响污水处理设施的正常运转。三是没有形成对村民的激励机制，部分村规民约重形式，约束性较差，对村民的激励作用不大。四是多元化社会投入机制不完善，社会资本参与不足。

（五）落实有差距

一些部门和乡镇治理思路单一，方法简单，抓落实的力度不够。部分户集、村收的垃圾没有做到及时清运，一般是几天、一周甚至更长时间清运一次。改厕不规范，不结合实际，部分季节性缺水地区人畜饮水尚有困难，水冲式厕所更是无水可冲。部分厕所改造只注重室内卫生设施，普遍缺乏室外排放和处理设施。部分新建的化粪池投用不多，新建厕所使用率不高，很多农户虽修建了化粪池，但原有粪坑仍露天敞开，臭气熏天，严重制约农村“厕所革命”的开展。污水处理管网建设不同步，污水收集率低，少数污水处理厂选址不科学，建成后无法投入使用。对部分标准研究不够，农村生活垃圾分类未实施，污水处理设施排放标准与环境质量标准不一致。对村民教育引导不够，部分地方房屋乱搭乱建，垃圾乱倾乱倒，畜禽粪便随地乱排，废弃农膜随意丢弃。“垃圾靠风刮，污水靠蒸发，家里现代化，屋外脏乱差”的现象依然存在。

五　政策建议

（一）加强组织领导，解决如何推进的问题

在成立领导小组的基础上，建立领导小组例会制度，每月召开一次专题（或现场）会议，主要听取工作开展情况汇报，研究工作推进中存在的具体问题，落实解决问题的责任主体，并现场将整改任务交办给相关单位，责令限期整改销号。把农村人居环境整治工作作为乡镇党委书记抓基层治理的重要内容之一，推动责任层层落实，真正做到有组织机构、有推进机制、有责任落实。

（二）强化宣传教育，解决群众不愿参与的问题

攀枝花市人居环境整治工作一直没有取得实质性的突破和成效，最重要的原因是群众思想认识不到位、主动参与积极性不高。只有反复宣传教育、不走过场，才能取得实效。一是整合宣传力量。整合村干部、党员、村民代表、“三员”队伍、帮扶干部、志愿者队伍等力量，尤其是村干部、村民代表队伍，要充分发挥亲邻优势，宣传人居环境治理、乡风文明建设的重要意义，加强扶志感恩教育，做到家喻户晓、人人皆知。二是丰富宣传形式。录制“整治人居环境、建设文明家园”宣传片、印发倡议书，利用院坝会、村村通广播、“一乡一微”、“一村一微”等形式宣讲；利用文化、科技、卫生“三下乡”活动以及文化惠民演出等群众喜闻乐见的方式宣传；组建乡风文明巡回宣讲团，借助送电影下乡平台，通过媒体传播，让群众切身感受环境治理前后的对比和农民人居环境整治带来的好处；组建乡村劝导小组，有针对性地对不愿参与的村民上门开展一对一思想疏导，争取群众的理解与支持，并对完成劝导的工作人员进行适当奖励，调动积极性；发挥职能部门作用，妇联要充分调动农村妇女同志对环境治理的积极性，教育部门要积极开展“小手牵大手”等活动，通过课堂宣讲，让学生去感化家长。三是着眼示范引领。建立“三级联动”的定期督促检查和通报制度，县督镇，镇督村，村督户，每月从面上通报整体督查评比情况，县级通报乡镇，乡镇通报村，村点名户。继续创新实施“一榜两评”活动，对后进户、后进村（社）要通过组织现场督导等形式，激励其知耻上进，用身边事教育引导身边人，充分发挥先进典型的示范引领作用。

（三）打造试点示范，解决向谁看齐的问题

一是向科学规划、因村施策看齐。各乡镇要在学习先行地区先进经验的基础上，深入群众，充分听取环境整治的意见和建议，制订适合本地乡村环境整治的工作方案，选择基础设施条件好、产业基础发展好、人气旺的行政村，明确优先建设的重点村和中心村，由各牵头部门负责，分板块高质量整

村推进人居环境治理工作，建设可参照标准。二是向示范带动、精准发力看齐。在目前大范围推进的改厕工作中，各乡镇严格按照文件要求，打造“厕污共治”（厕所革命）示范院落，按照人口、容积、质量的要求进行规范修建，室内室外户户达标，集中打造一批百姓宜居、人人向往的美好生活院落，辐射带动全县各村开展整治工作，建设垃圾分类示范点。借鉴浙江省湖州市安吉县、杭州市桐庐县垃圾分类先进经验，结合攀枝花市行政村实际，试点打造垃圾分类示范村，统一为村民配发有编号的两色垃圾桶、垃圾袋，并定时定点投放，确保垃圾日产日清；采用垃圾分类减量化处理办法，即可回收垃圾用于制作工艺品摆件、种植花草，树叶、果壳等返填林田、腐化做肥，厨余垃圾集中投放沼气池转化为肥料和生活燃料等，减少垃圾产量。其余行政村后期可组织村民进行观摩学习，感受垃圾分类给生活带来的变化，提高卫生健康意识，自觉养成良好习惯。三是大力开展文明创建活动。县妇联要组织开展农村妇女讲坛、“最美家庭”宣传创建指导；县文明办开展“培育和践行社会主义核心价值观”讲坛，充分发挥新时代文明实践站的功能，联动团委组织志愿者队伍线上线下开展志愿服务活动，开展“星级文明户”“环保小卫士”“乡贤好人”“道德模范”“新时代好少年”等先进典型选评活动，弘扬道德新风。

（四）完善机制建设，解决怎么巩固的问题

攀枝花市目前已明确人居环境治理工作建设模式、奖补标准、技术指导、实施程序，以市级统筹、县级主责、村级主体为模式的管理机制，在此基础上，要进一步建立完善长效机制，持续巩固建设成果。一是健全责任追究机制。改善农村人居环境涉及方方面面，要充分调动社区和村组的工作积极性，健全市、县、镇、村、组五级责任体系，形成人人有任务、个个有压力的工作格局。二是完善长效管护机制。坚持建管结合，逐步建立有制度、有标准、有队伍、有经费、有督查的农村人居环境管护长效机制，推进农村人居环境整治工作常态化开展。三是健全村级自治机制。逐步形成以村日常管理为主、群众人人参与的工作局面。强化民主决策。强化村级事务公示公

开，利用村民代表大会引导农民群众参与人居环境治理、乡风文明建设等重大事项民主决策，确保村民享有知情权、监督权、主动权，提高群众满意度，达到投工投劳、出资出智的目的。共建村规民约。组织村民共同参与制定村规民约，将维护公共秩序、文明环保、孝老爱亲、遵纪守法、移风易俗等内容纳入村规民约，尤其是将家禽家畜圈养明确纳入村规民约，确保家禽散养问题发生后可以通过村规民约进行规范约束和处理，提升村民自我管理、自我服务、自我教育、自我监督的能力和水平。四是建设自治组织。结合乡村实际建立五老调解会、红白理事会、道德理事会或村民议事会等自治组织，发挥其调解干群矛盾、团结邻里关系、倡导文明乡风的作用。四是倡导新乡贤文化，各乡镇要梳理辖区内离土乡贤、在土乡贤、常返乡贤，加强联络，用乡情乡愁牵动乡贤，充分发挥其民意领袖的作用，利用其学识专长、创业经验反哺桑梓，实现良好的道德示范效应，带动社会资本引领群众致富奔康，建设美丽乡村。五是健全评比机制。持续开展“一榜两评”活动。继续按照“县评乡，乡评村，村评户”的评比模式常抓不懈，坚持每月一评比，让村民直观感受先进典型的榜样力量，并大力宣传表扬。量化考评家庭卫生和文明习惯养成，根据考评积分兑换奖励，除奖励日常生活用品外，鼓励奖以花草苗、果蔬苗等为奖品，以促进乡村环境美化和农民增收。对于有能力参与环境整治建设，但存在“等靠要”思想、好吃懒做的村民，除彰优亮丑外，要联动挂钩村民临时救济、公益性岗位聘用以及子女入党入学参军、在单位评先评优等非政策刚性要求的待遇，促使其主动参与。

（五）强化要素保障，解决推进困难的问题

一是发展产业带动农村人居环境整治。产业兴旺是推动农村人居环境整治的重要支撑，攀枝花市应以国家现代农业示范区和中国阳光康养产业发展试验区为载体，坚持农耕文化为魂、美丽田园为韵、生态农业为基，突出攀枝花特色农产品的高品质、名优特，与康养产业紧密结合，打造具有攀枝花特色的“康养 + 农业”现代产业，推动农业经济多样化发展，增加农民收入，提高宜居乡村建设积极性。二是继续坚持政府主导、村民参与、社会支

持的投入机制，保障整治工作所需资金。进一步规范用活村级公益事业“一事一议”财政奖补政策，调动广大群众筹资筹劳，通过“以奖促治”“以奖代补”等措施，运用市场机制吸引社会资金参与农村人居环境综合整治。三是整合部门职能。组织部门加强对基层党组织的指导，发挥基层党组织在乡村治理中的先锋模范作用；县农业农村局、县住建局等相关单位定期到村开展技术指导；县乡风文明办到村指导乡风文明氛围营造、督促“一榜两评”活动有效开展；县文广旅局要积极开展“三下乡”、文化惠民演出等群众性活动；县民政局要指导制定或修订村规民约。四是及时兑现奖补。对村民实施室内改厕、室外治污的项目要完成一批、验收一批、奖补一批，资金要及时奖补到位，让群众放心。五是落实资金保障。将环境综合治理费用纳入财政年度预算，重点对环境整治设施、设备、保洁人员等进行必要保障。切实落实人居环境整治工作奖励机制，表扬做出突出贡献的乡（村）优秀干部，优先提拔战斗在一线的环境治理工作者，激励基层干部努力争先。

B.19

四川古村落保护、传承与发展

——以巴中市通江县泥溪乡梨园坝村为例*

卿明梁　郭济美　庞 淼**

摘　要： 古村落文化是中国几千年农耕文化的积淀，也是民族文化保护与发展的重要载体。古村落集建筑、文化、习俗、艺术于一体，对传承我国优秀传统农耕文明有重要意义。在建设美丽乡村的背景下，古村落的保护与发展面临着许多的机遇与挑战。本文通过对四川省巴中市泥溪乡梨园坝村的概况与梨园坝村的古村落保护现状进行分析，探讨梨园坝村古村落保护与发展的基本做法，进而总结出古村落保护与发展的启示。

关键词： 古村落保护　美丽乡村　农耕文化

一　引言

随着我国工业化与城镇化进程的加快推进，改善农村人居环境、整治“空心村”、保护乡土传统文化、修复乡村生态系统、重构乡村空间、缩小

---

* 本文特别感谢曾在梨园坝村开展社区发展项目的四川农业大学骆希博士、通江县文化站和梨园坝村村委会提供的宝贵资料。

** 卿明梁，四川省社会科学院农村发展研究所硕士研究生，主要研究方向为农村发展；郭济美，四川省社会科学院农村发展研究所硕士研究生，主要研究方向为农村发展；庞淼，四川省社会科学院农村发展研究所研究员，主要研究方向为农村经济与政策。

城乡发展差距等问题受到广泛的关注。虽然从20世纪80年代开始，我国遗存的众多古村落所具有的历史、文化、艺术价值逐渐被人们发掘和认同，对于这些古村落的保护和利用也逐渐成为热点问题，但是，对古村落保护的政策直到21世纪以后才得到推动和落实。2012年，党的十八大提出“建设美丽中国”的宏伟目标，而“美丽乡村”是“建设美丽中国”不可或缺的一部分。[①] 2018年11月，四川省委办公厅、省政府办公厅印发的《“美丽四川·宜居乡村”推进方案（2018～2020年）》，不仅提出了“要扎实抓好农村生态文明建设和人居环境整治，让农村人居环境得到明显改善”，同时强调“要让历史文化村落、少数民族特色村寨、古民居得到有效保护”。[②] 美丽乡村建设关系到广大乡村群众的日常生活以及乡村生态文明的建设和乡土传统文化的保护与延续。[③] 乡村的振兴离不开文化的振兴，古村落保护作为乡土传统文化传承的一部分，在美丽乡村建设和乡村振兴过程中具有十分重要的意义。本文以四川省通江县泥溪乡梨园坝村古村落保护为例，展现了传统村落充分发挥社区群众的主体作用，保护乡村现有的文化资源，实现生态保护与经济发展双赢目标的实践探索。

二　通江县泥溪乡梨园坝村的基本概况

（一）自然和人文资源丰富的传统村落

梨园坝村位于巴中市通江县泥溪乡西北部，距离乡政府3.3公里，辖区面积8.9平方公里，辖5个农业合作社。该村现有301户1294人，劳动力599人，耕地面积1122亩。全村劳动力中有400余人常年外出打工，占总

① 刘彦随、周扬：《中国美丽乡村建设的挑战与对策》，《农业资源与环境学报》2015年第2期。

② 《“美丽四川·宜居乡村”推进方案（2018～2020年）》，四川省人民政府网站，2018年11月16日。

③ 卢渊、李颖、宋攀：《乡土文化在“美丽乡村”建设中的保护与传承》，《西北农林科技大学学报》（社会科学版）2016年第3期。

劳动力的71.2%，其中80%为18~45岁的青壮年劳动力。该村经济发展相对落后，2012年农民人均纯收入5255元，主要来自种植业、养殖业收入和外出务工收入，村内缺乏专业劳动力，属于秦巴山区连片扶贫区域中的贫困村。

梨园坝村有着得天独厚的自然资源，梨园河由北向南穿境而过，流入大通河，河上有平板石桥连接两岸，被誉为“大山深处的香格里拉”，自然生态环境十分优越。当地人居环境与自然环境和谐共融，坝内土地平旷，屋舍俨然，阡陌交通，鸡犬相闻；农房四周围绕着的农田、菜地，房前屋后栽种着的零星果树和竹子，将房屋自然地融入周围环境，营造出独特的生态之美，居民的生产生活方式充分展现了秦巴山区传统农耕文化。

（二）保存较为完好的乡村民居和传统建筑

梨园坝村拥有600余年的历史，大量保存完好的传统民居极具保护价值和文化内涵。村内现存58座穿斗式木结构的传统民居，其中包括28套明清时期修建的三合院、四合院结构的建筑（四合院5套，三合院23套；保存较好的有20套，年久失修的有8套），以及30套20世纪七八十年代修建的传统民居。这些民居形态各异，具有浓郁的川北民居特色，多是依山脉趋势和河流走向而建，布局灵活；房屋为全木结构，窗门、栏杆、挑檐等部位均有精美细腻的雕花，并保持木材的原色和纹理，显得古朴大方；屋顶材料采用民间手工制作的小青瓦，出檐深远，造型飘逸轻盈。村内还有戏楼、悬棺、百年古树等景观。“马”姓是村内的大姓，至今村内还保留有马氏祠堂地基和巨型石狮等遗迹。村内有规模恢宏、雕刻精美的古墓20余座，其中3座是建于宝庆二年（公元1226年）的南宋岩墓（在石壁上凿洞而建的墓穴），并有石刻文献资料。梨园坝村后山的“铁林城”古迹，据碑文记载始建于明代，在清朝嘉庆和咸丰年间两次加固维修，是米仓古道重要的军事基地。

三　梨园坝村古村落保护的现状和遵循的基本原则

（一）梨园坝村古村落保护现状

2013 年四川省社会科学院农村发展研究所的研究人员到梨园坝村考察该村的社区发展项目，首次发现这一隐藏在川东北的传统村落，后来专门从事四川古民居研究的中共四川省委党校孙和平教授考察梨园坝村，称其是川东北地区规模最大、保存最完整并且集中连片的古村落，是当之无愧的“川东北古村落第一村”。① 在他的努力奔走和泥溪乡政府的推动下，2014 年，梨园坝村被列入第三批《中国传统村落名录》，开始得到各级政府的重视。2015 年，当地政府多方努力争取资金，开始保护古村落民居的修缮行动，同时也开始宗祠与戏楼的修复性建设。为保护当地极具特色的川北传统古民居，在当地旅游部门与专家的协助下，当地政府采取了“修旧如旧”的办法，对当地 58 座穿斗式木结构院落进行修缮、整理，同时改造了房屋内部。如今已完成 40 套古村落建筑的修复工作。2018 年，梨园坝村又被评为第一批“四川最美古村落”之一。申报成功后，通江县决定在梨园坝村发展乡村旅游业，从乡镇到梨园坝村计划修建一条长达 3.5 公里的乡村旅游观光带，种植了大量梨树，并先后在 2016 年和 2018 年举办了民俗文化节，吸引了众多游客参与。巴中市已为该村配套了 100 万元整村规划经费。通江县文化广播电视和旅游局已经将梨园坝村纳入旅游环线规划，并列为全县旅游产业发展重点支持的 5 个村庄之一。

（二）梨园坝村古村落保护遵循的基本原则

1. 保护与建设相结合，改善村民的生活环境

2008 年 4 月 2 日，国务院第 3 次常务会议通过了第 524 号条例——

① 史晓露：《巴山古村落：养在“深闺”盼新生》，《新城乡》2019 年第 6 期。

《历史文化名城名镇名村保护条例》，其中明确指出“历史文化名城、名镇、名村应当整体保护，保持传统格局、历史风貌和空间尺度，不得改变与其相互依存的自然景观和环境”；“在历史文化名城、名镇、名村保护范围内从事建设活动，应当符合保护规划的要求，不得损害历史文化遗产的真实性和完整性，不得对其传统格局和历史风貌构成破坏性影响”。在梨园坝村古村落保护的过程中则坚持了该条例的原则，坚持“修旧如旧”，保持传统建筑风貌不改变。在保持传统建筑风貌的基础上，挖掘古村落所蕴藏的传统农耕文化。在保护的过程中坚持保护与发展并重的原则，在保护传统古村落风貌的同时，也在逐渐完善村落的基础设施建设，完善道路桥梁设施、电力水利设施，增建村落公共服务设施。在保护古村落的基础上对村落进行现代化改造，提升村民的生活质量与生活水平。

2. 修旧如旧，保护古村落建筑特色

梨园坝村古村落保护是对当地古村落整体建筑群进行完整保护。这种明清古民居建筑群能够在城镇化快速推进、农村发生翻天覆地变化的今天被完整保存下来，显得尤为可贵。当前，农村很多地区成片拆除民居，修建新农村聚居点，或是让农民都住上风貌一致的二层小洋楼，或是在城市近郊农村颠覆性地“消灭”原有村庄，以城市社区为模板为农民修建集中居住区；还有些农村为发展旅游业拆除原有的古建筑民居却重建仿古民居，大搞所谓的乡村旅游，其实都违背了保护当地古村落建筑特色的初衷。梨园坝村在认识到保护古村落建筑的重要性后，坚持维护古村落民居的传统风貌，不容许自拆自建，任何修缮工作都需要向村“两委”报备，由其统一安排，请专业人员开展修缮工作并自觉接受村质量监督小组的监督。

四　梨园坝村古村落保护与发展的基本做法

通江县政府和泥溪乡政府为梨园坝村古村落保护与发展提供了大量的支持，除了协助其申报“四川最美古村落”外，还大力支持该村发展乡村旅游。通江县文化广播电视和旅游局已经将梨园坝村列为全县旅游产业发展重点支持的5个村庄之一。从资源现状来看，梨园坝村自然条件优越，古民居建筑群落保存完好，非常适合发展乡村旅游。从村级层面来看，村“两委”准备将该村打造成民俗文化村，围绕旅游业发展生态农业。在梨园坝村的古村落资源被发掘后，村民逐渐认识到本村所具备的旅游资源优势，对发展乡村旅游业表现出强烈的意愿，并能够对未来村落发展方式提出自己的构想。基于保护中的难题、现实的保护需求和未来的发展机遇，梨园坝村在古村落保护与发展上主要有以下的做法。

（一）村“两委”组织，村民积极参与

古村落作为旅游产品，不仅依托着古村落古建筑等实体，还紧密依托着乡村社区的发展。社区治理模式的适用性也会对乡村旅游业产生极大的影响。梨园坝村古民居的管理需要村民的有效参与，因为大多数古民居仍是村民的居所，是村民生产生活不可或缺的部分。因此，需要有效发挥村民的主体参与作用，让其意识到自己才是古民居保护工作的主体。在古村落保护方面，梨园坝村形成了“村‘两委’牵头，村民参与，村民实施”的社区治理结构。具体来说，社区治理结构以村民为主体，村民主动参与到村落社区治理工作中；村“两委”发掘村落中约定俗成的行为模式，在村民大会上最终形成全体村民都认可的古村落保护的村规民约，村民在日常生产生活中主动积极地遵守与实施。譬如，梨园坝村的古村落建筑大多是穿斗式木结构建筑，建筑时间久远，容易出现损坏，村民大多有修缮的需求，但是，村规民约中明确约定，为保持古村落风貌，村落中古建筑不能随意拆旧建新。村民主发形成了质量监督小组，村民在修缮自家房屋时应当以保持传统建筑风貌为前提，并自觉接受质量监督小组的监督，违规建筑物将被强制拆除。为保护村落中的古建筑，村民还主动成立了巡逻队，巡逻队的主要职责是巡视村落中的古建筑，保证古建筑不遭受破坏、偷窃与违规修建。此外，为加强古建筑的安保工作，当地已经在村落交通路口以及古建筑聚集的核心区域安装了视频监控系统，进一步提高了古建筑保护的安全系数。

宗族力量在社区公共事务的管理中能发挥一定的作用。结合村“两委”承担的社区管理事务，通过村民自治和宗祠管理体系，可有效推动古民居的保护和管理工作。马姓是梨园坝村的主要姓氏，马姓村民多居住在古建筑聚集的核心区域，所以马姓村民是保护与发展古村落的主要人群。马氏宗族在宗族大会上强调，马姓村民要主动配合村“两委”工作，不乱拆，不乱建，主动保护村落的传统古建筑风貌。

（二）村落保护和基础设施建设齐头并进

梨园坝村属于秦巴山区连片扶贫区域中的贫困村，经济发展落后，社区基础设施建设严重滞后。主要表现在道路设施和水利设施两个方面。在道路设施方面，村路为一条长 3.5 公里的泥碎路，3 条社道全长 12 公里，均为土路；水利设施方面，全村仅有三个社有自来水供给，另外两个社的村民饮水仍依靠井水。当地政府在充分认识到梨坝村旅游资源潜力后，在基础设施建设方面逐渐形成了“县 – 乡 – 社区”三级建设结构，并通过“县 – 乡 – 社区”三级建设结构来推动当地的配套基础设施建设与整治。在各部门的努力下，梨园坝村将通往泥溪乡的 3.5 公里的泥碎路全面硬化，并实现“社社通”道路的全面硬化，总计 40 余公里。为提升道路设施的交通能力，梨园坝村计划在 2020 年完成全村已硬化道路的全面扩宽。在电力与水利设施方面，实现了“户户通电，家家通水”，提升了村民的生活品质，为梨园坝村发展乡村旅游奠定了坚实基础。

（三）村落保护与产业发展相结合

该村的传统产业主要是种植业和养殖业，当地农户的农业生产仍保持着相对传统的方式，种植业以施农家肥为主，养殖业以生猪、鸡鸭等家畜家禽的养殖为主，并且生猪等牲畜的养殖以粮食和青粗饲料为主，缺乏具有经济带动能力的支柱产业。如今，梨园坝村通过保护当地极具特色的川北古民居村落来发掘当地具有地方特色的旅游资源，并围绕当地丰富且具有潜力的旅游资源对当地村民开展旅游培训，培训内容包括旅游经营、庭院改造、古建筑保护等，围绕乡村生态旅游发展形式多样的庭院经济。庭院经济的特点是“小而全”，非常适合梨园坝村传统的小农经济现状。在“新旧共存”的原则下，对村落中的古民居建筑进行修缮，逐渐形成一定的旅游接待能力，同时对村内基础设施如道路、河道进行整治与改善，改善村落的环境，并不断投入新农村建设与生态旅游发展的配套硬件设施。泥溪乡政府深入挖掘当地丰富的人文旅游资源，开展形式多样、内容丰富的旅游文化活动，向游客展示当地村落延续百年的生活生产方式与传统农耕文化。例如，2016 年和 2018 年，泥溪乡在梨坝村组织举办了以“走进梨园、耕读犁辕”为主题的两届梨园古村民俗文化节，向外地游客展示了梨园坝村浓郁的乡土文化之美，提高了梨园坝村作为“四川最美古村落”的知名度。

（四）充分利用政策和社会资源

中央政府大力推进生态文明建设，为当地以保护古村落为核心的生态发展提供了有力的政策支持。在新农村建设过程中，当地政府对古村落的重视程度越来越高，不断地出台促进古村落保护与发展的政策，古村落的价值日益受到重视。此外，通江县政府计划以古村落为核心发展特色旅游环线，加大对梨园坝村的古村落保护的投入。在宏观的政策背景下，梨园坝村抓住政策机遇，充分利用政策，加强和推动古村落的保护与发展。

外界资金和智力资源的引入有助于当地坚持和秉承传统保护理念。在当地外出打工者众多、留存社区人口素质不高、严重缺乏相关领域专业人才且古村落保护与发展财政资金严重不足的背景下，梨园坝村利用社会组织与社会资源，在四川省社会科学院和古民居研究专家的大力协助和推动下，梨园坝村的古民居建筑群得以焕发新的生机。外部科研力量结合当地的实际情况与村民的发展意愿，帮助梨园坝村形成了以古村落保护为核心的保护与发展计划。例如，通过当地村民集中参与形成了资金互助社，通过资金互助社来对当地村民的产业发展与生产生活进行资金帮助。在社会组织的协助下，联合当地政府、社区等，多方共同发力，发展适合当地气候与土壤特点的生态种植业。在专业科研院所的帮助下，结合当地特色古民居，发展生态旅游业，形成古村落保护与生态旅游相结合的产业发展链条，构建以生态种植业支持生态旅游业、以生态旅游业支持古村落的保护与发展体系，并以此来带领村民脱贫致富，逐渐提高村民的生活质量与收入水平。

五　梨园坝村古村落保护与发展的启示

梨园坝村古村落保护遵循了保护优先的基本原则，在有效保护的基础上探索发展路径，从中我们也能得到梨园坝村古村落保护与发展的启示，主要体现在以下几个方面。

（一）以村民为主导的多元参与是关键

梨园坝村形成了“村民主导，政府管理，社会组织资助，科研院所协助”的多元化主体参与的保护与发展模式。当前，我国部分乡村文化的保护与开发工作由外来开发商主导，受经济利益驱使，外来开发商多采用“拆旧建仿”的发展模式，对古村落的传统风貌与文化价值造成巨大损毁。并且，除了一些极具地域和历史特色的古村落与零星文物遗迹能够得到政府很好的保护之外，更多位于偏远地区或者不为人所知的传统村落还处于无人监管、不被保护的状态。从梨园坝村的经验来看，对古村落的保护与发展应该以村民为主导，让村民参与古村落保护与发展的各个环节，让他们有参与感和获得感。政府、社会组织、科研院所可作为强大的外部支撑力，为村民们提供资金、技术、人才与先进的理念。

村民才是村落真正的主人，是古村落保护与发展的关键。以村民为主导就是使村民直接参与古村落保护与发展的各个环节。例如，参与资金互助社的构建，同时，资金互助社中的所有人员均由当地民主投票选出；参与当地村民自发组建的巡逻队，巡视和保护当地古建筑；成立由村民组成的质量监督委员会，对村民修缮村落民居进行监督；加深村民对本村落的历史物质文化与精神文化的认知，引导他们主动发挥主人翁精神，探索解决古村落保护与发展共赢问题。

但是参与古村落保护的主体并不是越多越好，而是要形成和谐统一的关系，相互补充，相互促进。多元参与有利于监督、协助和引导。政府作为管理者、监管者，可以为古村落保护、传承与发展制定出适合的、相对宽松的各项政策，创造一个利于发展的政策环境与制度环境。社会组织、相关科研院所则是重要的补充，他们为古村落保护与发展提供社区所需的技术、培训以及发展资金。最终形成一条以村民为主，多元主体参与的古村落保护与发展道路。

（二）外部支持发挥重要作用

经济发达地区和大城市周边的古村落群与古代遗址因受到更多重视能得到很好的保护，在保护资金、信息与政策支持方面往往不会存在很大的问题，但是位于偏远贫困地区的古村落，其保护与发展工作往往缺乏资金与政策支持。梨园坝村在古村落保护过程中形成了一种良性的“资金＋智力＋政策”支持体系，来推动古村落的保护与发展。首先，梨园坝村的古村落保护与发展的资金来源是多元的，其资金主要来源于三个部分。第一，来自政府的古村落保护资金，精准扶贫的产业资金与公共设施建设资金。第二，来自社会组织与社会机构的针对古村落保护的项目资金。第三，来自村民自发形成的资金互助小组的资金，它创新性地解决了村民的资金需求，也能够满足该村在保护古村落建筑与文化的基础上的旅游业的发展需求。其次，社会机构和相关的科研院所为梨园坝村的古村落保护与发展提供了智力支持，不仅帮助当地完成了古村落建筑的修复保护工作，还为当地在保护古村落的基础上发展其他产业提供了智力支持，通过积极开展相关的职业技能培训工作，提升该村村民可持续发展的能力。最后，经过多方的支持与努力，梨园坝村成功被纳入第三批《中国传统村落名录》，由此得到了国家古村落保护政策的支持，此外梨园坝村也被通江县纳入重点发展的旅游项目，古村落保护与发展得到了当地政府的政策支持。

（三）通过保护可以促进社区发展

古村落要想实现可持续发展的目标，就必须协调好发展与保护的关系。

因此在保护与发展方面，梨园坝村采取的“新旧共存”的做法值得借鉴。这一做法一方面维持了古村落群与文化的保存和流传，在保证传统村落的古建筑不被继续破坏的前提下，积极开展修缮与保护工作；另一方面满足了村民追求更好的生活质量的需求，围绕古村落保护，促进了梨园坝村的产业发展、基础设施建设与古村落传统农耕文化的传播。

在促进产业发展方面，梨园坝村以古村落别具特色的传统民居为核心，发展乡村生态旅游业。在保护古村落特色文化的建筑的同时，推进现代化基础设施建设，完善古村落的现代化生活功能，提升村民的生活品质，并为游客提供良好的旅游体验。

保护古建筑并不意味着得放弃现代化的生活方式，发展古村落也并不意味着要破坏传统的文化特色。古村落不仅是一个实物坐标，更是一个时代的文化缩影，往往蕴藏着深厚的文化底蕴。因此“新旧共存”是协调保护与发展的重要方式，是对“拆旧建新”的一种更好的更正。新旧之间存在着继承与发展的关系，不能生硬地拼凑在一起，要在物质形态上维持新旧融合协调发展，在内涵上要更加重视现代科技与传统文化的有机结合。

参考文献

刘彦随、周扬：《中国美丽乡村建设的挑战与对策》，《农业资源与环境学报》2015年第2期。

《“美丽四川·宜居乡村”推进方案（2018～2020年）》，四川省人民政府网站，2018年11月16日。

卢渊、李颖、宋攀：《乡土文化在“美丽乡村”建设中的保护与传承》，《西北农林科技大学学报》（社会科学版）2016年第3期。

史晓露：《巴山古村落：养在“深闺”盼新生》，《新城乡》2019年第6期。

B.20
川中丘陵地区“厕所革命”的实践与思考
——以四川省遂宁市大英县为例

付宗平　冯　杰*

摘　要： “厕所革命”是指对发展中国家的厕所进行改造的一项举措，是我国乡村振兴战略的一项具体工作。大英县抢抓国家大力实施“厕所革命”政策机遇，结合川中丘陵地区特点，总结出一套推进农村“厕所革命”的机制和方法，扎实有效，取得了阶段性胜利。面对现阶段“改厕基础比较薄弱”“群众思想顾虑较多”“工作部署存在漏洞”三个主要挑战，本文提出了五个方面的应对措施，解决“由谁改”“不愿改”“如何改”“缺钱改”“敷衍改”的问题。

关键词： “厕所革命”　乡村振兴　四川丘陵

“厕所革命”由联合国儿童基金会发起，是指对发展中国家的厕所进行改造的一项举措。近年来，中国对此非常重视，习近平总书记两次批示旅游系统“厕所革命”。2017 年 11 月，习近平总书记指出，厕所问题不是小事情，是城乡文明建设的重要方面，不但景区、城市要抓，农村也要抓，要把

* 付宗平，四川省社会科学院副研究员，主要研究方向为农村集体经济和供给侧改革；冯杰，北京市海淀区山水自然保护中心项目主任，主要研究方向为农村生态保护与可持续发展。

这项工作作为乡村振兴战略的一项具体工作来推进，努力补齐这块影响群众生活品质的短板。[①]“厕所革命”是在党的十九大提出建设富强、民主、文明、和谐、美丽的社会主义现代化强国宏伟目标，贯彻五大发展理念背景下开展的，不仅是几千年生活方式的一场革命，更是对生态环保意识变革和人类文明进步的一大贡献。[②] 大英县抢抓国家大力实施“厕所革命”政策机遇，结合川中丘陵地区特点，总结出一套推进农村“厕所革命”的机制和方法，在全县兴起了一场“厕所革命”，实现农村户用卫生厕所高普及率，效果明显，“厕所革命”正向无害化、低碳化、生态化方向发展，是丘陵地区推进“厕所革命”的典型代表。

一　大英县“厕所革命”的典型做法

四川省遂宁市大英县通过设置严格标准和模式，明确目标任务，加强示范引领，建立长效机制，扎实推进“厕所革命”，助力乡村振兴。截至2019年12月，大英县完成新（改）建农村户用厕所61717户，农村户用卫生厕所普及率在89%以上，居四川丘陵县前列，在“厕所革命”的推进过程中积累了丰富的实践经验，主要有以下典型做法。

（一）政府高度重视，形成分层级组织推动力

大英县委、县政府按照《农村人居环境整治三年行动方案》的要求，成立了农村人居环境整治工作领导小组，将“厕所革命”的工作纳入乡村振兴、民生工程项目建设指挥部，组织、领导、统筹、推进全县“厕所革命”工作。由大英县委、县政府主要领导任指挥长和副指挥长，县财政局、县农业农村局、县住建局、县发改局、县文化和旅游局、县卫健局等单位为

① 方梓丞：《“厕所革命”政策背景下乡村新型厕所推广路径研究》，《农村经济与科技》2019年第11期。

② 韩保江、邹一南：《中国小康社会建设40年：历程、经验与展望》，《管理世界》2020年第1期。

成员单位。明确由农业农村局牵头完成“厕所革命”任务。实行县级领导包乡镇、县直部门包村、党员干部群众齐心干的分层级组织推动力，形成齐抓共管的新格局。

（二）深入调研，确定“厕所革命”实施方案

一是建立清晰本底。按照省、市、县“厕所革命”专项行动的具体要求，深入开展调查研究，组织督导各镇村开展农村厕所现状摸底工作。目前全县有农户总数 121316 户，适宜改厕农户 109500 户；有卫生厕所 37226 户，无害化厕所 5086 户。在此基础上，明确 2019 年需改厕的农户有 46200 户，其中卫生厕所 27118 户，无害化厕所 19082 户（含沼改厕 3656 户）。

二是实行建档立卡制度。在全面摸清家底的基础上，各镇村完善建档立卡资料，建立县、镇（乡）、村三级农村改厕档案和工作台账，做到一户一档，确保“厕所革命”工作有序推进。通过召开会议、广播宣讲、印发资料等方式，让群众充分认识“厕所革命”的重要性和必要性，为建档立卡工作营造氛围。各村结合自身实际，精准到户，切实摸清改厕需求情况，完善建档立卡农户信息。

三是编制改厕方案。立足实际，在充分听取民意的基础上，因户制宜、精准施策，按照“一户一策、一户一档”原则科学制定改厕方案。围绕“厕所革命”目标任务，结合全县农村实际，科学编制了《大英县农村户用厕所改造实施方案》和《大英县农村“厕所革命”专项实施方案》，并及时将工作任务分解到各镇，明确进度要求、时间表和路线图，确保农村“厕所革命”工作顺利实施。

（三）开展广泛宣传，提升群众卫生意识

“厕所革命”的终极目标是提高群众的卫生意识。大英县在推进农村“厕所革命”的过程中始终把群众宣传教育放在首位，组织群众自觉主动参与到“厕所革命”中。通过广播、电视、微信平台、村级宣传栏、坝坝会等对农村“厕所革命”进行多角度、多层面的宣传，提高群众对

“厕所革命”的知晓度，调动群众参与的热情和积极性，形成推进“厕所革命”的良好氛围。2019年全年县乡两级召开工作动员会、坝坝会、培训会、推进会60多场，各村召开群众代表座谈会100多场，召开村级广播大会30次，“厕所革命”宣传栏到村到组达10期，制作宣传标语300余条。

（四）做好示范引领，整体推进“厕所革命”

各镇村因地制宜，按照“树立典型，示范带动”的原则，建造和树立“厕所革命”样板，通过“以点带面，连片推进”的方式加快改厕进程。按照先集中试点、后示范成片、再整体推进的“三步走”思路，各镇乡优先选择2个以上群众基础好、积极性高的村开展“厕所革命”工作试点，选择卓筒井镇为干屏村、蓬莱镇碑垭村等33个省级示范村进行试点建设，探索改厕模式和经验，并带动全县整体推进农村“厕所革命”工作。采取“先建后补、以奖代补”的方式推行“厕所革命”，在充分考虑自然条件、经济水平差异的基础上，整村连片推进农村厕所改造，着重打造隆盛镇整体推进示范镇、蓬乐路沿线吊脚楼村、梓橦村等43个整体推进示范村，为全县提供可复制、可推广的示范典型。

（五）充分运用市场机制，破解工程筹资难题

“厕所革命”的基础设施建设投入巨大，大英县以政府的基础性投入撬动社会资本投入，多方筹措资金，吸引社会资本投资公共厕所建设和管理。主要体现在以下三个方面。第一，在财政投入方面，挤出0.8亿元资金，通过“以奖代补”支撑公厕建设、户厕改造和管网终端运营维护。在省级每户补助400元（精准扶贫户每户补助500元）的基础上，县级财政每户再补助600元，助力农民户厕改造。第二，在农户自筹方面，通过广泛宣传发动，极大地调动农民群众投工投劳积极性，一些农户自主新建、改建户厕，并按照标准建设化粪池，维护好厕改区域卫生。第三，在整合资金方面，将中央、省、市厕所改造补助资金，县级贷款资金和受益

农户自筹资金，用于县 2019 年农村户用卫生厕所改造，合计投入 1.26 亿元。

（六）坚持“五统一分”建设思路，实施“三级”管理模式

在“五统一分”，即“统一规划、统一设计、统一标示、统一标准、统一补助，分乡镇实施”的工程建设思路指导下，大力实施“县级主导，乡镇主体，村级实施”的“三级”管理模式。根据农户居住分布特点，合理选择适用各类居住人群的改厕模式。为此，指挥部编印了《砖砌水泥三格式化粪池建设技术要领》《一体化三格式化粪池建设技术要领》《无厕户改建水冲式厕所技术要领》《农户户厕粪污分离改造技术要领》等指导文件，使基层干部和群众对建设标准一清二楚。结合美丽大英宜居乡村等建设项目，在村党员活动中心（村委会）、村卫生室、文体广场、乡村旅游示范点等地建设多种形式无害化公共厕所。

（七）加强厕所新（改）建技术指导，严把工程用料及进度关

各镇村严格按照技术规范和建设模式，审慎选择施工队伍，并特别注重三格式化粪池质量。严格按要求公开对外发布施工队伍招标信息，严审所有施工队伍的资信、技术力量和人力、机械等资源投入数量，把好施工队伍“准入关”，为“厕所革命”提供要素保障。在合同中明确建设时间要求，在施工过程中规范建设要求，将工程质量、安全文明放在首位，全力确保全面完成全县 2019 年户厕改造目标任务。全年印发改厕技术指南逾 2 万份，举办技术培训 30 余次，组织现场观摩 6 次。通过大英县农业农村局组织相关单位、各镇以及供货商召开集中询价专题会，择优确定 4 家材料供货商，从源头上杜绝了“三无”产品，保证了“厕所革命”的用材质量。由县上出资统一聘请专业技术人员 3 名，对各镇、村巡回开展技术培训 20 余场次，将相关技术规程和建设要求制作成 PPT 发放给施工人员，技术人员必须每天到施工现场指导。在抓好工程进度方面，督促施工单位按招标要求投入足够的人力和物力，在各村委会的

密切配合下，实行倒排工期、顺排工序、挂图作战，在确保质量和安全的前提下，建设进度遵从时间节点。同时，县上成立了3个“厕所革命”工作督导组，分片区每天深入施工现场做技术指导和项目督导，发现问题立即责令限期整改。

（八）严格督查考核，发挥“厕所革命”实效

督查考核的目的是保证和引导大英县各乡镇、村按时、按质完成“厕所革命”任务要求。按照《大英县农村人居环境整治工作考核办法》的要求，对各镇“厕所革命”工作推进情况实行拉通排位，建立月考评、月排位、季通报制度，逗硬考核。分管县领导和职能部门负责人定期不定期实地督查调研，对照年度计划和厕所建改标准，逐个对新（改）建厕所进行全面验收，从解决老百姓关心的实际问题入手，及时发现解决厕所建设和管理中存在的问题，有效地保证厕所建设进度和质量。

（九）建立管护机制，保持厕所卫生达标

大英县重视厕所的建设，更重视建成厕所的管理，坚持以用为本、建管并重，建立政府引导、农民主体、社会参与、市场运作相结合的后续管护机制，主要内容包括以下五个方面。第一，加大“厕所革命”工作宣传力度，多形式多途径广泛开展如厕宣传和教育，引导全社会积极参与“厕所革命”。第二，把“文明如厕”作为农村精神文明建设和“十星级文明户”评比的重要内容，做到厕所改到户、管到户、评到户。第三，制定《大英县农村户厕村民自治管理办法》，坚持小组半月一户评、村级一月一通报、乡级一季一评比、县级半年一总结的工作机制。对厕所卫生环境好、如厕习惯好的先进农户奖励洁厕净、肥皂、毛巾等生活用品，以身边人教育人。第四，对公共厕所实行“县级主导、乡镇主体、村级协助”综合管理机制，由县、镇、村三级共建共管，实现“有制度、有标准、有队伍、有经费、有督查”的“五有”目标，防止农村公厕成为新的“脏乱差”，确保管护有

序，长久发挥效益。第五，对已建成的镇、村公厕，由县级财政按每座每年3000元的标准统筹安排管护费，由所在镇、村负责水电费、清运费，保障公共厕所正常运转，确保厕所环境卫生达标。

二　推进“厕所革命”面临的主要困难和问题

大英县“厕所革命”推进过程中主要面临三个方面的问题与困难，具体情况如下。

（一）改厕基础比较薄弱

一是农村厕所简陋，旱厕基数较大，农村非卫生厕所占全县厕所总数的71.3%，且绝大多数厕所与猪圈共处一室，环境较差。二是自来水未全覆盖，部分农村水源缺乏。目前，全县农村自来水覆盖率只有83%，有些地区水源不充足，尤其遇到干旱天气甚至有断流风险，对改建卫生水厕挑战较大。三是改厕工作时间紧，任务重。按照省、市要求，2020年旱厕必须清零，而全县农村非卫生厕所共78964座，基数非常大，任务繁重。

（二）群众思想顾虑较多

群众思想顾虑主要有三种类型。第一，部分农户存在“等靠要”的思想，积极性不高，习惯了扶贫办埋单，对于自筹部分存在抵制情绪，希望政府全部埋单。第二，部分村干部和农户虽然对“厕所革命”比较重视和欢迎，但担心工程质量不合格，尤其是集中排污部分，担心不合格会带来水土污染和损害身体健康。第三，部分农户担心“厕所革命”缺乏劳动力，村里大部分年轻人都外出务工，缺乏投工投劳的基础。

（三）工作部署存在漏洞

一是改厕试点工作推动缓慢。例如，重点支持的骑龙寨村尚有30户还在抓紧进行户厕建设中。二是任务分工不明确，在“厕所革命”推进过程中，有些部门之间衔接不紧、沟通不畅，导致“厕所革命”工作滞后。三是责任主体不明确。大英县“厕所革命”工作的主要责任部门有县卫健局、县农业农村局、县住建局等，一定程度上存在多头指挥、多头检查等现象。

三　进一步推动实施“厕所革命”的对策

（一）明确各方责任，解决责任主体不明确的问题

一是调动各部门力量，充分发挥各部门优势，做好联动，切实形成“政府主导、部门联动、社会参与、齐抓共管”的推进机制。二是确立建设主体。尊重农户意愿，采取“委托代建”和“以奖代补”相结合的方式，鼓励农户自建。三是明确各方责任。落实“厕所革命”工作的责任主体，从方案设计、施工建设到工程验收都要一一明确责任部门，具体到人到事到时；落实改厕监督责任，组建质量监督小组或聘请专业人员，全面把好质量关。

（二）抓好宣传动员，解决被动实施的问题

一是借助媒体传播。增强对改厕工作的宣传教育，在电视台新闻频道、四川新闻网、微信平台创建专题专栏，宣传党和国家推行“厕所革命”的意义和政策，引导农民养成清洁卫生的生活习惯，介绍其他地区改厕的好办法、好经验。二是动员干部上门宣传。把“厕所革命”与决胜脱贫攻坚、乡村振兴结合起来，借助村支“两委”、第一书记和结对帮扶队伍力量，通过上门座谈、发放宣传单等形式，转变群众思想，变被动为主动。三是发挥党员干部先锋作用。坚持村支“两委”带头抓、党员干部率先改，发动村干部、党员带头实施，自愿投工投劳，让农户切身感受到“厕所革命”的好处，提升农户的责任感，以示范带动促进整村推进。

（三）紧盯改厕重要环节，因地制宜，稳步推进

一是紧盯标准关。坚持因地制宜，因户施策，量身制订操作性强的改厕实施方案，做到两个坚持。第一个坚持是水资源充足的地区推广水冲式厕所，水资源缺乏的地区推广简易式卫生厕所（非水冲式）；第二个坚持是改厕和污水处理相结合，水冲式厕所须配套化粪池，有条件的村可以建设污水集中处理设施。二是紧盯选点关。按照“县有示范乡镇、乡镇有示范村、村有示范户”的思路，坚持先易后难、以点带面，聚焦改厕基础较好、群众意识高的乡镇村，重点打造一批示范乡镇、示范村和示范户，发挥典型示范带动作用。三是紧盯施工关。对改厕工作，由乡镇建立台账，做到一户一档、一村一册，确保有序推进；严格按照技术规范、质量标准和作业流程要求，对农户改厕实行全程监督管理。四是紧盯验收关。按照“厕所革命”的要求，对改厕工程技术规范、施工质量、实用性、安全性等方面进行验收，组建专家团队负责核定，开展改厕农户满意度测评工作，对未达标的卫生厕所限期整改。

（四）多方筹措资金，解决资金缺口的问题

一是向上级部门申请。主动与上级部门沟通，争取上级部门对大英县“厕所革命”工作支持，申请农村户厕建设项目资金。二是县级财政补缺口。整合各类涉农资金，运用好国家政策性银行实施的优惠信贷政策，特别是利用省农发行的农村人居环境整治补充贷款，加大“厕所革命”投入力度。[①] 三是村民自筹资金。加强“厕所革命”的宣传教育，引导鼓励农户自筹资金投入户厕建设，投工投劳美化生活环境。四是多渠道筹集资金。一方面各帮扶单位在资金投入上给予大力扶持，另一方面鼓励和引导社会资本多元化投入。

---

① 麻学清：《关于加快推进“厕所革命”的调研报告》，《团结报》2019 年第 7 期。

（五）加强考核评估，解决应付差事不认真的问题

一是重视常规考核。将“厕所革命”工作纳入乡村振兴工作考核内容，将考核结果作为乡镇年终绩效考核和评先评优的依据，确保改厕工作有序推进。二是改进奖惩机制。按照日常考核与年终验收相结合的方式，对改厕工作推进快或验收效果好的乡镇予以表彰奖励；对改厕工作连续两次考核排名居于末位的乡镇进行通报批评；对累计三次考核排名居于末位或验收效果不佳的乡镇，直接调整该乡镇分管领导工作岗位。① 三是树立示范典型。每年定期评选一批优秀典型，对改厕先进集体和个人进行精神表彰和资金奖励，全力打造一批示范乡镇、示范村和示范户，带动全县“厕所革命”迈开新步伐。

参考文献

宋洪远：《探索农村人居环境的发展路径》，《城乡建设》2018 年第 6 期。

胡静：《农村环境变化明显多项问题待改善——广元农村人居环境整治调查》，《四川省情》2019 年第 11 期。

《四川整治农村人居环境 每市州选一示范县》，《中国环境监察》2018 年第 8 期。

《四川省印发农村人居环境整治三年行动实施方案》，《四川建筑》2018 年第 8 期。

麻学清：《关于加快推进“厕所革命”的调研报告》，《团结报》2019 年第 7 期。

方梓丞：《“厕所革命”政策背景下乡村新型厕所推广路径研究》，《农村经济与科技》2019 年第 11 期。

韩保江、邹一南：《中国小康社会建设 40 年：历程、经验与展望》，《管理世界》2020 年第 1 期。

① 麻学清：《关于加快推进“厕所革命”的调研报告》，《团结报》2019 年第 7 期。

B.21

丘陵地区农村人居环境整治的“富顺探索”及经验启示

张克俊　赖艺丹　李　雪*

摘　要： 改善农村人居环境、建设美丽宜居新村是党的十九大提出的“乡村振兴战略”和四川省委“推进绿色发展建设美丽四川”的重要任务，也是脱贫攻坚和建设幸福美丽新农村的重要内容。丘陵地区是四川省人口最多而农村老龄化、“空心化”问题最为突出的地区，人居环境整治面临更为迫切的现实要求和更多困境。但是，在各种挑战面前，丘陵地区有些县已经初步探索出一条人居环境整治的可行路径并取得了明显成效，其中自贡市富顺县就是典型代表。本文以丘陵地区人口大县富顺县为案例，分析了富顺县人居环境整治的主要做法、取得的成效，以及目前仍面临的困难和问题，并提出了进一步推进农村人居环境整治的对策建议。

关键词： 丘陵地区　农村人居环境　环境整治

实现乡村振兴，生态宜居是关键。农村人居环境整治是党中央的重大决策，是乡村振兴的第一仗，是补齐农村发展短板、决胜全面建成小康社会和

---

* 张克俊，四川省社会科学院农村发展研究所所长、研究员，主要研究方向为农村改革发展；赖艺丹，四川省社会科学院农村发展研究所硕士研究生，主要研究方向为农村发展；李雪，四川省社会科学院农村发展研究所硕士研究生，主要研究方向为农业农村改革发展。

推进农业农村现代化的重要任务。自2014年以来，中央一号文件连续七年强调“开展农村人居环境整治”。2018年2月，中共中央办公厅、国务院办公厅印发《农村人居环境整治三年行动方案》，提出在推进农村生活垃圾治理、开展厕所粪污治理、梯次推进农村生活污水治理、提升村容村貌、加强村庄规划管理、完善建设和管护机制等六个方面推进农村人居环境整治。四川省也于2018年8月印发了《四川省农村人居环境整治三年行动实施方案》，提出到2020年力争实现90%以上的行政村生活垃圾得到治理，卫生厕所普及率在85%左右，50%左右的行政村农村生活污水得到有效处理，村内道路通行条件明显改善，村容村貌显著提升，管护长效机制初步建立。经过两年多的实践探索，四川省已经在农村人居环境整治上取得了初步成效，不少地区探索出了一条适合当地的可行路径，其中丘陵地区人口大县的富顺县就是典型代表。

一　丘陵地区农村人居环境整治面临的困境

与平原相比，广大丘陵地区地势特殊，人口众多，土地细碎化程度高，村庄之间散居十分突出，基础设施建设和人居环境改善的现实状况更为滞后，无论是新居建设，还是垃圾、污水处理等，都明显低于全省平均水平，不仅是人居环境整治的薄弱区域，而且是人居环境整治的困难区域。丘陵地区人居环境整治面临如下困境。

（一）丘陵地区人居环境整治的迫切需求与现实的政策支持有限的矛盾

为确保2020年如期完成消除绝对贫困的任务，近年来深度贫困地区的脱贫问题成为党和政府工作的重中之重，政府投入了大量的人力、物力、财力支持脱贫并取得了决定性成效，彰显了制度优势。而对于多数既非贫困地区又非革命老区和民族地区的丘陵县，政府在进行人、财、物资源配置时往往会有所忽视，丘陵县能够得到上级政府和部门支持的资金、项目和政策资源极为有限。虽然当前丘陵地区的经济社会发展在全省处于中等水平，农民人均纯收入高于贫困地区，但仔细观察会发现，丘陵地区的农村基础设施、公共服务、人居环境改善程度还比不上贫困地区，“脏乱差”的现象比较普遍，人居环境整治具有更为迫切的要求，环境整治的任务更为繁重。但是，丘陵地区中非老少边穷地区的外部政策环境使这类地区在当前乃至未来一段时间内人居环境整治的迫切需求与现实的政策支持有限的矛盾十分突出。

（二）丘陵地区居民点分布较为分散与需要集中整治环境的矛盾

长期以来，丘陵地区的村庄建设没有规划制约，农民住房建设的随意性很大，一般选择在公路两旁和自身的承包地、原宅基地进行建设。由于丘陵地区不如平原地势平坦，加之传统生产生活方式的需要，农民长期以来居住一般以散居为主，即使是一个院落也只有十几户人。虽然近年来各地开展了新农村集聚点的建设，但丘陵地区新村建设的项目和资金投入少，总体上滞后于其他地区，居民点分布分散和杂乱的状况没有得到根本改变。居民点的分散和杂乱导致农村生活垃圾和生活污水排放总量大，收集困难，加大了人居环境整治的成本和难度。

（三）丘陵地区乡村“空心化”突出与需要农民参与人居环境整治的矛盾

相比于四川整体水平，丘陵地区农村人口众多，但可利用耕地少，且农业人口占比大，同时受到地质、地貌等自然因素的制约，经济发展水平落后，大量农村青壮年剩余劳动力不得不外出务工增加家庭收入。尤其是近年来，不仅青壮年外出务工，而且儿童和老年人也因上学、照料孩子逐渐进入城镇，导致乡村“空心化”严重。平时相当部分住房是无人居住的，至多仅有留守儿童和老年人。丘陵地区的农村人口大量外流导致人居环境治理中既缺少直接参与的主体，也因常年无人居住、很少居住而导致住房环境无人管理，缺少人居环境整治的根本动力，“上热下冷”“干部干、群众看”的现象比较普遍。

（四）丘陵地区人居环境整治任务重与投入不足的矛盾

丘陵地区农村人居环境整治工程点多面广、十分分散，各村整体基础设施较差，需要建设、维修、改造的项目很多，人居环境日常管理维护和农村垃圾处理需要大量资金，前期建设以及后期的维护和管理耗资较大。由于人居环境整治具有较强的外部性、公共性，农民和社会资本投入的积极性并不高，需要以政府投入为重要来源，但由于大多数丘陵县是农业大县、人口大县，财政较为困难，加之村集体经济薄弱，使得推进人居环境整治面临投入不足的困境。从国家和省上级财政资金来源看，由于丘陵地区属于既非贫困地区也非发达地区的“夹心层”，可争取的上级财政资金也极为有限，这就使丘陵地区人居环境整治任务重与投入不足的矛盾更为突出。例如，富顺县东湖街道2019年投入417万元用于人居环境改造，扣除县上安排和整合的项目资金，缺口资金在80万元左右，在日常维护和扩面上没有资金来源。

（五）丘陵地区人居环境改善与农民生产生活方式转变不同步的矛盾

乡村振兴是一个有机整体，要求经济建设、文化建设、生态建设、社会建设等各项建设统筹推进，协调发展。具体而言，就是人居环境的改善须与乡村旅游、现代农业规模化发展和农民生产生活方式的转变同步并相互结合，如此才能取得良好的效果。但是，在丘陵地区要实现人居环境改善与产业转型、生产生活方式转变面临更多的困难。首先，丘陵地区发展乡村旅游的难度很大。部分丘陵地区基础设施薄弱，建设规划不合理，整体布局散乱，生态优势不明显，农民生活景观和农业生态景观不突出，乡村文化气息不浓厚，与拥有独特民族文化的民族地区相比，并不具备发展乡村旅游的优势。其次，丘陵地区土地细碎、居民点多，导致土地难以集中进行规模化经营，土地资源难以得到充分利用，严重制约了农业的转型升级。农户种植囿于“大水大肥”和“撒施表施”的传统施肥习惯，且缺乏相关科学施肥技术培训，致使农药、化肥施用量超标，引发了相应的农田面源污染问题。最后，丘陵地区人口多，虽然有大量的外出务工人员，但还无法做到完全城镇化，从而农民生产生活方式的转变面临较大难度。以上问题导致丘陵地区农村人居环境改善的持续性动力弱，农村人居环境整治的成果很不容易巩固。

二　丘陵地区农村人居环境整治的“富顺探索”

自贡市富顺县位于四川盆地南部、沱江下游，是四川典型的人多地少的丘陵大县，辖区面积 1342 平方公里，总人口 107.56 万，其中农业人口 74 万，是历史悠久的“千年古县”、著名的“才子之乡”、享誉中外的“豆花之城”。富顺县作为四川丘区大县，面对村庄布局分散、垃圾治理任务重、农村厕所环境差、生活污水处理难等一系列挑战，把改善农村人居环境作为实施乡村振兴战略的重要内容，按照“高点定位、示范引领、整体推进”的工作思路，抓住作为全省乡村振兴规划试点县的有利契机，重点开展农村生活污水治理、生活垃圾治理、厕所治理、村庄清洁、畜禽粪污资源化利用等整治，将农村人居环境整治与关联工作充分结合，协同推进，切实打好乡村振兴第一仗，探索出一套可复制、可推广的丘陵地区人居环境整治模式。

（一）突出重点领域，补齐人居环境硬件短板

1. 创新模式构建城乡垃圾一体化治理体系

针对农村垃圾“总量大、分布散、处理贵”的特点，富顺县建立了“县上建设、镇村监管、公司运营”的机制体制，采取政府购买社会化服务的方式，将城乡垃圾转运处理工作外包给社会企业，各村均配备专职保洁员，完善“日常保洁＋前端收集＋转运处理＋智慧管理”的处理体系，推动实现垃圾“无害化、减量化、资源化”处理目标。富顺县从 2018 年起每年投入 3636 万元、3 年共计约 1.09 亿元用于城乡垃圾一体化治理，2020 年全县将完成 10 个非正规生活垃圾堆放点治理。

2. 因地制宜实施农村厕所分类化治理

富顺县依据实际情况，对分散农户，采用“三格式化粪池”方式处

理；对相对集中农户，采用“三格式化粪池＋管网＋一体化污水处理池”方式处理，达标后用于农田灌溉，实现改厕与生活污水同步治理。2019年，富顺县争取到中央和省级农村“厕所革命”项目资金1191万元，县级财政配套资金163万元，新（改）建公厕20座，改建无害化卫生户厕7528户。

3. 突出重点探索农村污水分类分级处理

按照“突出重点、找准切入点、分类实施”原则，优先将饮用水水源地保护区和人口较为集中的重点村、中心村以及离城镇较远但居住比较集中、人口较多的村庄纳入治理范围，并对农户、集居点和场镇实行分类治理，同时将农村生活污水治理纳入河（湖）长制管理。2019年，新建农村聚居点生活污水处理设施32个，实施24个镇乡生活污水处理厂（站）提标升级工程。目前，聚居点生活污水处理设施已完工31个，在建1个；镇乡生活污水处理厂（站）提标升级工程已完工4个，其余20个设备正在安装调试；镇乡生活污水处理厂管网建设项目目前已完成新建管网28公里、维修改造34公里。

4. 综合施策促进畜禽粪污资源化利用

富顺县以实施畜禽粪污资源化利用整县推进项目为契机，大力推进“养殖基地＋粪污处置＋种植基地”循环利用模式，将20万亩甜橙、20万亩蔬菜基地与100万头生猪规模化养殖、1000万只小家禽养殖基地建设有机融合。目前，项目单项工程完成设计预算，正在财政评审。

5. 主攻难点深入开展村庄清洁行动

富顺县聚焦环境整治最亟待解决、最直接的难题，以“打违治乱除杂”“省道沿线环境整治”为突破口，着力解决农村“违搭违建较多”“脏乱差散懒”问题，持续推动村庄变美、村镇有序。目前，全县累计拆除饲养棚、彩钢棚等各类违建3623起6.76万平方米，清除杂草杂物0.83万吨、断壁残垣454处，清扫转运生活垃圾3.7万余吨，整治公路沿线747公里，村庄绿化0.33万余亩，农房风貌塑造1845户，布置公益景观墙268处。

（二）抓点连线、以线带面，逐步形成扩展之势

1. 打造示范村户

富顺县从村着手，首先选取乡村振兴示范村进行农村人居环境治理，再由村自行组织选出示范点。由于大部分乡村振兴示范村的村民素质较高，从而能够配合干部开展各项工作。在示范点，主要对村民堂前屋后进行治理，拆除违搭违建，清除杂草，为村民家中安装三格式化粪池，根据村民需求统一使用栅栏进行家禽养殖。村民开展农村人居环境整治后，组织其余村民进行参观与点评，切实使村民感受到生活环境改善后带来的好处，从而逐步吸引更多的村民参与到人居环境整治过程中。

2. 提升道路沿线

以示范点旁的公路作为重点，形成人居环境整治沿线扩展之势，主要是拆除公路沿线存在安全隐患的建筑，清理道路旁的垃圾，加强绿化，在公路沿线修建公共厕所，在道路旁设置标准统一的垃圾站点，杜绝出现村民将生活垃圾倒在路旁的现象，鼓励村民从事公益服务进行沿线道路的维护等。例如富顺县开展国道G348东湖至代寺段、邓泥路永年至板桥段等主干道的路域环境治理，全县主干道沿线让人眼前一亮，更加清爽干净，特别是邓井关街道新湾村以拆除违搭违建为切入点，坚持“零补偿”，50天内拆除鸡鸭棚、一户两宅68处，彩钢房（棚）违建34处，为全县开展“打违治乱除杂”行动取得“开门红”。通过以点带线打造了干净整洁的干线。

3. 覆盖乡村全面

将农村人居环境治理延伸到村中的各个乡间小道，清除村中沟渠、河道的垃圾，规整小巷，清除垃圾死角，并为村民修建幼儿园、文化广场、农贸市场等，全面改善整个村庄的人居环境，形成抓点连线、以线带面的人居环境治理格局。

（三）不同区域不同类型采取不同的整治模式

富顺县是一个人口大县，2019年乡镇区划和村级建制调整后为17个乡

镇3个街道208个村，各镇各村实际情况也不尽相同。富顺县进行农村人居环境整治并没有采取统一标准的模式，而是各镇各村立足自身情况，采取具有特色的做法。例如，富顺县长滩镇历史悠久，拥有保留完好的古镇街道建筑，位于富顺县东南角，是富顺县最偏远的乡镇，距县城中心路途遥远。长滩镇坚持“四个三”思路推进农村人居环境治理，“文明、生态、兴旺”是三大重点，以“治、化、育”三大举措，达到“闻者向往、来者依恋、居者自豪”三大目标，打造“千年古镇、果蔬之乡、醉美长滩”三大名片。富顺县赵化镇（原万寿镇）莲花村的贫困户较多，村民世代主要以渔猎、农耕为生。易中堂隶属莲花村，紧邻沱江，因清代出了一位有名的易姓中堂大人而得名。莲花村从实际出发，不搞大拆大建，不套用城市标准，就地依原貌改造，保留川南农居特色，打造沱江古韵、农耕小院、醉美万寿、豆花乡愁等特色农家院落，将自然风光与乡土文化有机结合。莲花村实施“打违、清杂、换貌、改厕、治污”五大行动，推动“美化、绿化、硬化、亮化”的“四化”处理，探索“乡镇担一点、群众出一点、向外争一点”三点集资，坚持“结合‘创文’树立新风，结合‘村情’弘扬文化”两个结合，抓好“一个试点”，探索出一套“54321”的环境整治模式，打造了舒适、便捷、安全的人居环境。

（四）构建“政府引导、群众主导、社会参与”的有效参与机制

富顺县作为百万人口大县，县委、县政府对人居环境整治认识到位，将人居环境治理作为全县工作的重要目标，作为年终考核的重要依据，认真贯彻落实中央、省、市三年整治目标任务，精心制订全年任务清单，及时把中央、省、市、县整治目标任务细化分解到县级各部门、各镇乡（街道）和各行政村，努力构建“政府引导、群众主导、社会参与”的整治局面，不断增强党员干部带头意识与群众参与意识，并引入社会化企业参与人居环境整治。例如，富顺县通过政府购买服务方式，引入广东美保环境技术有限公司为城乡生活垃圾收运提供服务，年服务费3636.24万元，3年共计约1.09亿元，整个收运体系公司化运作于2018年12月1日全面投入正式运行，实施的效果很

好。同时，富顺县还积极建立由“政府投入撬动，群众自筹资金和筹工筹劳相结合，各类债券资金补充，社会资本支持”的多元化投入体系，将上级专项资金、政府债券、县级财政奖补资金纳入年度预算，真金白银投入。据统计，2019 年富顺县整合各类项目资金和县级财政配套资金共计 3.157 亿元。

（五）责任与考评相结合、动力与压力相结合，构建强有力的推进机制

富顺县将农村人居环境整治工作作为实施乡村振兴战略的重要内容，建立健全责任体系，明确牵头部门负责整治工作统筹协调，抓督导、抓进展、抓自查，做好上下衔接、督促检查；各责任部门按照职能职责分工，密切协作配合；各镇乡（街道）履行主体责任并对整治效果负责，村组干部具体落实，形成一级抓一级、各负其责、齐抓共管工作格局。富顺县通过建立全面的考核评价指标进行全面的考核评价，以考核为抓手推动整治工作开展。每季度镇乡（街道）和县级相关责任部门就整治效果、工作落实情况等进行相互评价，上下级相互评比，充分考察工作的落实度、部门的支持度；对排名靠前的发放流动红旗，靠后的发放流动黄旗；考评结果纳入全年目标任务考核，并根据排名发放县级奖补资金。与此同时，富顺县在创新推进方式上狠下功夫，通过每月召开现场会、每季度开展测评的方式，检验农村人居环境整治阶段性成果，层层时时传导工作压力，采取“县主要领导挂帅、临时确定时间、随机抽取镇乡”的办法，每次抽取几个镇乡，实行“片区抽取镇乡 + 现场检查点位 + 现场点评总结”模式，形成人居环境整治的动力和压力。

（六）以抓好“三个结合”提升人居环境整治质量

富顺县通过认真抓好“三个结合”，提升人居环境整治质量。一是与创文创卫结合，不搞重复建设。富顺县将农村人居环境整治工作与“创建省级文明城市”“创建国家级卫生城市”两个目标充分结合，重点开展场镇“三个秩序”整治，对现有农贸市场进行改造升级，重新规范停车位，合理

设置摊位，引导群众到农贸市场集中经营，营造良好的人居环境。二是与舆论宣传结合，引导群众参与。建立健全宣传信息报送制度，通过宣传栏、自媒体、电视媒体等平台载体，充分发挥舆论宣传作用，积极引导群众主动投入农村人居环境整治工作，营造全民知晓、全民参与、全民支持的整治氛围。三是与基层治理结合，通过修改完善村规民约，发挥村规民约作用，引导群众养成“三定三勤三看”的生活习惯，广泛开展“卫生文明家庭”“最美家庭”等评比创建活动，鼓励群众互看互比互学，激发群众荣誉感、积极性，主动参与到农村人居环境整治和农村基层治理工作中来。

三　经验启示

富顺县通过积极探索农村人居环境整治的有效路径和机制，取得了重要成效，基础设施日趋完善，农村面貌焕然一新，干部和群众参与的积极性初步形成。通过拆除饲养棚、彩钢棚等各类违建，清除杂草杂物、沟渠淤泥、断壁残垣，清扫转运生活垃圾等，全县交通沿线、场镇节点、重点村社的卫生、秩序有了明显提升，昔日“脏乱差”现象已得到彻底改变，曾经的“丑湾子”变“美村庄”，“脏乱臭”变“洁齐净”，“田园变公园、院景变风景”，农村面貌焕然一新。更重要的是，乡镇干部“抓农村人居环境就是抓乡村振兴、抓硬环境改善”的思想更加深化，实现了从“害怕被抽中，害怕当众出丑”到“主动要求，积极争取”的转变。同时，通过各镇村组干部深入细致地入户宣传动员和示范村环境整治前后的巨大变化所产生的示范效应，对广大群众的思想意识产生了深刻影响，群众参与的主动性、积极性不断增强，群众主动投入改造资金，变“要我做”为“我要做”，变“不愿为”为“主动为”，群众的获得感和幸福感明显增强，养成好习惯、形成好风气的文明乡风初步形成。作为丘区人口大县的富顺县，其人居环境整治走在了其他地区前面，取得了突出成效，给我们带来以下经验启示。

一是丘区推进人居环境整治困难虽多但同样可以搞好，关键是找到合适的思路方法。丘区人居环境整治面临更多的困难，如投入不足、居住分散、农村“空心化”、农民参与积极性不高等，但这些困难并不意味着丘区人居环境整治就可以无所作为，关键是要因地制宜，找到符合实际的思路和方法，不能乱抓。首先，要做好规划。县级层面做好整体规划，明确定位，统筹资金安排，做好宣传引导工作；镇级规划要依据事实，做好部署；村级层面要统筹安排，把规划落到实处。其次，要突出重点，主攻难点，因地制宜，综合施策。如富顺县在推进农村“厕所革命”时，没有完全照搬城市的做法，而是充分尊重农村群众生活习惯，合理采用砖砌三格式化粪池、成品三格式化粪池、改扩建原有化粪池、纳入城镇污水管网等多种方式进行。最后，找好突破点，以点连线，以线带面。从富顺县的实践来看，采取的是“抓点连线、以线带面”的方式，这里的“点”就是示范村、示范农户，抓住了突破“点”，就可以“点”串“线”，以“线”带“面”，从而形成环境整治的全域之势。

二是推进人居环境整治构建动力机制很重要，关键是健全激励与约束相结合的制度体系。推进农村人居环境整治不是一开始每个部门、每个基层干部都很自觉、都有积极性，形成动力机制很重要，但动力机制不是自然形成的，核心是依靠健全的制度体系形成激励和约束。从富顺县的实践来看，最有成效和特色的是构建了“五大体系”，即将农村人居环境整治工作作为全县工作重要目标的目标体系；每月召开现场会，每季度开展测评，层层时时传导工作压力的推进体系；一级抓一级、各负其责、齐抓共管的责任体系；县级部门和乡镇相互评价，通过发放流动“红旗”“黄旗”的考评体系；加强组织领导、协调配合、人财物支持的保障体系。这“五大体系”相互补充，相互支撑，环环相扣，构成了一个完整的系统和完善的制度体系，形成了强劲开展人居环境整治的动力机制。

三是推进人居环境整治不是政府“唱独角戏”，关键是建立有效的参与机制，把农民的积极性调动起来。人居环境整治不是政府为农民搭台唱的“独角戏”，需要农民的积极响应和参与。在各地推动人居环境整治过程中，政府和实际部门抱怨最多、感到难度最大的是农民没有主动参与的积极性，好像是“政府着急，农民不着急”“政府在做，农民在看”“政府主动，农民被动”。从富顺县的实践来看，在刚开始进行人居环境整治时，当地农民也是处于“要我做”的被动地位，后来却转化成了“我要做”的主动行为，这其中转变的机理在于建立了有效的带动机制、激励机制和参与机制。因此，在开展农村人居环境整治中，如何把农民的积极性和主动性调动起来，真正考验着各级干部做群众工作的能力和水平。要依靠干部和党员带动群众、依靠先进示范群众、依靠村规民约管理群众、依靠奖励手段激励群众，建立考核评比机制，以奖代补，充分调动大家的积极性；通过给予“示范户”“优秀村”称号，促使农民自愿积极参加人居环境的整治工作。

四是推进人居环境整治必然面临资金不足的难题，关键是构建多元化的投融资机制。人居环境整治是一项巨大的工程，需要大量的资金投入，不仅环保设施设备建设、人居环境整治需要大量的投入，环保设施的运行和维护、巩固人居环境整治的成果同样需要持续的投入。农村人居环境改善虽然具有公共产品属性，政府财政投入要占有重要地位，但如果搞成了政府财政投入的“大包大揽”，这显然是不行的，政府没有这么雄厚的财力，关键是建立健全多元化的投融资机制。从富顺县的实践看，通过建立“政府投入撬动，群众自筹资金和筹工筹劳相结合，各类债券资金补充，社会资本支持”的多元化投入体系，对推进人居环境大规模整治起到了重要保障作用。因此，要发挥财政资金的撬动作用，积极拓宽投融资渠道，创新投融资模式，推广政府购买服务、PPP 等模式，鼓励社会资本全面参与人居环境整治的建设、运营和管理等。

四　对策建议

作为丘陵大县的典型代表，富顺县在人居环境整治上开展了扎实的工作，取得了有效的成果，但与乡村振兴战略实施的需要和群众的期盼相比，仍存在一些差距。从丘陵大县的富顺县现实来看，当前丘陵地区人居环境整治还存在如下问题。①农村人居环境整治的覆盖面还不广。存在沿线整治、重点区域整治到位，连“点”、连“线”成“面”扩展不足，整体环境面貌改善存在间隙遗漏问题，人居环境改善全区域全覆盖的任务还比较重。②农村人居环境整治的成果还不牢固。部分村庄卫生保洁工作不到位，还缺乏持续保持人居环境整治成果的长效机制和内生机制。同时，长期养成的不良习惯和落后观念，人们的生产生活方式还没有根本转变，农村面源污染问题还未彻底解决，废旧地膜资源化、粪肥有机化、农药使用标准化的推广机制依然存在障碍，这些都将制约人居环境整治的成效。③群众的主体作用发挥得还不够充分。目前来看，参与农村环境整治的主力军依然是保洁员，虽然农民群众参与人居环境整治的积极性有所提升，但仍有少量群众存在消极观望的行为和不主动作为的心态。引导群众改变陋习、转变思想观念并积极投入乡村环境建设的任务依然艰巨。④资金投入压力较大。由于涉农资金整合难度大、多渠道投入机制尚未完全建立，污水处理设施、排水排污管网、农村改厕等改善农村人居环境的重点基础设施建设资金投入缺口较大，同时后期的运行、维护、管理经费压力大。

为促进四川丘区人居环境整治，建设宜居乡村，提出如下对策建议。

一是加大对丘区人居环境整治的支持力度。当前，国家和省人居环境整治的专项资金安排以县为单位，而丘陵地区地域辽阔、人口众多、整治范围大，对人居环境整治的资金需求量比较大。随着脱贫攻坚任务的完成，省里应适时调整战略布局，加大对丘区人居环境整治的政策、资金和项目扶持力度。同时，应对人居环境整治项目的财政资金使用制度做出必要的改进，扩大资金的使用范围，增强资金使用的灵活性。

二是采取因地制宜的人居环境治理方式。丘陵地区地形地貌、农民生产生活、农村人居环境等具有自身的特点，进行农村人居环境治理不能照抄照搬、套用模式，要形成接地气、可推广、行之有效的举措和办法，按照当地的实际情况，因地制宜设计方案、建设环境设施，确保设施容易落地、方案容易实行。尤其是不要简单套用治理城市环境的方法来治理乡村。在规划设计阶段，应采用与村民生产生活方式和农村地区建设管理水平相适应的方案，做到复杂问题简单化、深奥理论浅显化。

三是注重发挥农民参与人居环境整治的积极性和主动性。从近几年来的整治工作发现，群众的行为发动和意识提升还不尽如人意，这是人居环境整治难以深入开展的重要制约因素。要进一步利用村民喜闻乐见、通俗易懂的方式，普及各类环保知识，提高广大群众的环境意识和认知水平；进一步加强乡风文明建设，通过制定村规民约，让广大群众树立文明行为。要动员群众积极投身美丽家园建设，支持群众开展自我教育、自我管理，提升群众参与人居环境整治的自觉性和积极性。要积极组织开展“美丽庭院”“最美家庭”评选等活动，增强群众参与整治行动、保护人居环境的荣誉感；充分利用各种宣传媒介，广泛宣传推广各地好经验，表扬村组典型户、典型人、典型事，努力营造人人关心支持农村人居环境整治的良好氛围。要充分发挥党员、村干部的示范作用，用他们的言行影响和带动周围群众自觉搞好家庭环境卫生。

四是创新政府主导、多元化主体参与的投融资机制。鼓励社会资本进入农村参与人居环境项目投资，既拉动农村人居环境整治、乡村基础设施升级和公共服务改善，又提升乡村治理能力。在农村人居环境基础设施建设上要创新投资运营模式，鼓励通过特许经营、PPP 等方式吸引社会资本参与农村垃圾污水处理等项目，鼓励采取政府购买服务的方式提高运行效率。要积极引导有条件的地区将农村人居环境建设与特色产业、休闲农业、乡村旅游等有机结合起来，实现农村产业融合发展与人居环境改善互促互进。引导相关部门、社会组织、成功人士、返乡人员等通过捐资捐物等形式，支持农村人居环境设施建设和运行管护。

五是重视人居环境整治的后期维护管理。人居环境治理不仅仅在于前期的大量资金、人力、物力投入，整治完成后，人居环境治理成效的保持和扩展依赖于后期的维护，因此如何统筹人居环境后期管护，确保资金充足、持续发力，是人居环境整治工作需要考虑的重要问题。要高度重视人居环境整治后维护管理的人力、物力投入，强化基层村民自治，完善常态化考评机制，加强整治后对城乡垃圾、污水、粪污处理统一规划、统一建设、统一运行、统一管理的探索，建立常态化的保洁机制，切实巩固人居环境整治成果。

B.22

"藏区新居"建设的主要做法与重要经验

——以甘孜州泸定县为例

付宗平　杜 婵*

摘　要： 2013年以来，四川省启动实施藏区新居建设。甘孜州按照省委、省政府关于实施藏区六项民生工程计划的决策部署，坚持把"藏区新居"工程作为"三化"联动、统筹城乡的核心工作和扶贫攻坚、改善民生的首要任务来抓，围绕"以产业建新村、以新村兴产业"目标，加快城乡统筹建设步伐，努力把"藏区新居"打造成现代业态、现代形态和现代环境统一的新型社区。本文以甘孜州泸定县为例，重点介绍使泸定县由穷乡僻壤的旧村落到新型社区美丽蝶变的"藏区新居"建设经验。

关键词： 藏区新居　农村危房改造　扶贫攻坚

一　"藏区新居"建设概况

2013年以来，四川省启动实施藏区新居建设。甘孜州按照省委、省政

---

* 付宗平，四川省社会科学院农村发展研究所副研究员，主要研究方向为农村经济；杜婵，四川省社会科学院农村发展研究所助理研究员，主要研究方向为农村生态。

府关于实施藏区六项民生工程计划的决策部署，坚持把“藏区新居”工程作为“三化”联动、统筹城乡的核心工作和扶贫攻坚、改善民生的首要任务来抓，围绕“以产业建新村、以新村兴产业”目标，加快城乡统筹建设步伐，努力把“藏区新居”打造成现代业态、现代形态和现代环境统一的新型社区。2018 年，甘孜州坚持“统筹规划、群众自愿、公开公正、分批实施”的原则，加强领导、明确责任、细化措施，加速加力推进藏区新居建设。全年补助资金 2.18 亿元，实施藏区新居建设（农村危房改造）10900 户，完工率达到 100%。本文重点介绍使泸定县由穷乡僻壤的旧村落到新型社区美丽蝶变的“藏区新居”建设经验。

二　泸定县“藏区新居”建设主要做法与实施成效

（一）注重规划先行，按标准推动新居建设

甘孜州在建设藏区新居过程中规划先行，注重多产融合，做到先策划后规划、先全域后区域、先总规后专项、先规划后建设。同时，聘请一些高校的专业规划团队，围绕构建“县城—重点镇—中心村—产业聚居点”四级城镇体系，采取自上而下、自下而上的办法，开门开放搞规划，科学编制《甘孜州新居工程规划》。在幸福美丽新村建设中，尤其注重规划先行，民居建设充分体现特色民族风情，集中展示农村特色、地域特征、民族特色和民俗特点，注重保护农村自然生态环境和历史文化风貌。同时，强化功能分区，形成了“在城乡接合部打造新型社区、在高寒边远山区打造聚居点、在中心乡镇打造中心村或新农村综合体”的藏区新居建设规划。对确定的危旧房开展摸底调查，建立了困难群众住房台账，编制《泸定县藏区新居建设实施方案》，初步制定建设规划图。计划总投资 1000 万元，每户补助 2 万元，实施 300 户新居建设。藏区新居建设以农户自筹为主，中央、省及当地财政适当补助为辅。资金补助标准统一为 3 万元/户，其中，中央补助标准为 1.4 万元/户，省级财政配套补助标准为 1.6 万元/户。泸定县按 2 万元/户

标准补助到户，整合相关涉农行业资金、对口支援资金等，原址新建住户符合贷款条件的藏区新居保障户可自愿向银行申请住房保障资金贷款。财政、审计、监察部、纪检委全程监管，乡镇对藏区新居建设实行专账核算，严格按照序时进度拨付工程资金，对已完工的建设项目及时组织验收、完善项目资料、拨付剩余资金，确保国家补助资金专款专用，精准落实到户。通过农民自筹资金，鼓励和引导社会力量提供捐赠和资助，制定贴息、担保政策，促进金融机构提供贷款等措施，多方加大扶持力度，拓宽藏区新居建设（农村危房改造）集资渠道，积极为群众集资出谋划策。

按照藏区新居建设规划，立足当地实际，着眼未来长远发展，结合新农村建设，大力实施农村安居工程，高效推进工程项目建设，让贫困村民圆新房梦。一座座藏式二层小楼依次排开，藏式新房与民族文化相结合，不仅有特色，还传承了农牧民的民族文化。四通八达、宽阔平坦的水泥路直通家门口，家家户户门前院后栽种着各种花草果树。村民们从四面进风的土房子搬进宽敞明亮的小洋楼，老百姓彻底摆脱了危房，实现了安居，落后的生产、生活方式也随之改变。村里的房子越来越漂亮，基础附属设施越来越完备，居住条件越来越好，村民的日子越过越有滋味。

（二）规范审核程序，让困难户住有所居

为确保藏区新居建设政策落到实处，泸定县藏区新居建设以建档立卡贫困户为重点，严格审核改造对象。精准聚焦深度贫困脱贫攻坚，严格按照《中央财政农村危房改造补助资金管理办法》（财社〔2016〕216号）明确的“四类重点对象”（建档立卡贫困户、低保户、分散供养特困人员、贫困残疾人家庭）核实新建建设对象，进一步明确目标、细化措施。计划中的建房纳入实施对象标准针对居住在危房中的分散供养五保户、低保户和其他农村贫困农户及无房居住的困难户。对于住房条件最困难、需求最迫切的家庭，已享受灾后重建、牧民定居行动计划、大骨节病移民搬迁、往年批次农村危房改造等政策及建房补助的农牧户不再纳入建设（改造）范

围，但该县对确实因受灾或贫困而造成住房困难或无力改造危房的，经相关部门严格审核、公示后，纳入藏区新居建设（农村危房改造）项目享受范围。

泸定县依据甘孜州城乡规划建设和住房保障局、甘孜州残疾人联合会转发的《关于优先支持农村贫困残疾人家庭危房改造的通知》的文件精神，将符合条件的贫困残疾人家庭优先纳入实施对象。坚持公开、公平、公正原则，规范补助对象的审核、审批程序，严格按照“个人申请、村级评议、乡镇审核、县级审批”程序确定补助对象。建立健全公示制度，始终坚持政策、对象、补助标准“三公开”，将补助对象基本信息和各审查环节的结果在村务公开栏公示。对于危房的鉴定，将根据住房和城乡建设部制定的《农村危险房屋鉴定技术导则（试行）》，对符合条件的，根据住房危旧程度核定资助方式及标准，审批结果在村务公开栏张榜公布。同时，建立健全藏区新居档案管理制度，各乡、镇（场）建立健全县新居建设（农村危房改造）档案（包含电子档案），做到一户一档，材料齐全、管理规范。严格按照《关于建设全国扩大农村藏区新居建设试点农户档案管理信息系统的通知》（建村函〔2009〕168号）要求，完善藏区新居建设农户纸质档案，实行一户一档，批准一户、建档一户，规范有关信息管理。在此基础上，建立健全农户纸质档案表信息化录入制度，确保农户档案及时、全面、真实、准确录入系统。改造后农户住房产权归农户所有，并根据实际做好产权登记。

（三）充分尊重民意，筑牢新居建设基石

在建设实施中，充分尊重民意，乡（镇）、村要利用广播、政策公示栏和板报等方式宣传藏区新居建设政策，设立举报箱和咨询投诉电话，广泛听取农牧民建议意见，根据实际需求和个人筹资能力大小规划和建设新居，不因新居建设出现新的贫困人口，通过邻里相帮、结对帮扶、投工投劳等措施，引导农牧民直接参与建设。同时坚持宜聚则聚、宜散则散、宜建则建、宜改则改、宜保必保的原则，不搞风貌建设，不做锦上添花之事。在扶贫新

村建设方面，处理好“建、改、保”关系，保留藏居原始风貌，慎砍树、禁挖山、不填湖、少拆房，对百年老宅要一宅一策，制定保护办法；对老林盘、大树、古树、珍稀树木登记造册，一树一木落实保护政策。对于具备基本功能的藏居，以改造提升为主。保留风貌，突出特色，通过幸福美丽新村建设，真正体现习近平总书记提出的“要望得见山、看得见水、记得住乡愁”。不简单照搬城市建设思维和做法，不一张图纸、一个式样搞到底。通过一系列的举措，农牧民群众投身建设藏区新居项目的热情十分高涨，对藏区新居建设项目的实施十分满意，希望今后党和国家的惠民富民政策能够更多地向贫困户倾斜。群众的住房问题解决了，生活就更有奔头，就业创业以及在家务农也就更有信心，这项政策顺应了农牧民群众的心意，缓解了群众困难，体现了社会公平正义，化解了群众心头的疙瘩和村民间的经济矛盾，进一步拉进了农牧民群众之间的距离。

（四）注重产村融合，狠抓幸福美丽家园提升建设

及时编制《泸定县幸福美丽家园建设成果巩固提升工程五年总体规划》《泸定县2014年幸福美丽家园建设成果巩固提升工程实施方案》，目前全部完成建设。在建设家园中，加大基础设施投资力度，方便群众享受更为便捷的基础设施和公共服务设施。以产业结构调整和基础设施建设为重点，结合产业发展编制建设规划，打造特色产业。统筹利用好产业发展扶持基金，支持贫困户发展短期、中期产业，重点抓好“特色种植业、特色养殖业”。注重观光休闲旅游发展、生态环境保护、乡土文化传承，以及公共服务保障。注重新村建设与脱贫攻坚同规划、同部署。注重同步建设旅游停车场、旅游公厕、垃圾处理设施、排污设施等与旅游产业发展密切相关的基础设施。建立和利用好专业合作社，引进龙头企业，发展主导产业，对有就业意向的搬迁对象加强劳动技能培训，搭建就业服务平台，通过向企业推荐用工、政府购买服务和提供公益性岗位等方式解决就业，引导和带动搬迁户脱贫致富，真正做到了“致富有新路，脱贫奔小康无后顾之忧”。这是一项重要的民生工程，对于改善民生、促进社会和谐具有重要意义。藏区新居建设对当

地经济有可观的拉动作用，划拨的补助资金让低收入贫困户节约了经济成本，使“居者有其屋”，而不必为了修建、装修房屋节衣缩食、苦苦积蓄，从而可腾出钱来改善生活，释放更多的国民消费力，扩大内需。大规模加速推进藏区新居建设，不仅是一项民生工程，也意味着农牧民群众住房保障的提升。

（五）加强资金管理，保障补助资金落到实处

泸定县藏区新居建设资金以农户自筹为主，政府补助为辅，多渠道筹集改造资金。2018 年藏区新居建设补助资金统一按 3 万元/户标准补助到户，其中，中央补助标准为 1.4 万元/户，省级财政资金配套补助 1.6 万元/户。一是加强对资金使用情况的监督检查，发现问题，及时纠正，严肃处理。按照“渠道不乱、用途不变、突出重点、集中使用”的原则和中央农村危房改造资金政策要求，加强对藏区新居改造补助资金的使用管理，补助对象不得与易地搬迁扶贫等其他农房建设政策补助对象交叉，杜绝出现违规重复享受政策、一户多人申报政策的情况，一经发现将收回补助资金，并列入当年绩效考核扣分事项。问题严重的要公开曝光，并追究相关人员的责任，涉嫌犯罪的，移交司法机关处理。加强农户补助资金兑现情况检查，坚决查处冒领、克扣、拖欠补助资金和向享受补助农户索要“回扣”“手续费”等行为。二是拨付补助资金前应核实乡镇报账资料真实性和完整性，乡镇在提供资料时务必仔细、认真，严格按照实施内容填报并提供资料，在确定改造对象后，各乡镇需提供改造户真实性承诺函，贫困户、低保户、五保户等要提供资金收入凭证材料。改造前后对比照片与实施户改造内容一致。三是严格按工程进度实施资金拨付。藏区新居建设资金拨付方式，分为新建和维修加固（含“四改”）两类，其中新建按主体完工和入住两步进行拨款，主体完工拨付 2 万元，达到基本入住条件拨付剩余 1 万元；维修加固（含“四改”）的按完成总工程量的 100% 拨款 3 万元。资金拨付以农户申请，村委、乡镇、街道办审核，第三方监理机构校核后报住建局进行拨付。

三 泸定县“藏区新居”建设的重要经验

（一）着力做好“保护”这篇文章，留住青山绿水、记住乡愁

坚决贯彻习近平总书记重要讲话精神，毫不动摇地把生态环境和民族文化的保护放在民族地区幸福美丽新村建设的首位。以环境资源承载力为基础，尊重山水林田湖这个生命共同体，坚持宜聚则聚、宜散则散、宜建则建、宜改则改、宜保必保的原则，合理布局村落，防止过度集中。“慎砍树、禁挖山、不填湖、少拆房”，不搞大拆大建，保护好民族地区独特的自然生态环境和民族文化、地域文化、农牧文化。开展民族地区传统村落民居普查，摸清情况，分析问题，研究对策。对符合保护条件的古井、古树、塔楼、林盘等，按照一村一策、一户一策进行保护和修缮，打造文化价值突出、民族特色鲜明、地域特色浓郁的传统村庄院落。从打赢脱贫攻坚战这一最紧迫任务出发，坚持“建、改、保”结合，从实际需要出发，不搞华而不实的“面子”，真正更新农村的“里子”，真正把幸福、美丽带给广大贫困群众，赢得群众支持。坚持尊重传统、活态传承原则，保护村落的传统格局、街巷形态肌理、历史风貌及与其相互依存的自然景观系统。加强农村非物质文化遗产保护传承，鼓励支持非物质文化遗产代表性项目的代表性传承人因地制宜在村落开展传承、传播活动。

（二）着力做好“挖掘”这篇文章，彰显地域特色、民族特色

城市有城市的美丽，农村有农村的美丽，各美其美，美美与共。农村不能是“留守的农村、荒芜的农村、记忆中的故园”，但也不能是城市的浓缩版。藏区新居建设要充分考虑农村环境条件和民族地区生产生活方式的特殊性，体现当地民族风情和地域特色，做到“房前屋后、瓜果梨桃、鸟语花香”，展现美好田园风光。藏区不仅具有独特的民族历史文化，而且富有不可复制的生态环境。要在藏区新居、彝家新寨建设中，挖掘这些特色，打好

特色牌、绿色牌、文化牌，形成独特的资源、文化和产业优势。挖掘森林、湿地、河湖、草原等资源和生物多样性，打牢藏区新居底色。挖掘后发的环境优势、丰富的光热资源、复杂的气候资源、独特的品质资源，培育特色绿色农产品品牌，为藏区新居夯实产业基础。挖掘传统村落、传统民居、传统建筑、古树名木等历史文化遗迹遗存，组织编写村志、村史，传播与时代精神合拍的历史故事、英雄故事、生活故事、神话故事和传奇故事，为藏区新居植入灵魂。挖掘以民间节日为依托的风物传说和独特的节日故事，办好雪顿节等民族文化活动，激活藏区新居的民族文化资源，助推全域旅游发展。

（三）着力做好“转化”这篇文章，培育新产业、新业态

树立新理念，引导民族地区干部群众认识到绿水青山就是金山银山、民族的就是世界的，打开视野、开动脑筋，把特色转化为优势，把优势转化为效益。完善新思路，发挥藏区的生态文化优势，推动农旅融合、文旅融合、产村相融，发展乡村旅游、森林康养和文化体验产业。总结新经验，西昌市安哈镇长板桥村打民族牌，开发藏族传统服装、饰品等传统手工艺，开展品藏家美食等乡村旅游活动，发展藏族特色旅游。探索新模式，小规模、组团式、微田园、生态化的建设模式具有广泛的适应性，将指导民族地区结合实际，在藏区新居的新建、改造、扩建中，因地制宜推广。建立新机制，在藏区新居建设和乡村旅游发展中，处理好政府、原住民、社会力量的利益关系，实现共建共享。同时，促进城乡在规划布局、要素配置、产业发展、公共服务、生态保护等方面相互融合和协调发展，既坐拥田园生态风光，又享受城镇生活品质。

（四）着力做好“民本”这篇文章，让当地农牧民充分参与

广泛听取农牧民的建议意见，根据实际需求和个人筹资能力大小规划和建设新居，不能因新居建设出现新的贫困人口，通过邻里相帮、结对帮扶、投工投劳等措施，引导农牧民直接参与建设。全面深入开展“四好村”创

建活动，发挥农牧民主体作用。关键是做到“尊重、引导、激励、支持、组织、维护”十二个字。尊重，即充分尊重农牧民群众意愿，在规划编制和项目实施过程中，坚持让他们自主选择、自主参与、自主管理。引导，着重搞好教育、规划和试点示范，当前主要是用农民夜校这个平台，学会让农牧民讲好自己勤劳致富的故事。激励，即完善政策措施，激励农牧民群众自力更生建设自己的美好家园。支持，即省里的幸福美丽新村建设专项资金继续向民族地区倾斜，同时鼓励社会力量包括工商资本参与带动民族地区建设发展。组织，即配合相关部门加强民族地区农村基层组织建设，完善村民自治；指导农牧民群众走合作的路子，发展新型集体经济，培育生产、供销、信用“三位一体”综合农民合作社。维护，即在土地流转、新村建设、项目开发中，依法依政策切实维护农民的土地承包权、宅基地使用权、集体收益分配权等合法权益，形成利益共享、互利共赢的持续健康发展格局。

（五）着力做好“管理”这篇文章，全面落实各执行主体责任

各级发改部门要负责新居建设审核、审批，参与全过程监管，住建部门做好新居建设具体实施、技术指导、竣工验收、确权、档案管理，财政、审计部门做好资金管理和监督，共同推进规划任务落实到位。州（市）、县、乡各级政府要层层签订目标责任书，州（市）与县签订的责任书要向上级部门备案。强化质量管理，严禁盲目抢工期，确保工程质量，避免安全事故。州（市）、县相关部门进一步强化施工现场质量安全监督，宣传普及安全施工、抗震设防常识，确保工程建设质量。强化监督检查，省州相关部门组成联合工作组，定期或不定期督促检查实施情况。藏区各级党委、政府、纪检委、监察部门对严重影响项目建设进度和质量的，必须追究主要责任人及相关人员责任。

参考文献

《藏区新居建设要“记得住乡愁”》，《四川日报》2016 年 5 月 26 日。

《住房城乡建设部、国家发展和改革委员会、财政部发出通知要求做好 2010 年扩大农村危房改造试点工作》，《城市规划通讯》2010 年第 9 期。

《住房城乡建设部 财政部 国务院扶贫办关于加强建档立卡贫困户等重点对象危房改造工作的指导意见》，中华人民共和国住房和城乡建设部网站，2016 年 11 月 3 日。

B.23

推进“彝家新寨”建设的喜德实践

但玉玲　高 杰*

摘　要： 贫困乡村房屋建设是彝区脱贫攻坚战略的重要内容。凉山州喜德县在合理规划的基础上，明确贫困农户主体地位，配套做好生产生活基础设施和扶贫产业项目建设，从根本上改变了贫困村庄人居环境，为确保脱贫攻坚战的顺利开展、确保与全国同步全面建成小康社会提供了重要经验。

关键词： 彝家新寨　人居环境　喜德县

凉山州是贫困程度最深的区域之一，也是四川省决胜脱贫攻坚战的最后关口。受地理条件、社会发展与传统习俗等要素影响，凉山州彝族聚居区大部分贫困农户都面临着住房安全问题，如何有效解决这一问题是脱贫攻坚战略推进的重点与难点。喜德县是凉山州 11 个贫困县之一，也是贫困乡村住房问题较为严重的县域之一。为保障贫困群众的住房安全，喜德县结合各贫困村实际情况，大力推进“彝家新寨”项目，建设标准化住房，完善基础性设施，综合治理人居环境，统筹乡村教育、医疗卫生、基层社保、就业创业建设，推动农村社会事业均衡发展。经过长期建设，全县“彝家新寨”项目取得巨大进展：近 80% 的贫困农户居住安全条件得到有效保障，生活生产条件得到极大提升，乡村人居环境

* 但玉玲，四川省社会科学院农村发展研究所硕士研究生，主要研究方向为农村发展；高杰，博士，四川省社会科学院农村发展研究所副研究员，主要研究方向为农村经济。

发生根本性改善，生活质量大幅提高，为全省推进“彝家新寨”项目积累了重要经验。

一 “彝家新寨”建设概况

“彝家新寨”项目是由政府主导的，通过国家扶贫专项基金、各级对口和定点帮扶单位的资金帮扶，对凉山彝区的国家级深度贫困县的需易地搬迁、尚居于危房且自愿要求迁建的贫困户采取改善群众居住条件、完善基础设施、整合村落环境、发展社会事业等措施的重大民生建设项目。

2011 年 1 月 28 日，中央“四川省大小凉山扶贫开发工作协调小组”在京召开第一次全体会议，标志着国家层面正式启动《大小凉山综合扶贫开发规划》试点项目。2011 年 4 月 25 日，凉山州人民政府发布了《关于推进大凉山综合扶贫开发彝家新寨建设的实施意见》。根据省委、省政府部署，规划 2010～2015 年，投入资金约 85.3 亿元用于建设 1190 个彝家新寨，解决 10 个县的 9.89 万户 49.58 万人的居住问题。自 2010 年建设 47 个村开始，“彝家新寨”项目得以阶段性开展，2011 年快速扩展到 334 个村，2012 年持续推进 333 个村。后续三年，采取进一步精准规划：2013 年和 2014 年每年建设 175 个村，2015 年建设 126 个村。“十三五”期间，政府面向全州 2072 个贫困村继续大力开展新寨建设，投资约 96.8 亿元，预计推进 1378 个彝家新寨。其中，2016 年 288 个村、2017 年 278 个村、2018 年 278 个村、2019 年 278 个村、2020 年 256 个村。

二 喜德县“彝家新寨”建设内容及成效

喜德县地处四川盆地西南边缘，全县总人口 22.3 万人，农业人口占比高达 91.1%，且彝族人口占比 90.5%。2015 年，整个喜德县拥有建档立卡贫困户 8800 户 33861 人，贫困村 136 个。

（一）喜德县“彝家新寨”建设的主要内容

喜德县“彝家新寨”建设主要包括农村住房建设、基础设施建设、乡村人居环境综合治理、乡村社会事业发展四部分。

1. 农村住房建设

“彝家新寨”项目建设前，喜德县贫困群众主要居住在凉山州的高寒山区、二半山区，房屋以土墙房和空心砖房为主，部分房屋仅由石板搭建，抗震能力弱，配套条件差，甚至仍存在人畜混居现象。“十三五”期间，全县规划投资2.04亿元，用于新建2015年底识别的136个贫困村的136个彝家新寨，另投资4131万元用于459户农村廉租房建设。

2019年，喜德县“彝家新寨”建设涉及住房建设4309户以及自发搬迁户412户，补贴标准为每户4万元，同时根据县财力情况实施提档升级。截至2019年12月，全县基本完成本年度制定的建设目标。

从建设过程看，喜德县出台了《喜德县脱贫攻坚彝家新寨（危房改造）效果图、户型图、施工图图集》（以下简称《图集》）。在彝家新寨住房建设施工前，首先由乡、村两级组织建房户根据《图集》提供的房屋户型设计进行挑选，协调安排安全适宜的建筑场地，然后帮助无能力的建房户严格按照图纸设计组织施工。同时，屋面、内外搪糊、室内外地坪硬化、主体住房有构造柱及上下圈梁等主体住房及配套设施须达到建设标准，具备良好的抗震性能。房屋建成后，项目质量逐级接受验收考评。

从建设内容来看，彝家新寨住房包括有隔离房间的主体住房，由厨房、厕所、畜圈构成的附属功能房以及屋前坪坝三部分。彝家新寨安全住房统一修建为平房，修建面积具体标准为：1户1人型，主体房面积不低于30平方米；1户2人型，主体房面积不低于50平方米；1户3人及3人以上型，主体房面积不低于60平方米；附属设施用房均不低于15平方米。

2. 基础设施建设

2015年末，喜德县仍未通公路的村小组和乡民聚居点多达80%，20%的村民小组仅靠土路运输通行。“十三五”期间，喜德县围绕彝家新寨建设大力推进贫困乡村基础设施建设。在道路建设方面，分别投资 7656 万元、37872 万元修建了 69.6 公里的通乡公路、473.4 公里的通村公路，较好地解决了乡镇道路状况差的问题，缓解了贫困群众出行困难，降低了运输成本。在饮水安全建设方面，共计投资 4463.85 万元用于相关工程建设，安全保障了农村 5.20 万人用水安全，大力提高了自来水普及率。同时，通过建设小水窖，部分散居贫困户的用水需求也得到进一步满足。在农村用电方面，投资 9690 万元用于新增变压器 175 台、新建 10 千伏电力线路 138 千米、改造低压线路 460 千米，健全了电网骨架，形成高、中、低压相互支撑，交融互补的电网体系，逐步扩大电网覆盖范围，全面提升农村电网的服务水平。在清洁能源供给方面，大力推行沼气、太阳能、风电等清洁能源的使用，表现出绿色可持续的发展趋势。配套设施的完善也夯实了喜德贫困地区的发展根基。

3. 乡村人居环境综合治理

在人居环境方面，喜德县大力推行以厕所、垃圾、污水“三大革命”为重点的农村人居环境综合整治，深入推进乡村生产生活废弃物清洁处理，全面提升农村人居环境质量。“十三五”期间，喜德县全面清除露天粪池和旱厕，推行粪肥沼气化清洁利用，全面加强厕所粪污治理。规划配套新建垃圾房 727 个，新建垃圾箱 2827 个，在 22 个乡镇各新建一个垃圾中转站。同时，新建聚居点污水处理设施 80 处，农户污水处理设施 3400 户，切实满足贫困地区村内环卫设施建设的需要。另外，投资 12.5 亿元修建库容为 1.93 亿立方米的米市水库，兴利调节库容 1.16 亿立方米，汛期防洪库容 0.1993 亿立方米，装机容量 16 万千瓦。该水利工程不仅保障区域供水，且能充分发挥其预防洪涝、美化生态景观等多种功能。

喜德县将环境建设与彝家文化相结合，“彝家新寨”结合民风民俗，巧用红、黑、黄三种颜色绘制民族特色图纹来装饰房屋，充分尊重地方文脉，体现彝家特色的民族文化气息。同时，新寨的绿植营造突出各类乔木、灌木、草木高低搭配，常绿与彩叶互相映衬，绿化配置精致而自然。

4. 乡村社会事业发展

近年，喜德县着力补齐农村社会事业发展短板，推动乡村教育、医疗卫生、基层社保、就业创业等资源配置，以点状增长与带状延伸为主要布局形态，并随项目建设推进发展而不断向广大农户靠拢，村级公共活动中心区得以逐渐形成。“十三五”期间，投资2694.1万元修建了58个“1+N”村级活动中心，以“1+N”村级活动中心建设为基础，进一步完善基本公共服务体系，力争全县覆盖、全民共享。提高农村公共服务水平，倡导城乡公共服务均衡发展，村民的幸福感和安全感得到了大幅提升。

在乡村教育方面，全县贫困地区教学条件和教学质量得到显著提升，优惠性政策继续展现价值。“十三五”期间，分别投资9091万元、6232万元用于全县贫困地区16所乡镇幼儿园建设、40所乡镇小学改建扩建。大力推动面向农村贫困家庭学生教育资助政策。针对在园学龄前儿童，“一村一幼”和乡镇中心幼儿园建设得到进一步发展，“学前学普”工作得到深入推进。在免除学前教育保教费的同时逐步解决贫困村在园儿童的营养午餐问题。对处于义务教育阶段且属于贫困家庭的在校生实行“三免一补”政策，寄宿生还可获得额外的生活补助津贴。全方位的教育支持政策基本解决了贫困家庭的后顾之忧。在医疗卫生方面，对乡村贫困人口加大医疗救助扶持力度，资助贫困人口100%参加新农合。对重点疾病采取防治结合措施，保障村民健康水平稳步提升。在基层社保方面，加强农村养老体系建设，完善困难群体住房保障体系，统筹推进廉租住房、公共租赁住房等保障性住房建设。在就业创业方面，因地制宜开发村级公益性岗位。此外，组织举办“什邡—喜德对口扶贫就业援助专场招聘会”，支持贫困家庭成员就业创业。社会事业多维度、有针对性地开展，有效改善了彝族贫困群众的生活质量。

（二）“彝家新寨”建设成效

通过“彝家新寨”建设，喜德县贫困乡村的居住条件、基础设施、社会事业、村落环境等均取得了重要进步，贫困农户生活条件得到大幅提升，人居环境发生根本性改善。

表 1 喜德县“彝家新寨”建设前后变化

序号	建设前	建设后
1	分散布局,资源整合性较差	集中居住,资源集聚便利
2	年代久的土墙房、空心砖房,较危险	统一修建的房屋,更安全
3	村道路基狭窄、路面破烂	交通便捷,通达度高
4	靠自然水源,不安全,无规律	拥有安全固定的水源地
5	电力线路短,电压不稳,通信信号覆盖弱	贫困村电网全覆盖
6	能源利用开发弱	大力开发沼气、太阳能、风电等可持续清洁能源
7	环保意识较弱,人居环境较差	开展乡村人居环境综合整治,农村厕所、垃圾、污水“三大革命”
8	上学、就医等路途较远	打造“1+N”村级活动中心,方便快捷
9	教学条件较差、质量较低	教学条件更好、质量更高

三 喜德县“彝家新寨”建设的重要经验

多年建设过程中，喜德县在科学评估区域环境承载力和自然地理条件的前提下，深入精准掌握贫困户实际需求，充分尊重贫困户主体地位，广泛发动当地群众使之成为重要建设力量。同时围绕新寨建设推动乡村产业转型，坚持打造绿色彝家，倡导文明乡风，共建和谐新寨。喜德县在“彝家新寨”建设过程中积累了重要经验，为后续建设及国内其他地区扶贫安置项目提供了有益参考。

（一）科学布局，因地制宜抓推进

喜德县始终坚持合理规划、整体布局的原则。以合理开发利用自然环境资源、充分尊重社会经济发展规律为前提，根据不同海拔地区的特点和承载能力以及自然地理条件，选择最优宜居地区。同时，走访核实贫困人口数量、贫困村分布，深入调查贫困农户意愿，了解村内项目建设需求。从各村实际出发，研究制定科学的建设方案，住房功能得到多方面完善，户型设计更加合理。整体项目规划与产业布局、社会服务、生态环境等有机结合，通过集聚的途径整合资源、强力推进。按照有利于“道路交通、设施配套、生产生活”三方面的要求，合理规划村寨建设的布局与规模。遵循设计、施工、验收的程序，避免重复建设带来多余的浪费。最后交由各业务部门负责具体实施，责任到人，分工明确，通力配合，协力推进彝家新寨工程有序开展。

（二）发动群众，主动作为搞建设

喜德县把“彝家新寨”建设项目立为全力以赴、优先发展的民生工程，广泛征求和听取村民意见，保证村民的主体地位不动摇。在村委会和村级党组织的引领下，村民们发扬“出自己的力，流自己的汗，修自己的屋”的精神，发挥艰苦奋斗、共建家园的积极性，迎难而上，形成了党和政府引领扶持，人民群众认真实干的彝家新寨建设新局面。

值得一提的是，在整个“彝家新寨”项目的建设过程中，喜德县政府充分发挥民主精神，在建设阶段的每个重要环节，如房屋选址、宅地流转、产业规划、旅游开发等方面让建房户亲身参与其中，尤其是在房屋结构设计、建筑样式、整体风貌等事项上，充分听取建房户的意见。在工程建设开展中坚持资金投入、指标分配、项目落实等重大事项的公示和公告。这些工作方式有效提升了项目建设方案的可行性，确保项目规划与村民生产生活实际需要的高度一致，并保持和宣扬了民主决策、政务公开的政府形象。最终通过项目检查验收、评估、农户满意度调查等形式，真正做到让农户满意。

（三）夯实基建，着眼未来安民心

喜德县突出基础设施先行，配套解决水、路、电、网等约束性难题，不断完善贫困地区基础条件。提升道路路网通达和通畅能力是脱贫致富的基础，不仅有效解决了乡镇道路现状差的问题，而且还有利于产业布局的合理形成及产业发展的规模化推进。对于自然资源的利用，坚持合理开发与有效治理相结合的原则，以抗旱减灾为重点，倡导水资源综合高效利用，加快水利工程建设进度。采取“蓄、引、提”相结合的措施，全面推进农田水利基础设施建设。做好贫困乡村“最后一公里”输水管道铺设，开展管道输水、滴灌、喷灌等多渠道节水方式，着力改善水资源紧张的贫困村庄的生产生活用水情况。统筹推进电信网、广电网、互联网三网衔接，助力有线、无线和卫星三种覆盖方式共享信息资源传输，推进全县电视、广播、宽带信号全覆盖。

（四）产业助力，扶贫致富惠民生

产业支撑是致富的基本前提。喜德县从农民的生产生活需要出发，因地制宜发展贫困群众参与度高的区域特色产业，鼓励特色产业规模发展。该县规划在“十三五”期间，投资 9.4 亿元用于扶持生产和就业。按照“一乡一业、一村一品、一家一园”思路，探索有前景有竞争力的产业项目。在产业精细化分工生产过程中提高工作效率，提升产业附加值，把自然资源优势转换成产业优势。这些举措不仅拓展致富增收渠道，而且帮扶解决当地部分劳动力就业问题，助力实现贫困户稳定脱贫。

（五）绿色发展，文明乡风暖彝家

喜德县着力打造既有民族特色又适应彝族人民生产生活需要的彝家新寨。结合彝族风俗习惯，了解彝族历史文化，尊重彝族精神信仰，营造展现彝族特色的景观环境，倡导民族文化适应性发展。以乡风文明为重要核心，深入实施科教文卫进彝家行动，培养崇尚科学文明的精神，建设精神文明的彝家新寨。以村容整洁为重要特征，着力解决村庄规划和环境污染等突出问题，建设生态文明的彝家新寨。做到“旧村改造与新寨建设”“尊重旧习与学习新风”两个结合，切实打造健康、文明、科学、和谐新彝寨。

四 “彝家新寨”推进中仍存在的问题

“彝家新寨”建设项目在全面展开中成效显著。但截至 2019 年末，在全县22.3万人口中，仍有约5万人存在住房安全问题或改造的现实需要，其中需修建但无能力建房的占比为70%（约3.5万人），农房不是安全住房但不愿修建或搬离的占比为20%，农户不知住房安全问题而难以判定的占比为10%。具体而言主要存在以下几点问题。

（一）“建新不拆旧”导致“一户多宅”问题，造成土地资源的严重浪费

根据“彝家新寨”政策要求，享受政策优惠的贫困家庭在新房屋建设完成后，必须将旧宅拆除，并腾退原有宅基地。但在执行过程中，部分村民不愿拆除旧宅，从而出现“一户多宅”问题。调研中发现，一些贫困户以新居面积不足为由将老人留在旧宅，也有少数贫困户将旧宅作为生产用房，饲养畜禽等。“建新不拆旧”问题的存在不仅使“彝家新寨”项目建设偏离了政策目标，而且造成了宅基地和耕地资源的严重浪费。

（二）集中居住后部分彝族贫困群众存在不适应问题

“彝家新寨”采用集中居住、统一建设的方式，一改以往分散居住甚至流动定居的生活习惯，这样的改变需要传统的彝族群众花时间来适应。集中居住带来了许多便利，但对生产生活配套提出了更高的要求。新寨附近用于种植的菜地、用于养殖的圈舍用地存量有限，山间农作增加了劳作成本，降低了生产便利性，对水资源需求更显紧迫，用水高峰时期存在供水不畅情况，迫切需要农业基础设施建设的进一步完善。

（三）项目建设引发的农户间利益冲突问题

根据政策要求，彝家新寨建设的目的是解决贫困农户的住房安全问题。但是在凉山彝区，由于村庄内地理条件的一致性和贫困的整体性，希望享受搬迁政策的农户较多，虽然政策允许非贫困户作为随迁户可以享受一定补贴，但是与贫困户自筹不超过1万元的政策相比，随迁户仅能享受户均3万~5万元的建房补贴。贫困户与非贫困户所享受的政策补贴标准差异过

大，造成非贫困户争当“贫困户”、“贫困户”不愿摘帽等现象，也导致村庄社会的撕裂与群体间的利益冲突。

（四）不同乡村新寨外观缺少差异性

从多个“彝家新寨”建设效果图发现，新寨整齐分布，装饰富有彝族特色。但村与村之间、寨与寨之间外观大同小异，整体建筑风格追求同一性，在同类项目中缺乏足够的辨识度。受多方面因素影响，许多新建房屋并未保留彝族“火塘”等传统元素，民族文化的独特性和传承性应得到进一步关注。

五　进一步完善“彝家新寨”建设的对策建议

“彝家新寨”项目是解决彝区贫困群众住房问题、全面提升贫困乡村人居环境的重要举措。通过总结喜德县在“彝家新寨”项目推进中的经验以及仍面临的问题发现，在脱贫攻坚决胜期，进一步完善“彝家新寨”项目建设需要在充分尊重彝区贫困特征的基础上，从资金投入、项目管理等多方面进行政策调整与优化。

（一）构建多元资金投入机制

目前，彝家新寨建设资金主要由财政资金和群众自筹两部分构成，社会资金参与较少。为拓展资金来源，发挥社会力量在脱贫攻坚中的作用，建议积极发挥社会资本作用，构建多元资金投入机制。

（二）适度统筹扶贫政策

继续完善土地增减挂钩政策，鼓励符合条件的村庄以多种方式盘活贫困地区土地资源，解决搬迁资金和乡村建设资金不足问题。结合农村集体建设用地制度改革协同推进“彝家新寨”项目建设，采用建设综合利用房的方式，农户搬离后，吸引企业或当地种养殖大户对这些房屋进行再利用。

（三）稳定农村产业支撑

根据贫困乡村特色产业发展，大力培育各领域的新型经营主体，充分开发其在生产技术、资金管理、质量监管、品牌维护、市场营销等方面的优势作用，带动当地贫困户科学化地投入生产，逐渐增收致富。切实提高专业合作社扶持力度，不断培育示范型家庭农场和乡村种养大户，加快新型职业农民培训步伐，发展壮大农业社会化服务组织，构建喜德县新型农业经营体系。

（四）凸显民族文化价值

深入挖掘彝族地区建筑的演进历史，采用当地特有的文化元素，实现修建质量验收标准化和地域打造亮点差异化的统一，在后续开展“彝家乐”等旅游产业时才能发挥长效优势。深入开发民族文化在乡村产业发展和乡村治理中的助力作用，在以彝家新寨建设为亮点的凉山州脱贫攻坚战中进一步凸显其社会价值。

B.24

藏区“美丽经济”发展的探索和经验

——以四川省阿坝藏族羌族自治州理县古尔沟镇丘地村为例

陈 巨 甘庭宇*

摘 要： 作为一个多民族聚居且自然地理、经济社会条件差异巨大的省份，四川在深入贯彻落实党中央美丽乡村建设的重大战略决策过程中，强调要根据不同地方的自然地理条件和民族特点建设美丽新村、发展“美丽经济”。本文通过介绍阿坝州藏族村寨——丘地村在“美丽经济”建设过程中的相关探索和取得的成效，分析丘地村在经济转型过程中的经验，能为其他相似地区经济发展提供借鉴。

关键词： 藏区村寨 “美丽经济” 集体经济

“建设美丽乡村，发展绿色产业”是乡村生态文明建设的核心内容，2013年中央一号文件提出了要努力建设美丽乡村，2015年6月1日《美丽乡村建设指南》正式实施，该指南对“美丽乡村”给予了更加明确的定义。四川省委、省政府为贯彻落实党中央美丽乡村建设的重大战略决策，2015年2月颁布《关于全面深化农村改革努力开创“三农”发展新局面的意见》，提出实施幸福美丽新村“五大行动”——扶贫解困、产业提升、旧村改造、环境整治、文化传承。2017年5月颁布《四川省幸福美丽新村建设

* 陈巨，四川省社会科学院农村发展研究所硕士研究生，主要研究方向为农村发展；甘庭宇，四川省社会科学院农村发展研究所研究员，主要研究方向为乡村治理和农村发展。

总体规划（2017～2020年）》，对四川省幸福美丽新村建设做出重要部署，提出四川省将综合考虑不同区域自然条件、主体功能区定位、资源禀赋及社会经济条件差异，建设各具特色的幸福美丽新村。中共阿坝州委办公室、阿坝州人民政府办公室从地方特色出发，依托四川省的统筹安排，2015年6月25日印发《贯彻落实省委〈关于全面深化农村改革努力开创“三农”发展新局面的意见〉责任分工方案》，提出要落实美丽新村建设“五大行动”。2017年3月，阿坝州政府在“阿坝州明确绿色发展方向·紧抓生态文明建设”民生工程建设规划中提出要落实生态工程建设，抓好幸福美丽新村建设，构建新型绿色城镇体系。位于阿坝州东南缘的理县积极响应幸福美丽新村建设，发展生态农业、循环工业和全域旅游，2007年启动了理县绿色经济集中区的建设，并在2018年5月编制《理县绿色产业园区规划环境影响跟踪评价报告书》，为进一步巩固全域“美丽经济”发展，2019年在全县开展了村庄清洁专项活动，通过各乡镇村层层成立乡村清洁活动领导小组，制定清洁方案，并且通过广播、网络、微信等平台和“党建＋妇建＋团建”等形式进行宣传，让广大村民认清村庄清洁的重要意义，做到全民参与。同时为了建立长效治理机制，理县推进以人口为基数的环境整治机制建设，每年投入资金360万元，设立保洁岗位、修缮垃圾处理池、回收农药废弃物、清洁村内沟渠并建立农村污水处理池，村容村貌得到了极大改善。全域村庄环境整治为全域乡村振兴打下了坚实基础。

其中理县古尔沟镇丘地村在乡村建设中的实践探索具有一定的典型性、代表性，对于时下各地不断推进的美丽乡村和“美丽经济”建设具有一定的借鉴意义。

一　丘地村基本概况

四川省阿坝藏族羌族自治州理县古尔沟镇丘地村位于理县西北部、阿坝藏族羌族自治州东南缘，距县城35公里，离成都225公里。作为一个川西北藏族村寨和水电移民村，其主要特点可以归纳如下。

一是生物种类丰富、自然条件优越。丘地村海拔2407米，龙门山断裂带中段地质结构和山地型立体气候孕育出了独特的米亚罗红叶景观和种类繁多的生物资源，区域内既有列入《世界自然保护联盟濒危物种红色名录》的国家一级保护动物川金丝猴、原麝，国家二级保护动物黄喉貂、猕猴、黑熊、血雉等珍稀动物，也有虫草、贝母、羌活、大黄、党参、天麻等名贵中药材，还有松茸、羊肚菌、鸡纵菌等多种独特的林副产品。物华天宝，是一座大自然的宝库。

二是民族特色鲜明。全村59户269人，由藏、羌、彝、汉四类民族组成，其中嘉绒藏族约占85%。“嘉绒”因嘉莫墨尔多神山而得名，意思是墨尔多神山周边地区——四川金川、马尔康、理县、汶川，以及甘孜州、雅安、凉山州等地。嘉绒藏族的方言为“嘉绒话”，也被称作“四土话”，嘉绒藏族信仰藏传佛教且通用藏文。因传统嘉绒藏族人以农业生产为主，故而这片地区的藏族也被称作“绒巴”——农区人。公元638年，吐蕃大将白赞纳尔布曾在流经理县境内的杂谷脑河流域建立过“多尔日王国”，一部分藏兵留居占领区，便成了今天理县嘉绒藏族的先民。[①] 嘉绒藏族人民“善于击剑，好歌舞”“鼓簧，吹长笛”，拥有藏族服饰、藏式民居、腰带编织、“孔雀饮水”锅庄舞等悠久的民俗文化，其中尤其以当地有别于其他藏区的民间音乐独树一帜，为人称道。[②] 丘地村民居统一采用石头建造，冬暖夏凉；村民之间和睦友善，相处融洽，绘制出一幅人与自然和谐栖居的美好画卷。

三是拥有较好的集体经济基础和传统。丘地村集体经济的发展并非无的放矢，早在移民搬迁前，集体经济理念已悄然萌芽，拥有一个800余头牦牛的村联办牧场、一个装机量160千瓦的小型水电站，全村的固定资产达152.8万元，存款60多万元。村民的收入来源除了靠种植蔬菜、采挖野生药材外，村企业分红也占了相当的比例，村民的日子比较富足。2005年因

① 仁增旺姆：《理县嘉绒藏族民歌音乐本体分析》，《绵阳师范学院学报》2014年第12期。

② 王康华、仁增旺姆、任力志：《理县嘉绒藏族民歌的旋律分析及其美学诠释》，《音乐创作》2015年第5期。

电站建设需要举村搬迁，村民们原有的生活方式被打破，也失去了赖以生存的土地，但出乎意料的是，该村集体经济不仅没有被削弱，反而得到了更大的发展。到目前为止，该村已经是一个以旅游业为引领，畜牧业、水电业齐头并进，一二三产业并驾齐驱的现代化美丽村落。集体经济成为村民重要的收入来源和乡村发展的重要基础。

丘地村在整体搬迁以后，面对人多地少的局面，如何确保村民“移得出、稳得住、富得起”，让丘地村开创出一片新天地？面对发展难题，丘地村立足当地生态人文资源，充分利用发展集体经济的经验和基础，大力发展“美丽经济”，完成了华丽的蜕变。

二　丘地村“美丽经济”建设的相关探索

丘地村以“民族团结进步创建＋”为引领，以“牦牛养殖规模化、水电开发股份化、旅游服务产业化”为思路，在努力保护生态环境的前提下，充分利用和挖掘本村的自然人文资源禀赋，努力把丘地村建设成为生产、生活、生态“三生融合”的特色村寨。实现了理县深沟藏寨的华丽转型，积累起跨越发展的“丘地经验”。曾多次被授予“全国文明村”、四川省“省级民族团结进步先进集体”、“省级四好村”、“省级绿化示范村”、“阿坝州先进基层村组织”、“理县村民自治示范村”等三十多个荣誉称号。丘地村“美丽经济”建设的相关探索如下。

（一）找准发展症结，明确发展思路

因电站建设需要，丘地村实施牧民定居行动计划，首先是要综合各方利弊选择搬迁地；其次面对全新的环境，要摸清发展资源，因材定向；最后要考虑广大群众的切实利益以及明确未来发展路径，绘制规划蓝图。

一是选择搬迁地点。当时可供挑选的地点共有两处，一处是离老丘地较近的大沟，另一处是环境比较陌生的县城附近。基于发展和稳定的考虑，村民们熟悉大沟环境且方便草场管理，可以缩短村民适应新环境的时间，故选

择搬往大沟。立足地理优势，为丘地村今后的经济建设创造了天然条件。

二是规划新村建设蓝图。面对搬迁后人均耕地不足半亩的实际，村“两委”考虑到旅游接待方面的未来需求，对村寨的整体规划和房屋内部结构等进行超前设计，在完善水、电、路等基础设施的同时，进行高标准建设。内部建成标间、客厅、厨房、储藏室、院坝、卫生间等一应俱全的多功能旅游接待房，提高旅游接待能力；外部结合精品村寨的建设，配套完善景观和相应的停车场、公厕等旅游设施，改善人居环境。

三是摸底调查，找出后续发展难题。为了收集群众的意见，明确下一步发展方向，丘地村通过召开座谈会、入户走访等方式了解农村基础设施、人才文化、生产生活、集体经济发展等方面的情况，认真收集群众意见，经整理归纳后得出以下问题和发展需求。首先，在基础设施方面，停车场供不应求，牧道建设不足，寨内存在消防安全隐患。其次，在居民需求方面，因狮子坪电站修建复垦耕地面积少，要求建设九架棚电厂；虽然丘地村宽带网络已全面开通，但是村民们缺乏相关操作技能，要求组织计算机技能培训。最后，在旅游业发展方面，丘地村在旅游接待上没有形成统一的规范，存在自主定价、容纳力度不足等问题，且彰显丘地村本土文化的原生态歌舞等技艺表现形式较弱，吸引游客能力不足。

四是进行统筹布局，指明下一步经济发展方向。针对丘地村当前存在的问题，对丘地村未来发展做了全面的规划。在突出地方特色、提升公共服务、优化产业结构以及发展农村第三产业等方面制订具体实施方案，继续保障以牦牛养殖和水电开发为特色产业发展的同时，重点对全村的旅游发展进行进一步规划和布局，对旅游接待中心、旅游接待表演厅和停车场等各类基础设施进行了优化与完善，并将旅游服务、民俗表演、网络技能等相关知识技能培训提上日程。

（二）以集体经济为主的“美丽经济”发展模式

丘地村搬迁后虽然耕地面积大大减少，但非耕地资源仍然十分丰富，全村共有集体林地 2252.84 亩、草场 39070 亩，以及退耕还林地 134.21 亩，同时搬迁所在地周边还有古尔沟温泉、桃坪羌寨、甘堡藏寨、毕棚沟、米亚罗红叶等丰富的旅游资源。丘地村紧抓搬迁和灾后重建的机遇，在保持传统优势产业继续发展的基础上，将旅游业列为重点发展产业，提出了“牦牛养殖规模化、水电开发股份化、旅游服务产业化”的发展思路，制定了以集体经济发展为主的路径选择。

1. 投资建设村集体和村民共同占有股份的水电站

移民后，面对人均耕地不足半亩的实际，丘地村“两委”提出了九架棚电厂的后续发展思路。2006～2007年，村“两委”动员全村群众开展工作，在得到群众赞同后，2009年，村“两委”利用集体牧场历年积累的收益和因修建水电站征占村集体林地、荒山等获赔的资金600余万元，采取由村集体和村民个人融资入股的方式，与四川万维能源开发有限公司、四川兴蜀电力开发有限责任公司合作融资，三方共同投资1.18亿元，修建装机容量1.6万～2.0万千瓦的九架棚二级电站，其中，丘地村入股1025万元，包括集体资金入股的606.5万元和农户入股的418.5万元。2011年8月底已经完成电站建设的整体验收工作和后期的协调工作并开始发电。以“集体＋村民”的形式投资水电开发年收益在120万元以上，村民摇身一变成了股东，通过以投资入股所持股份份额分红，人均年分红利5000元。

2. 保持集体牧场稳定和可持续发展

丘地村草场资源丰富，载畜量好，集体牧场的发展具有一定历史基础，早在1991年，为发展畜牧产业、壮大村集体经济，召开村民大会经村民同意后，对全村各农户的牦牛共计700余头按超出当时市场价进行收购，以集体形式集中放养，让群众获得分红的同时，腾出更多的精力拓宽增收渠道。从此，丘地村便拥有了一个属于自己的集体牧场，这为以后集体经济的发展开启新篇章。为保障牲畜饲料能及时运往牧场，提供喂养保障，2011年，通过多方努力，结合党和政府实施藏区建设的有利时机，在相关部门的支持下，建设了一条长9千米、宽4米的投资近40万元的村级牧道（包含牧道的两座大桥和十余处涵洞），完成牧场暖棚建设4个。在完备基础设施建设之上，不断加强对集体牧场的经营管理，合理确定草场载畜量和加快畜种改良，实现牦牛集中养殖和统一经营，不仅提高了管理效率，同时也维持了牧草的可持续供应。经过几年滚雪球式的发展，牧场规模和收益持续增长，到2018年底存栏1800余头，每年出售商品牛80余头，获得纯收入50多万元，采取按户籍人口平均分配的方式进行红利分配，每个村民可获得分红1500元。

3. 以“支部+合作社”的模式发展特色旅游

搬迁后，丘地村立足当地资源优势，致力于发展特色旅游。2010年，理县围绕建设一百个特色魅力乡镇、一百个精品旅游村寨和一百个幸福美丽家园村寨的“三百”示范工程的重要部署，提出将古尔沟镇丘地村建设成理县精品旅游村寨之一。丘地村利用这一契机，按照“既保护自然生态环境，又在利用中发挥自然生态环境的生态效用和经济效用”的原则，采取“支部+合作社”的模式，建立以村党支部为龙头、党员为骨干、具备相应条件的农户为基础的“丘地村藏家乐乡村旅游合作社”，指导和引领村民积极发展乡村旅游，加强旅游接待培训和标准化建设。合作社立足周边的古尔沟温泉、桃坪羌寨、甘堡藏寨、毕棚沟、米亚罗红叶等景点，让丘地村成为古尔沟温泉旅游的后花园和登山基地的宿营地，各农户室内按照旅游接待的标准进行了高规格的装饰装修，藏居经堂等各类功能室一应俱全，且户均达到3～4个标准间和3个普间，全村家庭日接待能力超过900人，逐步形成了以品藏餐、住藏房、购特产、观民俗歌舞为主要内容的旅游产品，旅游吸引力稳步增强。目前，全村年接待能力超过20000人次，实现旅游年收入超过80万元。

4. 坚持集体山林的股份经营和村民受益

丘地村集体山林按照“分股不分山，分利不分林”的原则，实行股份经营，科学合理地利用山林资源，促进可持续发展。所有村民均为集体山林股东，承担和享有一定的义务和权利，并由股东大会民主选举董事会、推举董事长，同时董事会受村“两委”领导。村委会将集体山林委托董事会民主管理，聘请管护人员进行管护，并制定《理县古尔沟镇丘地村集体山林管理村规民约》，严禁滥砍滥伐，严禁狩猎。全村集体林30%的生态效益补偿总资金提留、烧柴和自用材的资源补偿费、林地征收补偿费、开展林业生产经营以及集体商品林流转等合法收入，由董事会专户专存，用于本村管护人员工资补助、集体公益事业以及本村更新造林、森林防火、病虫害防治、表彰奖励等。全村集体林生态效益补偿总资金余下的70%，通过相关部门检查验收合格后，造册由董事会和监事会核实签字，公示无异议后报财政局，通过一卡（折）通直接打入股东账户。

（三）强化集体经济发展的村级治理基础

一是不断完善基础设施。搬迁后，为改善生产生活环境，丘地村不断完善水、电、路等基础设施和路灯、管网、垃圾池、健身场、文体广场等附属设施的建设，并抓住阿坝州实施“三百”示范工程和牧民定居行动计划的发展机遇，先后投入资金600余万元，按照“统一规划、格调一致、突出民风”的原则，结合本地民族特色和建筑风格，完成全村55户19104平方米的外观风貌改造。

二是积极开展活动，提升居民素质。针对村民们普遍不懂电脑操作技能等问题，在县人社局、县就业局牵头组织下，聘请专业老师，对丘地村16～45岁的村民进行了为期一周的电脑基础技能培训，通过培训，共56人取得了电脑初级资格证；并在丘地村“一村一大”的指导管理下，以各户的门牌号与户主相对应为序建立了名为“魅力丘地”的QQ群，镇驻村领导和驻村干部以及“一村一大”也加入群中。利用方便快捷的信息交流平台，丘地村先后开展省第十次党代会精神宣讲会、法制宣传活动、“七一”庆祝活动、图书展等活动，同时利用游客较多的传统节日举办互动性较强的篝火联欢晚会等，加强当地的民风民俗和本土文化的交流传播。这一系列活动极大地丰富了群众的科学文化知识，普遍提高了村民的法制意识、维权意识。

三是强化组织制度建设。为了提高管理质量，丘地村“大三职”（即村支书、村主任、村文书）全是党员，村党支部和村委会干部交叉任职率为100%，村“两委”干部团结协作，大小事宜均集体协商，共同办理。并聘请村里老干部、老党员和村民代表各一名，成立监督纪检工作小组，对村

“两委”干部进行严格督促。同时完善村民代表会议、民主议事和村务党务公开制度，全面接受村民监督。

四是推动群众参与。牧民定居行动计划主要受益者是群众，丘地村在选址和建设过程中不仅尊重群众的意愿，同时也十分注重发挥群众的主体作用，村“两委”建设信息公开展板，借助展板向村民宣传村规民约、民族团结创建、项目推进以及政务公开等相关信息，同时对涉及村级权力的事项进行梳理、归纳、审核，制订“微权力”清单。确保村民参与，保障村民受益。

三　主要成效

（一）村民生活水平不断提高

在搬迁前，丘地村是一个名不见经传的小山村，交通闭塞，人畜混居，经济发展滞后。虽坐拥丰富的旅游资源，却欠缺与旅游业发展的相适应的配套设施，虽然建有集体牧场和水电站，但规模较小且管理方式落后。搬迁后，以村集体为龙头发展牦牛养殖、水电开发、旅游服务等多项产业，经过全村群众十余年不懈奋斗，集体经济发展取得显著成效，牦牛存栏量从800余头增加到1800余头、从装机量160千瓦的小型水电站发展成现在装机量1.6万~2.0万千瓦的二级电站，集体资产从搬迁前的200余万元增加到2000余万元，约占全县81个村总和的60%，全村经济年总收入超过420万元，人均年收入超过1.5万元。不但村民收入稳步增加，而且为了改善人居环境和提高村民福利，村集体为每家农户统一提供价值1.5万元的建材和每人5000元的扩大再生产资金，建成具有民族风情的石砌民房，且每年为全村居民缴纳新型农村医疗保险，实现集体经济成果的共享。

（二）民族文化得到传承和弘扬

丘地村作为传统的嘉绒藏寨，具有浓郁的民族特色文化，依托集体经济的蓬勃发展，村民们的衣食住行得到改善，村里的文化建设也不断发展。近年来，在古尔沟镇人民政府的引导下，建立了民族文化传习所，并通过专业培训成立了多支各具代表性的传统文化艺术表演团队，挖掘、编排了突显本地特色的山歌、锅庄舞等表演节目，既供群众自娱自乐，也多次代表米亚罗地区参加州、县举办的各种表演比赛，为丘地村的民风民俗打广告、做宣传，不但促进了民俗文化的传播，而且增强了当地文化产业吸引力，手工编织的藏族腰带等产品对外销售可以取得不错的经济效益。独特的文化服务和文化产品吸引来自世界各地的游客，在促进村民收入增加的同时，民风民俗得到传承，也获得资金和动力进一步挖掘当地传统文化。经济建设与民族文化传承起到了相辅相成的效果。

（三）乡村治理水平不断提升

丘地村采用“支部+合作社”“集体+村民”等方式发展集体经济，以经济为纽带强化村民之间的相互交往，提升了村民的集体意识和社区认同感，加强了村民与“两委”之间的沟通，推进了乡村治理政策的实施。以此为契机，丘地村积极开展“美丽村寨”“洁美家庭”“双文明户”等活动，评选“最美家庭”等先进示范单位以及“好媳妇”“好婆婆”等先进个人。近20年来没有发生过任何邻里纠纷，就连家庭纠纷也极少，更不要说任何形式的违法乱纪行为，先后获得“全国文明村镇”“民族团结进步模范村”等荣誉称号。如今的丘地村搭建起了一条民族团结进步致富路，各民族团结一家亲，构建起经济发展与乡村治理齐头并进的治理新体制。

（四）生态保护与经济发展相互促进

在发展过程中，丘地村深刻认识到生态文明建设对当地经济发展的重要作用，为协调好资源环境保护和经济发展的关系，丘地村聘请专人管理集体牧场，根据载畜量科学放牧，不但保证了牧草的稳定供应，又可以获得集体牧场带来的规模效益，也防止了牧民之间不当竞争给草场带来的破坏。同时，为了维护森林生态系统的平衡，防止滥砍滥伐，由村委会牵头制定

《丘地村集体山林管理办法》《丘地村生态公益林管护实施方案》，对集体林进行科学管理。在广泛宣传动员下，村民们积极参加绿化活动，不但完成了5000平方米的绿化工程，而且房前屋后、庭院、道路、水系等做到充分绿化，绿化覆盖率超过50%，形成了以嘉绒一条街为主导的特色生态绿化景观，村寨吸引力稳步提升。生态保护与经济发展方骖并路、相得益彰。

四 “美丽经济”建设启示

（一）集体经济在山村可持续发展中具有重要意义

发展集体经济，是山村迈向现代化的发动机。一是在市场方面。山区农户离市场较远，远离消费人群，单个农户交易耗费的运输成本和时间成本较高，而且信息传递不畅，不能及时根据供求关系调节农业生产，在市场竞争中处于不利地位。集体经济运用现代化方式科学生产、民主管理，通过现代信息平台了解市场动向，利用农产品期货、保险等规避风险，在提高农产品质量的同时提升了议价能力。二是在资源环境方面。土地细碎化、村民生产技术落后等问题阻碍着资源的高效利用，而且农户之间对公共草场、林场等资源的不当竞争会破坏生态系统稳态，导致负的外部性，集体经济可以将山村细碎化的各类资源整合起来，然后进行优化配置，村民们享受到集体经济带来的收益后，会增加生态保护的积极性，自觉遵守自然规律，促进可持续发展。三是在产业发展方面。单个农户由于资本、土地、人力等限制，只能进行经济附加值较低的农业生产，集体经济可以聚集各项资源发展资本密集型产业，打破单个农户的发展约束，提高劳动效率，让村民们腾出手脚从事上下游的加工生产，在适度规模经营的同时获得范围效益。

（二）必须重视村民参与和村民受益

乡村发展建设中，充分考虑村民的意见，维护广大村民的切身利益，是维护和谐友好关系、共谋发展的必备良策。首先，乡村发展的目的是要最大限度地满足村民自身发展的需求，因此，村民的意愿要在这一过程中得到表达，村民参与乡村发展和建设的决策过程是法律赋予村民的基本权利。其次，作为乡村发展和建设的主体，村民更为了解自己村落的现实状况、发展的优势和问题所在。村民参与其中，有助于制定切实可行、因地制宜的村庄发展规划，最大限度满足需求，减少发展过程中的利益冲突。最后，通过村民受益机制的落实，不仅能够强化村民的主人翁意识和拥有感，还进一步提升了村民参与村庄事务的积极性，实现了乡村经济发展和村庄治理的良性互动。

（三）乡村文化的传承和建设对经济发展具有基础作用

乡村文化对经济发展的基础作用可以分为两个方面。

首先是直接贡献方面，主要体现的是文化的商品价值，挖掘出的文化劳动产品或者文化服务的价值。当下同质化的乡村建设往往忽略了乡村文化传承，并且不注重对文化产品的挖掘，在各地乡村建设的大环境下失去竞争的精神内核，缺乏吸引力。我国历史悠久，在源远流长的历史长河中拥有高度异质性的传统文化，所以每个地方都有可供研究的丰厚资源。同时对乡村文化的挖掘也是对当地自然资源禀赋和人文特点的深入了解，知己知彼方能制定适应当地经济发展的措施，创造出具有核心竞争力的文化产品，实现乡村建设的差异化分层，在天时地利人和的环境下节约发展成本，取得事半功倍的经济效益。所以，乡村文化是乡村先天的发展资源，是不同地区经济发展的筹码，是每个地区特有的、难以复制的发展特色。

其次在文化对经济的间接贡献方面，主要体现的是文化的社会价值。乡村文化表现的是不同地区生命样式的生存环境背景和精神思维的内在结构，反映的是人与人之间的亲密情感，祖祖辈辈对生存环境的深沉认识和本能依恋。传统文化的传承建设可以更进一步加深村民们的自豪感和文化认同感，满足村民们的精神需求，促进社会和谐稳定，增强经济建设的底气与勇气，更好地服务于经济建设，两者相辅相成、共同进步。

参考文献

仁增旺姆：《理县嘉绒藏族民歌音乐本体分析》，《绵阳师范学院学报》2014 年第 12 期。

王康华、仁增旺姆、任力志：《理县嘉绒藏族民歌的旋律分析及其美学诠释》，《音乐创作》2015 年第 5 期。

B.25 畜禽粪污资源化利用的武胜经验*

陈明红　文砚章**

摘　要： 养殖业发展带来的污染是当前乡村环境治理的一个难点。本文以武胜为案例，分析了一个典型农业县以畜禽粪污资源化利用整县推进项目试点为契机，开展畜禽粪污治理的做法和成效，并总结了其经验。

关键词： 乡村环境　畜禽粪污　资源化利用

武胜县是全国生猪生产百强县、全国生猪调出大县、蚕茧生产基地县，在畜牧产业发展方面取得了较好的成绩，但是长期以来养殖业发展带来的畜禽粪污污染也是影响乡村环境的一个重要问题。武胜县在“三农”工作中以实施乡村振兴战略为总抓手，按照中央实施乡村振兴战略总要求，坚持“全域、全面、全业、全民、全程”推进县域乡村振兴，以畜禽粪污资源化利用建设项目为契机，在畜禽粪污治理与产业发展相结合方面开展了卓有成效的工作，在乡村环境整治方面取得了较好的效果。

一　武胜县基本概况

武胜县隶属小平故里——广安市，系秦巴山区省级贫困县，经过广大干

---

* 本文得到武胜县畜牧食品局的大力支持，特此致谢。

** 陈明红，四川省社会科学院农村发展研究所副研究员，主要研究方向为农村经济；文砚章，西南大学西塔学院，主要研究方向为农村经济。

部群众多年努力，2019 年正式宣告全面脱贫摘帽，是典型的以种植业和养殖业为主的农业大县。武胜县先后被列为全国休闲农业与乡村旅游示范县、全国生猪生产百强县、全国商品粮生产大县、全国生猪调出大县、全国第二批生态文明先行示范区、四川省现代农业示范县，代表四川省创建国家畜牧业绿色发展示范县。

（一）武胜县种植养殖业发展概况

武胜县是四川省种植业大县，是四川省水稻、柑橘、蚕桑的集中产区，有农用地 99.3713 万亩，其中耕地面积 86.7818 万亩，占全县辖区面积的 60.04%，园地 3.27 万亩、林地 7.6785 万亩、草地 1.641 万亩。2016 年全县粮食总产量 34.92 万吨，蔬菜总产量 50.4 万吨，水果总产量 30.0288 万吨。

武胜县畜牧养殖业以生猪为主，其他畜禽种类涉及肉牛、肉羊、肉鸡、蛋鸡、肉鸭、肉兔等。2016 年全县出栏生猪 102.04 万头、家禽 724.12 万只，存栏肉牛 1.47 万头、肉羊 5.39 万只、肉兔 46.33 万只，实现畜牧业产值 27.58 亿元，占整个农业产值的 41.9%。

武胜县根据辖区地理区域条件、生态气候适宜性，以嘉陵江沿岸为轴心，烈面、万善、飞龙、乐善、中心各乡镇为重点，规划布局三大蔬菜种植带、三个特色蔬菜种植区和绿色食品生产果园。规划到 2025 年，建设 5 个 10000 亩、10 个 1000 亩的标准示范园生产基地，绿色食品生产果园的比例超过 80%，为县内粪污资源化利用提供消纳场所，将有力推进种植业与养殖业的绿色、循环、协调发展。

（二）武胜县畜禽粪污处理概况

根据武胜县养殖业发展状况，不同的养殖规模业主在畜禽粪污处理方面的水平也有所不同，总的来说养殖规模越大、专业化程度越高，粪污处理水平越高。

规模养殖场粪污处理水平相对较高。从全县来看，83% 的畜禽规模化养殖场已配套建设厌氧发酵池、污水贮存池等设施，采用厌氧处理—肥料化利用方式处理粪污。1%的生猪养殖场已配套建设异位发酵床，利用垫料和微生物进行发酵分解处理粪污。蛋鸡、肉兔、肉羊养殖场均配套建设储粪场，采用固体粪便堆肥利用方式处理粪污；肉鸡规模养殖场采用粪污全量收集还田利用。72.5%的规模养殖场实行种养结合，配套消纳粪污的种植基地。但仍有27.5%的规模养殖场因消纳地面积不足或无消纳地，将粪污排放周边农田、沟渠、河流等，污染周边环境。

养殖专业户有一定的粪污处理能力，但是水平较低。75%的养殖专业户配备粪污收集、贮存、处理设施，但大部分设施简陋，周边种植地不能消纳的养殖粪污被直接排入农田、沟渠、河流等，污染周边环境。

散养农户粪污处理水平最低。90%的散养农户配备粪污收集、贮存和处理设施以及消纳粪污的种植地，周边种植地不能消纳的畜禽粪污被直接排入农田、沟渠、河流等，污染周边环境。

二　畜禽粪污资源化利用对武胜县的意义

当前，环境保护压力空前，治理畜禽养殖业带来的粪污污染成为当务之急。尽管武胜县深入贯彻上级环保精神，积极回应群众关切，在畜禽粪污治理工作上做了很大努力，但仍存在治污面广量大、治理技术和设施落后、治污效果不理想等实际困难。搞好畜禽粪污资源化利用，既是回应了群众对美好环境的向往，也对武胜县可持续发展有着重要的意义。

（一）畜禽粪污资源化利用是武胜全域水环境治理的需要

武胜县地处长江上游和嘉陵江中下游，川渝接合部，是生态环境部重点监控的嘉陵江出川断面和重庆主城区饮用水源地，是长江上游绿色生态屏障和嘉陵江生态经济示范带的重要组成部分，是国家和四川生态环境综合治理的重要区域，环保地位突出，环境安全意义重大。武胜县辖区面积相对较小，又是四川传统养殖业重点县，畜禽粪污消纳能力和生态环境自我净化能力较弱；境内水系发达，水网密集，有一江四河七十二条溪流，畜禽粪污极易对水体造成污染，水环境治理压力巨大。

（二）畜禽粪污资源化利用是武胜县种植业大发展的需要

当前，武胜县正立足于县域产业资源特色和社会经济发展实际，着力推进“农牧结合、种养循环”的绿色发展方式，大力发展以有机、绿色农产品为重点的现代农业。采取“以种定养、以养促种”的发展模式，全力以赴促进农业发展转型升级，积极创建国家农业绿色发展示范县。武胜县规划新发展有机绿色晚熟柑橘 15 万亩、有机绿色蔬菜 10 万亩、优质蚕桑 3 万亩。建立起高效的畜禽粪污资源化利用体系，将有效解决全县有机绿色农产品产业基地对有机肥的迫切需求，同时解决畜禽养殖业产生的无法有效消纳的粪污。

三　武胜县畜禽粪污资源化利用存在的历史问题

武胜县作为刚脱贫的省级贫困县之一，县级财政较弱，难以独立支撑畜禽粪污处理项目建设投入，制约了畜禽粪污资源化处理利用的发展。武胜县畜禽粪污资源化利用主要存在以下问题。

（一）源头减量不彻底

部分养殖场设备配置简陋，没有配备杯式饮水器等节水设备，雨污分离、干湿分离以及干粪堆场等设施设备配备也不标准。部分养殖场由于建设时间较早，受技术和资金影响，采用平圈水冲粪、水泡粪工艺，导致粪污总量增大，营养物浓度低，不利于后续处理与还田利用。

（二）固态粪便无害化不彻底

之前，全县仅有 1 个区域性有机肥加工厂，年生产能力只有 3000 吨，每年只能处理 6000 吨粪便。全县大部分养殖场采用人工干清粪方式收集粪便和露天堆置发酵，由于堆肥场场地不足，粪便堆肥时间不够，腐熟不全，导致处理后施用效率低，甚至影响作物生长。有机肥生产企业工艺不高，深度加工不够，产品单一，附加值较低，效益较差。

（三）粪污处理设施不完善

武胜县多年来大力推广粪污沼气利用处理模式，提高粪污资源化利用能力，但仍存在液态粪污处理利用效果不佳的问题。一是养殖场虽然建有沼气池（厌氧发酵池），但是容积不足，影响无害化处理效果。二是没有足额配套的场内沼渣沼液贮存池，池内料液无法转移存放，从而导致处理净化功能下降。三是部分专业户和养殖农户缺乏资金建设粪污处理设施，无能力处理养殖粪污。

（四）利用设施缺乏导致种养脱节

部分规模养殖场配套种植基地，但欠缺沼渣沼液利用管网和贮存池，沼渣沼液不能充分利用。部分规模养殖场和专业户周边没有配套种植基地，也无长距离运输罐车，沼渣沼液不能输送利用，导致沼渣沼液外排，影响周边环境。与此同时，武胜县近年大力发展晚熟柑橘，大部分晚熟柑橘种植基地急需有机肥和沼渣沼液，沼渣沼液利用管网、贮存池和专业输运设备等配套设施不足，导致种养脱节。

四　武胜县畜禽粪污资源化利用的总体思路与路径

2018 年，国家发展和改革委员会、农业农村部在全国范围内选择 100 个畜牧大县开展畜禽粪污资源化利用整县推进试点工作。基于武胜产业发展基础和畜禽粪污资源化利用的现实需求，通过县级申报、省级评审，武胜县成功列为国家畜禽粪污资源化利用整县推进试点县之一。依托试点工作，武胜县在畜禽粪污资源化利用方面进入一个新的阶段。

（一）总体思路

武胜县畜禽粪污资源化利用紧紧围绕养殖业发展与资源环境承载力相适应，大力促进畜牧业转型升级，重点治理农村“脏乱差”等突出环境问题。在具体工作中坚持“源头减量、过程控制、末端利用”的科学机制，以提高畜禽粪污综合利用率、消除面源污染、提高土地肥力为目标，根据武胜县资源环境承载能力，科学布局种养业，实现“种养结合、农牧循环、就近消纳、综合利用”，采取政府支持、企业运营、社会参与、整县推进的市场化运作方式，形成县乡村企联动、建管运行结合的长效机制，构建集约化、标准化、组织化、社会化相结合的畜禽粪污资源化利用发展模式，探索出一套与武胜县相适应的畜禽粪污资源化利用的综合性整体解决方案。

（二）武胜县畜禽粪污资源化利用的实现路径

武胜县在畜禽粪污资源化利用上按照“以地定养、种养结合”的思路，遵循减量化、无害化、生态化、资源化的基本工作原则，坚持“源头减量、过程控制、末端利用”的科学治理路径，以有效解决畜禽养殖场粪污处理和实现粪污的资源化利用。

一是抓好源头减量。针对武胜县的具体情况，所谓源头减量就是在规划建设和技术升级改造的时候就要考虑如何降低畜牧产业发展带来的粪污量，从产业发展的源头进行污染源的总量控制。要做好源头控制，首先是在进行规划建设时，要根据武胜县土地、水等自然资的承载力来科学规划全县畜禽养殖总量，以科学规划来指导全县畜牧产业发展，坚持可持续发展。其次是严格行政执法，做到禁养区严禁规模养殖场和专业养殖户、限养区严控养殖规模。最后要严格按照区域消纳能力规划建设养殖场，控制养殖规模。

二是落实好过程控制。在进行粪污资源化利用时要根据畜种差异、养殖规模采取不同的处理措施。对于规模养殖场，应要求业主配备相应的过程控制设施。对于无法自行处理的小规模养殖专业户和散户，根据粪污产生量、交通条件、种植业发展水平等综合因素择优选址建设区域性畜禽粪便处理中心，如有机肥加工厂、大型沼气工程等。

三是实现末端利用。一方面是就近利用，在养殖场（沼气工程）周围铺设沼液输送管网，通过三级管网（主管、干管和支管）将沼液输送到种植地。另一方面是异地利用，种植地距离养殖场（沼气工程）较远的，可以采用罐车将沼液输送到田间贮存池，然后通过泵站、管网将沼液输送至种植地。

五　武胜县畜禽粪污资源化利用整县推进项目建设进展和成效

武胜县以实施畜禽粪污资源化利用整县推进项目试点为契机，严格按照国家和省里要求，执行项目建设有关规定和程序，强化举措，狠抓落实，有序推进畜禽粪污资源化利用整县推进项目。

（一）全面部署整县推进试点

为确保项目顺利实施，县人民政府印发了《武胜县畜禽粪污资源化利用整县推进项目工作方案》（武胜府函〔2018〕89号），明确了项目建设要求和建设完成后的监管运营，以确保项目切实发挥效用。同时，按照“项目支持、综合治理、资源利用”的工作思路，采取“132”模式①，解决养殖场环境污染问题。对适养区足额配套种植基地的养殖场，利用污水泵和现有管网实行粪污就地还田，对不能就地还田的，通过现有运输车运至其他种植基地异地利用，实现种养循环，资源利用。

（二）积极落实补贴政策

2017年6月，县人民政府办公室印发了《关于促进畜禽粪污资源化利

① 即一套收集系统（粪污收集管网），三种处理模式（固体粪便堆肥、污水肥料化、异位发酵床），两种利用方式（就地、异地），建设粪污收集、处理、贮存、利用等设施设备。

用的意见》（武胜府办函〔2017〕84 号），由各乡镇组建专门工作组，选派专人，解决粪污处理设施建设用地、粪污处理中心用电和用水等问题。对区域性粪污处理中心生产有机肥按 20 元/吨标准补助、集中连片晚熟柑橘种植基地施用有机肥按 400 元/亩标准补助，经工商注册的社会化服务组织购置粪污运输车按 5 万元/台标准补助，对沼气发电并网利用的，按发电量 0.1 元/度标准补助，利用沼气为城镇供气的，按供气量 0.5 元/米^3 标准补助。

（三）认真落实粪污还田利用

2016 年 7 月，县人民政府办公室印发了《武胜县畜牧业绿色发展规划（2016～2020 年）》（武胜府办函〔2016〕80 号），提出实行种养结合、发展农业循环经济，形成种养立体结构和良性生态循环；2018 年 4 月，县人民政府办公室印发了《武胜县加快推进畜禽养殖废弃物资源化利用工作方案》（武胜府办函〔2018〕115 号），采取“一场一策”方式，采用粪污全量收集还田利用、固体粪便堆肥利用、异位发酵床、污水肥料化处理模式，实施粪肥施用技术；采取就地、就近和异地消纳的方式，通过“三个一点”（即养殖业主出一点、种植业主出一点、政府补贴出一点）的方式落实资金，实现生态消纳对接。同时，大力推广粪污处理设备，在已有农机购置补贴基础上，将固液分离机、牵引刮板式清粪机等粪污处理设备按农机购置补贴标准进行补助。为保证养殖场的粪污来源清、去向明，制作了《畜禽养殖场粪污收集、处理、利用台账》，一并纳入养殖档案管理，切实做到了“以地定养、以养促种、种养结合、循环发展”。

（四）项目建设内容与目标任务顺利完成

全县对 65 个畜禽养殖企业、专业合作社、家庭农场的畜禽粪污处理设施及其配套设施进行提档升级，新建储粪场、异位发酵床、圈舍漏缝地板 2.33 万平方米，新建预处理池、厌氧发酵池、污水（沼液）贮存池 3 万立方米，新建雨水沟、暗道排污沟、刮粪 V 形沟 2.3 万米；购置安装污水泵 127 台、干湿分离机 49 台、杯式饮水器 2803 套。对现有有机肥厂进行改

（扩）建，新建标准化厂房1000平方米，购置安装自动循环翻抛机、喷淋光氧除臭系统、曝气供氧系统等有机肥加工设备，现已投入使用。

通过对规模养殖场粪污处理利用设施及其配套设施改造升级，全县规模养殖场粪污处理设施装备配套率达100%，采取就地、就近和异地消纳的方式利用养殖粪污，全县畜禽粪污综合利用率达98.84%。

六　武胜县畜禽粪污资源化利用试点工作的主要经验

（一）政府高度重视

为严格执行四川省发展和改革委员会《关于武胜县畜禽粪污资源化利用整县推进项目实施方案的批复》（川发改农经〔2018〕82号）文件要求，县人民政府出台了《武胜县畜禽粪污资源化利用整县推进项目工作方案》（武胜府函〔2018〕89号），明确项目建设内容及监管办法。同时，县政府主要领导多次组织召开专题会对项目工作进行专题研究、部署，确保项目实施不走样。

（二）加强部门联动

项目工程建设前，由县农业农村局对每个畜禽养殖场粪污综合利用情况与粪污设施设备现有基础进行调查摸底，登记造册。按照“填平补齐”原则，对粪污资源化利用设施设备不匹配的养殖场按养殖品种进行分类治理，因场施策，提出明确改建措施，制订设计方案，并邀请省、市专家进行评审，确保项目规划科学合理。项目实施中，通过专题培训、印发科普宣传资料、现场观摩等多种行之有效的宣传培训，大力宣传推广畜禽养殖废弃物资源化利用的技术模式、经验做法，切实增强了全县畜禽养殖业主的主体责任意识和可持续发展意识。2018～2019年，武胜县组织开展畜禽粪污治理和资源化利用技术培训共计5期，培训1000人次。同时，由县农业农村局、生态环境局、住房和建设局采取定期检查和不定期抽查的方式，严格按设计标准对项目建设质量及建设时序进行检查，确保项目按时、按质、按量完成。项目实施完成后，严格按设计内容和建设标准进行考核验收，并将项目实施情况纳入各责任单位年终绩效考核范畴，以绩效考核倒逼责任落实。

（三）出台优惠政策

2016 年以来，《关于促进现代农业发展的意见》（武委发〔2016〕14 号）、《关于促进畜禽粪污资源化利用的意见》（武胜府办函〔2017〕84 号）、《武胜县加快推进畜禽养殖废弃物资源化利用工作方案》（武胜府办函〔2018〕115 号）等一系列政策文件出台，对畜禽养殖场建设堆粪棚、预处理池、沼气池、沼液贮存池等粪污处理设施，购置固液分离机、牵引式刮粪板等粪污处理设备，有机肥厂生产有机肥、种植基地施用有机肥、沼气发电并网等予以补助。整合小农水灌溉项目资金，在晚熟柑橘种植基地内推广水肥一体化技术，实现沼液资源化利用。

（四）严格资金监管

按照项目实施方案要求，足额配套县级财政资金。同时，按照分期拨付的方式拨付项目资金，将补助资金和自筹资金支付给中标施工单位，确保项目建成后正常运营、管护。其中，养殖场改造升级和有机肥厂建设项目完成后，对达到规划设计要求、严格按质量标准建设的养殖场进行补助。县级验收合格后，拨付合同约定金额 70% 的补助资金，经县财政结算审核批复和中央、省、市验收后再按有关规定和程序拨付 20% 的补助资金，剩余 10% 的补助资金待项目运行正常后，由县财政分两年拨付（每年拨付 5%）；田间沼液贮存池、田间沼液输送管网、沼液运输车和大型沼气工程建设项目完成后，对达到规划设计要求，严格按质量标准建设设施及购买设备的，经验收合格，拨付合同约定金额 70% 的补助资金，剩余 30% 的资金经财政结算审核批复和中央、省、市验收后按有关规定和程序拨付，并按合同约定扣除质量保证金。

（五）着力培育市场

武胜县在畜禽粪污资源化利用中注重借助社会资本的力量，着力培育市场。一是组建社会化服务组织，利用吸粪车统一收集全县养殖粪污生产微生物菌剂（有机肥升级版）及有机肥产品（含固体有机肥和液体有机肥）。二是通过招商引资，引进社会资本投资建设区域性粪污处理中心。建成投产后可为全县及周边市县晚熟柑橘等果树种植业主提供优质的高档、中档有机肥料。

Abstract

The Annual Report on Sichuan's Agriculture and Rural Development (2020)— "Construction of Beautiful Sichuan and Livable Countryside", focuses on the main problems and experience of Sichuan in constructing beautiful Sichuan and livable countryside in the past year, including the general situation of Sichuan's agricultural and rural development in 2019, the forecast and prospect of Sichuan's agricultural and rural development in 2020, the in-depth special study of Sichuan and typical case studies. It is an annual blue book which comprehensively displays the important research achievements of agricultural and rural development in Sichuan. The book is divided into three parts: the first part is the general reports, which include effect, problems and future development of constructing beautiful Sichuan and livable countryside in Sichuan Province and agricultural and rural area development in Sichuan Province in 2019 and forecast and prospect in 2020. It reflects the status of Sichuan agricultural and rural area development in 2019, the analysis of impact of coronavirus pandemic on Sichuan agricultural and rural areas, the forecast and prospect of Sichuan agricultural and rural economic situation in 2020, and the general thoughts and countermeasures for Sichuan agricultural and rural reform and development in 2020. The second part is special reports, which includes Sichuan's rural "three revolutions", "five networks" system construction, problems and countermeasures of rural domestic sewage treatment, multi-agent collaborative mechanism for improvement of rural human settlement environment and marketization of rural environmental protection facilities construction and operation, combination of agriculture and animal husbandry and development of breeding cycle, improvement of village appearance, utilization of rural idle homesteads and agricultural houses, improvement of rural residential environment and tourism development, rural river and lake chief system and other key areas. The third part is case studies, which includes the typical case investigation and analysis in Sichuan Province, such as the improvement of rural human settlements in Sichuan, "common treatment of toilet and waste" in rural manure treatment and resource utilization, summary of typical practices and models of implementing village cleaning actions, the utilization of livestock manure, the treatment of rural garbage, the protection and development of ancient villages, "toilet revolution", building Yi Ethnic new village, new residential construction and the development of "beauty economy" in Tibetan areas.

Keywords: Living Environment; Livable Countryside; Sichuan; Moderately Prosperous Society

Contents

I General Reports

Abstract: Improving the quality of the rural living environment and building a beautiful and livable countryside are important tasks for implementing the strategy of rural revitalization, and related to building a well-off society in an all-round way. Sichuan regards the improvement of rural living environment as the first battle of rural revitalization. In 2019, it began to comprehensively promote the improvement of the rural living environment. New changes have taken place in the province's rural landscape. The construction of "Beautiful Sichuan · Livable Countryside" has made remarkable achievements and accumulated many advanced experiences. However, Sichuan has a large area and a large number of villages, and the construction of livable villages still faces many difficulties and practical problems to be solved. Based on the analysis of the achievements, experiences, main problems and difficulties in the construction of "Beautiful Sichuan · Livable Countryside", this report puts forward the ideas and suggestions for the construction of "Beautiful Sichuan · Livable Countryside" in the future.

Keywords: Beautiful Sichuan; Livable Countryside; Improvement of Living Environment

Abstract: In 2019, Sichuan Province benchmarked the hard tasks that must be completed for the "three rural" work in a well-off society, implemented the rural revitalization strategy in depth, accelerated the modernization of agriculture and rural areas, and sustained the healthy development of agriculture and rural areas, providing strong support for the province's overall economic and social development. 2020 is the year to achieve the goal of building a well-off society in an all-round way, and the year to end the war of poverty alleviation in an all-round way. Sichuan will benchmark against the goal of building a well-off society in an all-round way, strengthen measures and pay close attention to implementation. This report describes the achievements, main problems and challenges of Sichuan's agricultural and rural development in 2019, forecasts and prospects the Sichuan agricultural and rural economic situation in 2020, and puts forward the general ideas and countermeasures for Sichuan's agricultural and rural development in 2020.

Keywords: Moderately Prosperous Society; Agriculture; Rural Areas; Sichuan

Ⅱ Special Reports of "Beautiful Sichuan · Livable Countryside"

Abstract: During the 13th Five Year Plan period, Sichuan Province issued a series of policies and measures to vigorously promote the construction of rural "five networks" (road, water, electricity, gas and communication) system, and achieved remarkable results. Under the overall requirements of "Beautiful Sichuan", Sichuan Province focuses on making up the short board of rural "five networks" infrastructure construction, promoting the construction and upgrading of rural "five networks" system, realizing the integrated development of urban and rural areas, and laying a solid foundation for building a well-off society in an all-round way in 2020.

Keywords: Rural "Five Networks" System; Infrastructure; Beautiful Sichuan

B. 4 Current Situation, Problems and Countermeasures of Rural Domestic Sewage Treatment in Sichuan Province

Zhuo Yong, Chang Qing, Feng Nana and Zeng Hanxiao / 077

Abstract: Based on the investigation of the current situation of rural domestic sewage treatment in 2019, this paper systematically analyzes the current situation of rural domestic sewage treatment in Sichuan Province, and studies the different administrative regions, different watersheds and different economy through the methods of field investigation and data analysis, taking into account the factors of administrative region, topography, economic development level, environmental sensitivity and population density. The total amount, pollution characteristics and treatment status of rural domestic sewage in the economic zone are analyzed. The existing problems and causes of rural domestic sewage treatment are analyzed, and the corresponding countermeasures and suggestions are put forward in order to provide a scientific basis for the classification and guidance of rural domestic sewage treatment.

Keywords: Rural Domestic Sewage Treatments; Living Environment; Sichuan

B. 5 Study on the Cooperation Mechanism of Multiple Subjects in the Improvement of Rural Human Settlements in Sichuan Province *Zhao Limei* / 088

Abstract: The improvement of rural residential environment is a complex and systematic project, involving the interests of multiple social subjects, which makes the improvement of rural residential environment can not only rely on the government or market, but also need to seek the coordination of multiple subjects. Based on the basic situation and existing problems of multi-agent participation in the process of rural human settlements remediation in Sichuan Province, this paper puts forward measures to solve the dilemma of multi-agent collaborative governance from three aspects, such as role orientation , supporting local environmental protection organization and multi-directional publicity.

Keywords: Improvement of Rural Living Environment; Multiple Subjects; Cooperation Mechanism

B. 6 The Current Situation, Difficulties and Suggestions of Protection and Utilization of Ancient Villages in Sichuan Province *Fan Shengwei, Yu Hong and Liu Yuchen* / 100

Abstract: Sichuan has rich resources of ancient villages, among which there are many ancient villages with high historical, cultural, artistic and scientific values. Through a series of policies and measures of sustainable protection and utilization, the protection and utilization of ancient villages in Sichuan has achieved remarkable results. However, it still faces challenges such as weak protection awareness of villagers, lack of talent team, insufficient participation of social forces, and difficulties in cultural relics protection. It is suggested to further improve the protection of ancient villages in the whole province by improving the protection awareness of ancient villages, strengthening the support of ancient village protection talents, consolidating the basic work of ancient village protection, mobilizing social forces to participate in and improving the quality of rural housing construction and the appearance of villages overall performance of utilization.

Keywords: Ancient Villages; Famous Historical and Cultural Villages; Architectural Culture

Abstract: In the face of the practical difficulties such as insufficient investment and construction of rural environmental protection facilities, lack of maintenance and operation funds, and low operation efficiency, it is a feasible path for all regions to explore to hand over the rural environmental protection facilities to market construction and operation through model innovation, and promote the marketization, specialization and industrialization of the construction and operation of rural environmental protection facilities, so as to realize the sustainability of rural environmental protection. This paper analyzes the current situation and existing problems in promoting the construction and operation of rural environmental protection facilities in Sichuan Province, and puts forward relevant suggestions.

Keywords: Environmental Protection; Rural Environmental Protection Facilities; Sichuan

Abstract: In recent years, according to the overall strategy of "five in one" put forward by Secretary Xi and the overall plan of beautiful new village in Sichuan Province, Sichuan Province has vigorously promoted the combination of agriculture and animal husbandry, and the cultivation of circular ecological agriculture. This paper studies the main modes and achievements of the development of agriculture and animal husbandry in Sichuan Province, analyzes the problems existing in the development of agriculture and animal husbandry in Sichuan Province at this stage, and puts forward countermeasures and suggestions to improve the development level of agriculture and animal husbandry in Sichuan Province.

Keywords: Combination of Farming and Animal Husbandry; Breeding Cycle; Circular Economy

Abstract: Sichuan is a major agricultural province, and the improvement of village appearance is not only closely related to the quality of life of farmers, but also related to the construction of "Beautiful Sichuan · Livable Countryside" in Sichuan Province. Through the research on the background and current situation of improving the village appearance in Sichuan Province, this paper analyzes the key work and main methods in the process of improving the village appearance in Sichuan Province, and summarizes its experience.

Keywords: Village Appearance; Road Hardening; Beautiful Home

Abstract: Rural homestead and farmhouses are the important livelihood and property of farmers, as well as important resources for rural development. In recent years, as the number of rural migrants continues to increase, a large amount of rural homestead and farmhouses are left behind. That causes a big problem of the waste of rural resources. Making good use of spare housing resources is an important way to increase farmers' property income. It is of great significance to protect farmers' rights and interests, increase farmers' income, promote the construction of beautiful countryside and implement the strategy of rural revitalization. Under the background of "The Separation of Three Rights", Sichuan Province focuses on implementing the strategy of rural revitalization, pays attention to the needs of rural industry development, and promotes the construction of beautiful countryside. Through government guidance and market operation, we will encourage and support capable people to return to their hometowns, and encourage urban residents to go to the countryside to start businesses and provide for the elderly for leisure, so as to make full use of spare rural housing resources. Understanding the current situation of spare rural housing, we will explore and formulate policies to promote the capitalization of spare farmhouses, guide social forces to invest in the construction of livable rural areas, and increase rural collective economic organizations and farmers' property income. In the process of promoting "Beautiful Sichuan · Livable Countryside", Sichuan Province has accumulated some practical experience and achieved initial results. Meanwhile, it is also facing some urgent problems.

Keywords: "The Separation of Three Rights"; Rural Homestead; Spare Farmhouse

B. 11 The Constraints and Countermeasures of Sichuan's Tourism Development Through Improvement of Rural Living Environment

Hu Junbo, Xiong Ruoxi and Tang Zhangyuqing / 176

Abstract: It is of vital importance in combining the improvement of rural living environment with the development of rural tourism industry. Sichuan has abundant tourism resources, but in the process of tourism industry development, there are still many deficiencies and shortcomings. In theory, there is a high degree of agreement between the improvement of rural living environment and the improvement of the quality of scenic spots. Through the improvement of rural living environment, it can match the tourists' requirements on the quality of tourism products, and it can also improve the tourism industry, and expand the tourism talent reserve team. This topic summarizes the experience and practice of some pilot areas, and also finds related problems exposed in the pilot process in the research. At the same time, proposes related policy suggestions to further integrate the improvement of rural living environment and the promotion of tourism industry development.

Keywords: Improvement of Living Environment; Tourism; Rural Revitalization

B. 12 Sichuan Rivers – Lake Chief System Implementation Status, Existing Problems and Countermeasures

Wang Senpei, Guo Xiaoming / 191

Abstract: The river-lake chief system is a major institutional innovation to govern and maintain the health of rivers and lakes. Comprehensively promoting the long-term system of rivers and lakes is a key measure and an important starting point the constructing the health of rivers and lakes. Further improvement of the rural river and lake system will play an important role in improving the rural living

monitor and examine) to promote and improve the practical experience of the pilot region.

Keywords: Rural Living Environment; Planning Integration; Industrial Integration; Elemental Integration; Life Integration

B. 14 Co-Governance of Toilet Pollution in Rural Manure Treatment and Resource Utilization in Luojiang District

Abstract: Based on Luojiang District of Deyang City, which is located in the shallow hilly area of Sichuan Province, this paper analyzes it how to explores the Luojiang mode of "treatment of toilet pollution" according to the classification of rural users and regional differences during its treatment and resource utilization process of rural toilet manure.

Keywords: Treatment of Toilet Pollution; Resource Utilization; Classification Implementation

B. 15 Typical Practices and Models for Implementing Village Cleaning Operations

—A Case Study of Jiangyang District of Luzhou City

Abstract: As the first battle for rural revitalization, the improvement of rural human settlements is a basic project to promote the improvement of rural human settlements. More than 90% of the villages across the country have carried out village cleanup operations for the improvement of human settlements, which has effectively promoted the improvement of rural settlements, and a large number of villages have significantly improved their appearance. This article takes the village cleanup actions in Jiangyang District, Luzhou City, Sichuan Province as an example. The exploration of village cleanup actions in Jiangyang District has formed a summary of typical practices and models that can be used for reference. The construction of a regional Chengdu-Chongqing double-city economic circle will speed up the integration of urban and rural areas, realize the modernization of agriculture and rural areas, and lay a good foundation for establishing a leading area for the improvement of rural human settlements in the Chengdu-Chongqing double-city economic circle.

Keywords: Human Settlements; Clean Action; Sustainable Management

Abstract: The resource utilization of livestock and poultry manure is an important part of rural environmental management, which is related to the effect of beautiful rural construction. In order to solve the problem of non-point source pollution caused by livestock and poultry manure, Pujiang adheres to the guidance of planning, through vigorously developing the breeding-planting recycling industry, promoting the PPP model of livestock and poultry manure treatment, building the "5 + 1" model of improving the quality of cultivated land. At the same time, Pujiang innovates the main body participation mechanism, capital investment mechanism, supervision and examination mechanism, exploring and forming a market operation and multi-party collaborative resource utilization model of livestock and poultry manure, promoting the resource utilization of agricultural waste comprehensively.

Keywords: Pujiang; Livestock and Poultry Manure; Resource Utilization

B. 17 Practices and Innovative Models of Rural Waste Treatment in Sichuan Province

—Case Studies of Leshan City and Fushun County of Zigong City

Abstract: For a long time, "waste water depends on evaporation, garbage depends on wind" and other problems are common in the vast rural areas of our country. The inaction or improper methods in the treatment of rural garbage make "dirty, disorderly and smelly" and "garbage surrounding villages" become the realistic portrayal of rural residential environment. To improve the rural living environment and build a beautiful countryside is a concrete action to build a beautiful China in rural areas, and an important measure to practice the concept of ecological civilization in rural areas. Rural garbage disposal is not only the core content of building a beautiful countryside, but also one of the problems that need to be solved. This paper analyzes the main methods, basic results, difficulties, risks and solutions of typical cases of rural waste treatment in Sichuan Province, summarizes and refines the models that can be used for reference, in order to provide reference for other provinces and cities in rural waste treatment.

Keywords: Rural Garbage Treatment; Beautiful Countryside; Ecological Civilization

B. 18 Case Analysis of Improvement of Rural Living Environment in Panzhihua City

Abstract: Panzhihua City is a national modern agricultural demonstration zone and a pilot zone for the development of China's sunshine health care industry. To build a beautiful Panzhihua, we must have a deep understanding of the importance of the improvement of rural living environment. Based on the analysis of Panzhihua's main methods, achievements and existing problems in promoting the improvement of rural human settlement environment, this paper puts forward some policy suggestions on strengthening organization and leadership, strengthening publicity and education, creating pilot demonstration, improving mechanism construction and strengthening factor protection.

Keywords: Panzhihua; Improvement of Rural Living Environment; Rural Revitalization

Abstract: Ancient village culture is the accumulation of Chinese farming culture for thousands of years, and also an important carrier of national culture protection and development. The ancient village is an integration of architecture, culture, custom and art, which is of great significance to the inheritance of China's excellent traditional farming civilization. In the context of building a beautiful countryside, the protection and development of ancient villages are facing many opportunities and challenges. This paper analyzes the general situation of Liyuanba Village in Nixi Township and the current situation of the protection of ancient villages in Liyuanba Village, discusses the main methods of the protection and development of ancient villages in Liyuanba Village, and summarizes the enlightenment of the protection and development of ancient villages.

Keywords: Ancient Village Protection; Beautiful Countryside; Farming Culture

B. 20 Practice and Thoughts on Toilet Revolution in Hilly Region of Sichuan

—A Case Study of Daying County, Suining City, Sichuan Province

Abstract: Toilet revolution refers to a measure to renovate toilets in developing countries. It is a specific work of China's strategy for rural revitalization. Daying County seized the opportunity of toilet revolution policy vigorously implemented by the state. According to the characteristics of hilly areas in central Sichuan Province, Daying County summed up a set of mechanisms and methods to promote the toilet revolution in rural areas, and achieved solid and effective results. In the face of the three major challenges of "the foundation of toilet reform is relatively weak", "the masses have more concerns" and "the work deployment has loopholes", this article puts forward five countermeasures to solve the problems of "who should change", "unwilling to change", "how to change", "lack of money to change" and "perfunctory reform".

Keywords: "Toilet Revolution"; Rural Revitalization; Sichuan Hilly Areas

B. 21 Fushun County Exploration and Experience for the Improvement of Rural Living Environment in Hilly Area

Abstract: Improving the rural living environment and creating beautiful and livable new villages are important tasks of the "Country Revitalization Strategy" proposed by the 19th National Congress of the CPC and the "Promoting Green Development and Building Beautiful Sichuan" by the Sichuan Provincial Party Committee. It is also an important part of poverty alleviation and the construction of a happy and beautiful new countryside. The hilly area is the most populous area in Sichuan Province, with the most prominent rural aging and hollowing out. The improvement of human settlement environment is facing more urgent practical requirements and more difficulties. However, in the face of various challenges, some counties in hilly areas have initially explored a feasible path to improve the living environment and achieved obvious results, of which Fushun County in Zigong City is a typical representative. Taking Fushun County, a populous county in the hilly area, as a case, this paper analyzes the main practices and achievements of human settlement environment improvement in Fushun County, as well as the difficulties and problems it still faces, and puts forward countermeasures and suggestions for further improvement of the living environment in rural areas.

Keywords: Hilly Area; Rural Living Environment; Environmental Renovation

Abstract: Since 2013, Sichuan Province has initiated the construction of new homes in Tibetan areas Ganzi Prefecture adheres to the decision of the provincial party committee and the provincial government to implement the six livelihood projects in Tibetan areas, and insists on the "new residence in Tibetan areas" project as the "three modernization" linkage, overall planning of urban and rural core work and poverty alleviation, and the primary task of improving people's livelihood. Come and focus on the goal of "building new villages with industries and rejuvenating industries with new villages", accelerate the pace of urban and rural overall construction, and strive to make "new residences in Tibetan areas" into a new type of community with modern business form, modern form and modern environment. This article takes Luding County, Ganzi Prefecture as an example, and focuses on the experience of the construction of the beautiful

Tibetan-style new homes in the new villages of the old villages in the remote villages of Luding County.

Keywords: Tibetan New House; Rural Dilapidated Housing Renovation; Alleviate Poverty

Abstract: The housing construction project in rural areas is an important part of the poverty alleviation strategy in Yi areas. On the basis of reasonable planning and a focus on the principal status of local farmers, this project aims for fundamental change of the rural living conditions by improving the basic infrastructure for industrial development and daily life support and by working on the implementation of poverty alleviation program. The case of Xide County provides valuable experience for the success of poverty alleviation program and also serves as an ongoing endeavor for China's cause of building a moderately prosperous society in all respects.

Keywords: New Village in Yi; Living Environment; Xide County

Abstract: As a multi-ethnic province with great differences in natural geography, economic and social conditions, Sichuan, in the process of deeply implementing the major strategic decision-making process of the construction of beautiful villages of the CPC Central Committee, emphasized the need to build beautiful new villages and develop "beautiful economy" according to the natural geographical conditions and national characteristics of different places. The related exploration and achievements of Qiudi Village in the process of "beautiful economic" construction, and the analysis of the experience gained by Qiudi Village in the process of economic transformation, can serve as a reference for other similar economic development.

Keywords: Tibetan Village; "Beautiful Economy"; Collective Economy

Abstract: Pollution along with the development of the livestock industry is a difficulty in rural environment management. As a case study of Wusheng County, this paper analyzes how a typical agricultural county handles with livestock manure with the opportunity of the implementation of recycling-livestock-manure-at-county-level pilot project and summarizes its experiences.

Keywords: Rural Environment; Livestock Manure; Resource Utilization

皮书

智库报告的主要形式
同一主题智库报告的聚合

皮书定义

皮书是对中国与世界发展状况和热点问题进行年度监测，以专业的角度、专家的视野和实证研究方法，针对某一领域或区域现状与发展态势展开分析和预测，具备前沿性、原创性、实证性、连续性、时效性等特点的公开出版物，由一系列权威研究报告组成。

皮书作者

皮书系列报告作者以国内外一流研究机构、知名高校等重点智库的研究人员为主，多为相关领域一流专家学者，他们的观点代表了当下学界对中国与世界的现实和未来最高水平的解读与分析。截至2020年，皮书研创机构有近千家，报告作者累计超过7万人。

皮书荣誉

皮书系列已成为社会科学文献出版社的著名图书品牌和中国社会科学院的知名学术品牌。2016年皮书系列正式列入“十三五”国家重点出版规划项目；2013~2020年，重点皮书列入中国社会科学院承担的国家哲学社会科学创新工程项目。

中国皮书网

（网址：www.pishu.cn）

发布皮书研创资讯，传播皮书精彩内容
引领皮书出版潮流，打造皮书服务平台

栏目设置

◆ **关于皮书**

何谓皮书、皮书分类、皮书大事记、
皮书荣誉、皮书出版第一人、皮书编辑部

◆ **最新资讯**

通知公告、新闻动态、媒体聚焦、
网站专题、视频直播、下载专区

◆ **皮书研创**

皮书规范、皮书选题、皮书出版、
皮书研究、研创团队

◆ **皮书评奖评价**

指标体系、皮书评价、皮书评奖

◆ **互动专区**

皮书说、社科数托邦、皮书微博、留言板

所获荣誉

◆ 2008 年、2011 年、2014 年，中国皮书网均在全国新闻出版业网站荣誉评选中获得“最具商业价值网站”称号；

◆ 2012 年,获得“出版业网站百强”称号。

网库合一

2014年，中国皮书网与皮书数据库端口合一，实现资源共享。

S 基本子库
UB DATABASE

中国社会发展数据库（下设 12 个子库）

整合国内外中国社会发展研究成果，汇聚独家统计数据、深度分析报告，涉及社会、人口、政治、教育、法律等 12 个领域，为了解中国社会发展动态、跟踪社会核心热点、分析社会发展趋势提供一站式资源搜索和数据服务。

中国经济发展数据库（下设 12 个子库）

围绕国内外中国经济发展主题研究报告、学术资讯、基础数据等资料构建，内容涵盖宏观经济、农业经济、工业经济、产业经济等 12 个重点经济领域，为实时掌控经济运行态势、把握经济发展规律、洞察经济形势、进行经济决策提供参考和依据。

中国行业发展数据库（下设 17 个子库）

以中国国民经济行业分类为依据，覆盖金融业、旅游、医疗卫生、交通运输、能源矿产等 100 多个行业，跟踪分析国民经济相关行业市场运行状况和政策导向，汇集行业发展前沿资讯，为投资、从业及各种经济决策提供理论基础和实践指导。

中国区域发展数据库（下设 6 个子库）

对中国特定区域内的经济、社会、文化等领域现状与发展情况进行深度分析和预测，研究层级至县及县以下行政区，涉及地区、区域经济体、城市、农村等不同维度，为地方经济社会宏观态势研究、发展经验研究、案例分析提供数据服务。

中国文化传媒数据库（下设 18 个子库）

汇聚文化传媒领域专家观点、热点资讯，梳理国内外中国文化发展相关学术研究成果、一手统计数据，涵盖文化产业、新闻传播、电影娱乐、文学艺术、群众文化等 18 个重点研究领域。为文化传媒研究提供相关数据、研究报告和综合分析服务。

世界经济与国际关系数据库（下设 6 个子库）

立足“皮书系列”世界经济、国际关系相关学术资源，整合世界经济、国际政治、世界文化与科技、全球性问题、国际组织与国际法、区域研究 6 大领域研究成果，为世界经济与国际关系研究提供全方位数据分析，为决策和形势研判提供参考。

法律声明